expanded

ORIGINAL
CORNELIA SOLLFRANK

expanded
ORIGINAL
CORNELIA SOLLFRANK

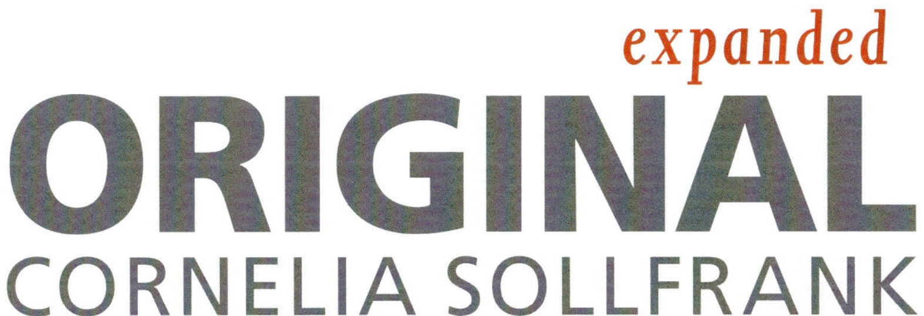

Hrsg. / Ed.
Sabine Himmelsbach
für das / for the Edith-Ruß-Haus für Medienkunst

Texte von / Texts by
Sabine Himmelsbach, Jacob Lillemose, Rahel Puffert,
Gerald Raunig, Cornelia Sollfrank, Silke Wenk

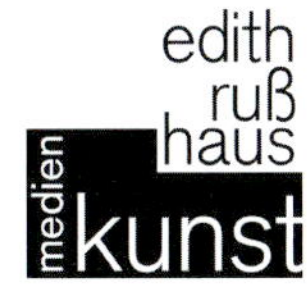

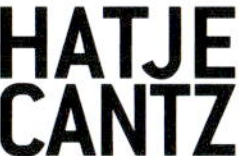

INHALT / CONTENTS

VORWORT

Sabine Himmelsbach

Diese Publikation erscheint im Rahmen der Ausstellung *Cornelia Sollfrank – Originale und andere Fälschungen* (24. Januar bis 19. April 2009) im Edith-Ruß-Haus für Medienkunst. 2008 war Cornelia Sollfrank Stipendiatin am Edith-Ruß-Haus. Während ihres einmonatigen Aufenthalts arbeitete sie an ihrem neuen Projekt *Déjà Vu: First Plagiarism Detection Software for Fine Arts*, für dessen Realisierung sie eines der von der Stiftung Niedersachsen geförderten Stipendien für Medienkunst erhalten hatte. Neben der Recherche zum Thema Plagiarismus war ihre Zeit in Oldenburg der Vorbereitung ihrer Einzelausstellung gewidmet, die sich mit der Aktualität der Bedeutung von Original und Plagiat und dem komplexen Regelwerk des Urheberrechts auseinandersetzt.

Die Frage nach Original und Kopie ist ein Thema, welches sich wie ein roter Faden durch das Schaffen von Cornelia Sollfrank zieht. Die Künstlerin erforscht die digitale Kulturtechnik des Kopierens und Wiederverwertens seit Mitte der 1990er Jahre. Neben ihrem Interesse an neuen Autorschaftsmodellen und maschinell unterstützter ästhetischer Produktion widmet sie sich in ihren aktuellen Arbeiten den dabei entstehenden urheberrechtlichen Fragen. In der Ausstellung geht sie dieser Thematik anhand der Verwertungsprozesse von Bildrechten nach.

Leihgaben aus dem Landesmuseum für Kunst und Kulturgeschichte, dem Horst-Janssen-Museum und dem Stadtmuseum Oldenburg sind zum bildnerischen Grundstock einer von ihr betriebenen Online-Bildagentur geworden, in welcher fotografische Reproduktionen der ausgestellten Werke erworben werden können. Die notwendigen Schritte für die Herstellung der Abbildungen und den Erwerb der notwendigen Bildrechte werden in der Ausstellung transparent gemacht.

Im Obergeschoss des Edith-Ruß-Hauses für Medienkunst werden die BetrachterInnen mit der für das Haus ungewöhnlichen Präsentation von Werken »alter Meister« überrascht. Plastiken, Gemälde und Grafiken aus Oldenburger Museen zieren den Ausstellungsraum. Die farbig gestrichenen Wandstücke dienen dabei als Zitat musealer Präsentation und ihrer Kontextverschiebung in einem Haus für Medienkunst. Im Untergeschoss folgt die Präsentation des Angebots aus der Bilddatenbank. Die Abbildungen der im oberen Stockwerk ausgestellten Werke sind mit Sollfranks Agenturlogo übergroß versehen, womit die Künstlerin die Besitzansprüche deutlich macht und ironisch auf gängige Praktiken zum Schutz vor unrechtmäßiger Verwendung von Fotos aus Bildagenturen verweist. Neben dem Angebot an erwerbbaren Fotografien der ausgestellten Arbeiten sind die Schritte dargestellt, die die Künstlerin unternehmen musste, um die Werke in ihrer Datenbank zum Kauf anbieten zu können. Verträge mit LeihgeberInnen und RechteinhaberInnen bieten Einblick in das komplexe Regelwerk von Urheberrechten und deren Verwertung. Der langwierige Prozess der fotografischen Reproduktion musealer Werke wird durch ein Video anschaulich gemacht, welches den Museumsfotografen Christoph Irrgang bei der Arbeit zeigt.

Das Ausstellungskonzept geht zurück auf eine Präsentation, die Sollfrank 2007 im Märkischen Landesmuseum Witten unter dem Titel *Museum-Shop* realisiert hat. In Oldenburg wurde dieses Konzept erweitert und die Datenbank der Bildagentur mit einer für Oldenburg repräsentativen Werkauswahl vergrößert. So finden sich neben Porträts von Oldenburger Mäzenen auch Tier- und Landschaftsmalerei aus der Region.

Die Frage von Autorschaft wird in der Ausstellung abschließend in einer Collage zum Thema Plagiarismus thematisiert, die Ausblick auf die im Rahmen des Stipendiums entstehende Arbeit *Déjà Vu* gibt, welche sich mit der Erkennung von Plagiaten in der bildenden Kunst beschäftigt. Erste Möglichkeiten hat die Künstlerin bereits in der Ausstellung präsentiert. In Zusammenarbeit mit dem Fraunhofer-Institut für Sichere Informationstechnologie (SIT) konnte Sollfrank die Software »ImageMark«, einen vom Fraunhofer-Institut entwickelten Wasserzeichenschutz für digitale und analoge Bilder und Grafiken, einsetzen und auf die fotografischen Abbildungen der ausgestellten Werke anwenden. Interessant sind an diesem Verfahren nicht nur der Originalitätsnachweis für digitales Bildmaterial, sondern auch die ästhetischen Ergebnisse, die mit diesem Programm erzeugt werden.

Mit ihrer »Plagiarismus-Erkennungssoftware« verspricht Sollfrank eine Technik, welche für die digitale Kunst eine neue Möglichkeit bereitstellen soll, Original und Fälschung zu unterscheiden. Als »Öl des 21. Jahrhunderts« bezeichnet Mark Getty, Gründer der Bildagentur Getty Images, geistiges Eigentum in der Informationsgesellschaft. Im Zeitalter von »Copy« und »Paste« wird mit enormen finanziellen und organisatorischen Mitteln versucht, originäre Inhalte vor fremder Aneignung zu sichern, da die Computerbefehle »Kopieren« und »Einfügen« der digitalen Erstellung von Kopien neue Dimensionen eröffnet haben. Das Internet dient dabei als unerschöpfliche Quelle für digitales Material und gleichzeitig als überaus effektives Distributionsmedium. Mit ihrer Behauptung der eindeutigen Identifizierung von Plagiaten trägt Sollfrank einmal mehr zur aktuellen Diskussion um Copyright und Urheberschaft bei. Mit Witz und Ironie stellt sie sich scheinbar auf die Seite der BewahrerInnen, um in ihren Arbeiten, denen die Wiederverwertung von Vorhandenem inhärent ist, immer wieder aufs Neue als Meisterin des trügerischen Spiels um Original und Kopie vorzugehen. Mit ihren Aneignungsstrategien macht sie letztlich deutlich, dass in der heutigen Remix-Kultur die Frage nach Authentizität obsolet scheint.

Der vorliegende Katalog dokumentiert die in der Ausstellung *Originale und andere Fälschungen* gezeigten Arbeiten und gibt einen Überblick über das bisherige Œuvre von Cornelia Sollfrank. Neben ausführlichen Werkbeschreibungen sorgen theoretische Reflexionen für die Einordnung der Werke in kunsthistorische Kontexte. Die theoretischen Grundlagen zum Verständnis der Bedeutung von maschineller Produktion im Werk von Sollfrank leistet der Philosoph Gerald Raunig in seinem Beitrag mittels eines Vergleichs der technischen Maschine mit Körper- und Organisationsprozessen. Mit den Strategien kollektiven Schaffens und den von der Künstlerin gegründeten Foren und vernetzten Aktions- und Arbeitsplattformen beschäftigt sich die Kulturwissenschaftlerin Rahel Puffert. Das Phänomen der multiplen Autorschaft steht im Zentrum des Beitrags von Jacob Lillemose. Dabei thematisiert der Kulturtheoretiker vor allem das Agieren in globalen Netzwerken und die Aufforderung der Künstlerin an die NutzerInnen ihrer Software-Arbeiten, selbst aktiv zu werden und an den Prozessen geteilter und vor allem vernetzter Autorschaft teilzuhaben. Eine vertiefende Diskussion des Aspekts der Wiederholung im Werk von Sollfrank unternimmt die Kulturwissenschaftlerin Silke Wenk in ihrem Gespräch mit der Künstlerin. Es knüpft an die aktuelle Werkreihe von Re-Enactments der Künstlerin an, die feministische künstlerische Aktionen und Performances der 1970er Jahre wiederholen und neu kontextualisieren. Sollfrank selbst nimmt in einer kurzen Autobiografie Stellung zu den sie prägenden Einflüssen – über die AutorInnenschaft dieses Textes darf allerdings nach genauem Lesen gerätselt werden.

Ich möchte all denen danken, die am Zustandekommen dieser Ausstellung und dieses umfassenden Katalogs beteiligt waren. Mein Dank gilt der Stiftung Niedersachsen für die Ermöglichung des Stipendienprogramms, durch das jedes Jahr drei neue Arbeiten realisiert werden können. Besonders danken möchte ich Herrn Dominic Freiherr von König für die Unterstützung und das Engagement unserem Hause gegenüber, Herrn Joachim Werren, Generalsekretär der Stiftung und Julia Hiller, Projektleiterin der Stiftung. Für die finanzielle Unterstützung bei der Realisation dieser Ausstellung und der begleitenden Publikation gilt der Stiftung Kunstfonds, dem Land Niedersachsen und der Kulturstiftung der Öffentlichen Versicherungen Oldenburg mein herzlicher Dank. Danken möchte ich auch den Kolleginnen und Kollegen der Oldenburger Museen und Sammlungen für die großartige Unterstützung und die Leihgaben aus ihren Häusern. Besonders danken möchte ich natürlich auch Cornelia Sollfrank, die mit großem persönlichen Engagement diese Ausstellung und die Produktion des Katalogs begleitet hat.

Sabine Himmelsbach

Leiterin des Edith-Ruß-Hauses für Medienkunst

PREFACE

Sabine Himmelsbach

This publication is being published on the occasion of the exhibition *Cornelia Sollfrank – Originals and other Fakes*, which was on show from January 24 to April 19, 2009 at the Edith Russ Site for Media Art. Cornelia Sollfrank held a grant at the Edith Russ Site in 2008. During her one-month stay, she worked on her new project *Déjà Vu: First Plagiarism Detection Software for Fine Arts* and received one of the media art grants awarded by the Stiftung Niedersachsen for its realization. Aside from researching the subject of plagiarism, she devoted her time in Oldenburg to preparing for her solo exhibition dealing with the topical significance of original and imitation as well as the complex rules and regulations governing copyright law.

The question concerning original and copy is a theme that runs like a golden thread through Cornelia Sollfrank's oeuvre. The artist has examined the digital cultural techniques of copying and recycling since the mid-nineteen nineties. Aside from her interest in new models of authorship and machine-supported aesthetic production, her current works are devoted to copyright matters, dealing with this theme in the exhibition based on the exploitation of picture rights.

Loans from the State Museum for Art and Cultural History, the Horst Janssen Museum and the Municipal Museum Oldenburg formed the artistic basis of her online stock photography agency that sells photographic reproductions of the exhibited artworks. The steps required to produce the illustrations and to acquire the rights are elucidated in the exhibition.

The viewer is surprised by the presentation of "old masters" on the top floor of the Edith Russ Site, which is quite unusual in our house. The exhibition space is adorned with sculpture, paintings and prints from Oldenburg museums. The colorfully painted wall pieces serve here to quote typical museum presentations and its context shift in a house devoted to media art. The presentation of the image data bank's holdings follows on the lower level. The illustrations of the works exhibited on the top floor are fitted with the over-sized logo of Sollfrank's agency with which the artist clearly claims to ownership to the rights for them as well as ironically pointing to a common practice among stock photograph agencies to prevent the illegal use of these images. Aside from the sale of photographs of the exhibited works, the artist portrays the steps she had to take to be able to offer the works for sale in her data bank. Contracts with lenders and copyright holders provide insights into the complex rules and regulations regarding copyrights and their exploitation. The lengthy process required to photographically reproduce museum artworks is documented in a video depicting the museum's photographer Christoph Irrgang at work.

The exhibition concept goes back a presentation entitled *MuseumShop* realized by Sollfrank at the Märkisches Museum Witten in 2007. This concept was expanded in Oldenburg and the stock photograph agency's data bank was enlarged to include a representative selection of works from Oldenburg. It therefore also contains portraits of Oldenburg benefactors as well as regional animal and landscape painting.

The question of authorship is examined finally in the exhibition with a collage on the subject of plagiarism that offers a view of the work in progress *Déjà Vu* dealing with the detection of imitations in the visual arts which the artist is working on in conjunction with her grant. The artist has already presented first possibilities in this exhibition. In collaboration with the Fraunhofer Institute for Secure Information Technology (SIT), Sollfrank was able to develop the ImageMark software, a watermark designed to protect digital and analog images and graphics used on the photographic reproductions of the exhibited works. The interesting thing about this procedure is not only the verification of digital images' originality, but also the aesthetic results that can be produced by means of this program.

With her plagiarism detection software, Sollfrank promises a technique that will offer digital art a new possibility to differentiate between original and imitation. Mark Getty, the founder of the Getty Images stock photography agency called intellectual property in the information society the oil of the twenty first century. In the age of "cut and paste," enormous financial and organizational resources are being expended in the attempt to safeguard against the illegal use of original contents caused by ability to make digital copies using these computer commands. At the same time, the Internet serves as an inexhaustible source of digital material as well as an extremely effective distribution medium. By claiming that she can clearly identify imitations, Sollfrank makes a further contribution to the topical discussion of copyright and authorship. With humor and irony, she seemingly takes the side of the preservers in order to yet again emerge as the master of the deceptive game concerning original and copy in her works, in which the recycling of existing material is inherent. Her appropriation strategy unmistakably shows that the question of authenticity appears obsolete in the present-day remix culture.

The catalog documents the works shown in the exhibition *Originals and other Fakes* and offers a survey of Cornelia Sollfrank's previous oeuvre. Aside from the comprehensive descriptions of the works, theoretical reflections classify the works in an art historical context. The essay by the philosopher Gerald Raunig lays the theoretical foundations for an understanding of the mechanical production methods in Sollfrank's work by comparing the technical machine with physical and organizational processes. The art historian Rahel Puffert deals with the strategies of collective production as well as the forums and networked action and work platforms founded the by artist. The phenomenon of multiple authorship is the focus of the contribution by Jakob Lillemose. The cultural theoretician concentrates particularly on operating in global networks as well as the artist's plea to the users of her software to become active themselves and to participate in the processes of shared and networked authorship. In a conversation with the artist, the art historian Silke Wenk delves deeper into the aspect of repetition in Sollfrank's work. This ties into the artist's current group of works in which Sollfrank reenacts and recontextualizes feminist actions and performances from the nineteen seventies. In a brief autobiographical statement, Sollfrank herself comments on her defining influences – but after an exact reading the text, one might be tempted to wonder about the text's real authorship.

I wish to thank all those who participated in making this comprehensive catalog a reality. My gratitude goes to the Stiftung Niedersachsen for making the grant program possible, over the course of which three new pieces can be realized every year. I particularly wish to thank Dominic Freiherr von König for the support and commitment he has shown to our institution, Joachim Werren, general secretary of the foundation, and Julia Hiller, the foundation's project manager. I extend cordial thanks to the Stiftung Kunstfonds, the state of Lower Saxony, and the Kulturstiftung der Öffentlichen Versicherungen Oldenburg for their generous support of the exhibition and the accompanying publication. I also wish to express my gratitude to my colleagues from the museums and collections in Oldenburg for their tremendous support and willingness to lend objects from their institutions. And my very special thanks naturally go to Cornelia Sollfrank, who accompanied the exhibition and the production of the catalog with much personal dedication.

Sabine Himmelsbach

Artistic Director of the Edith Russ Site for Media Art

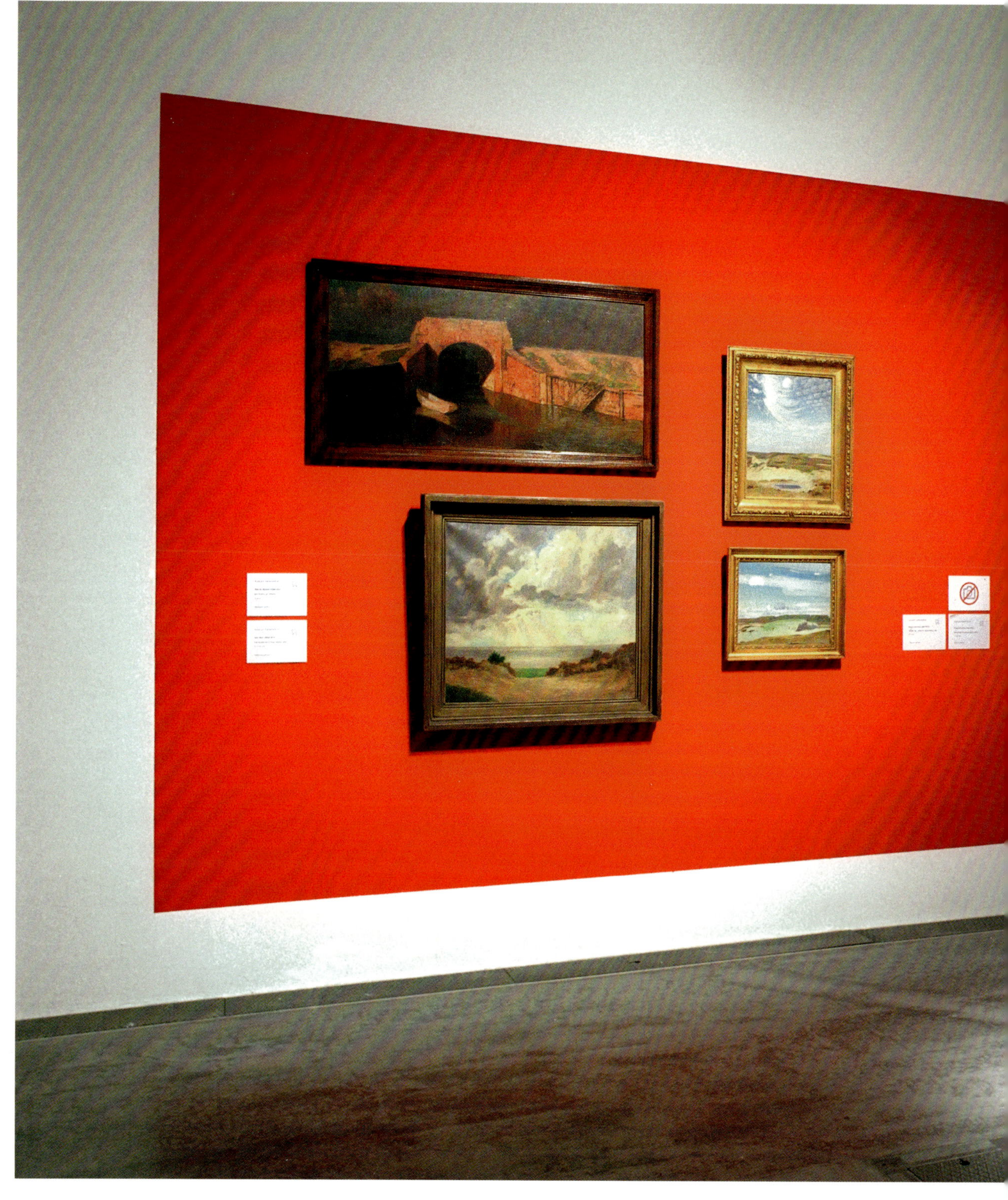

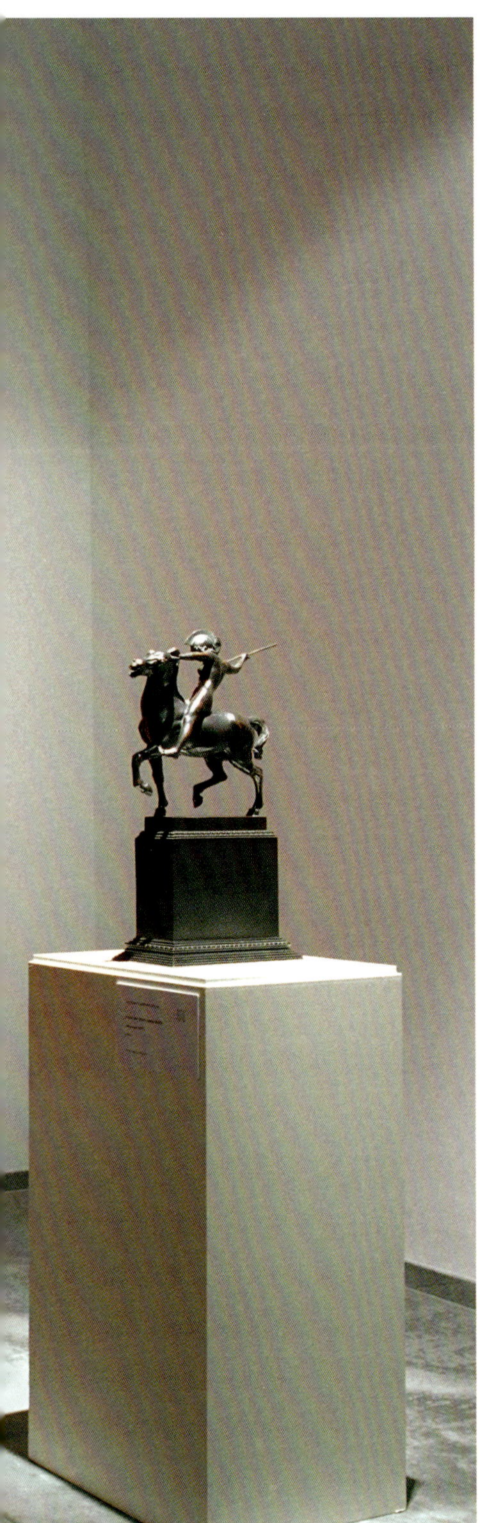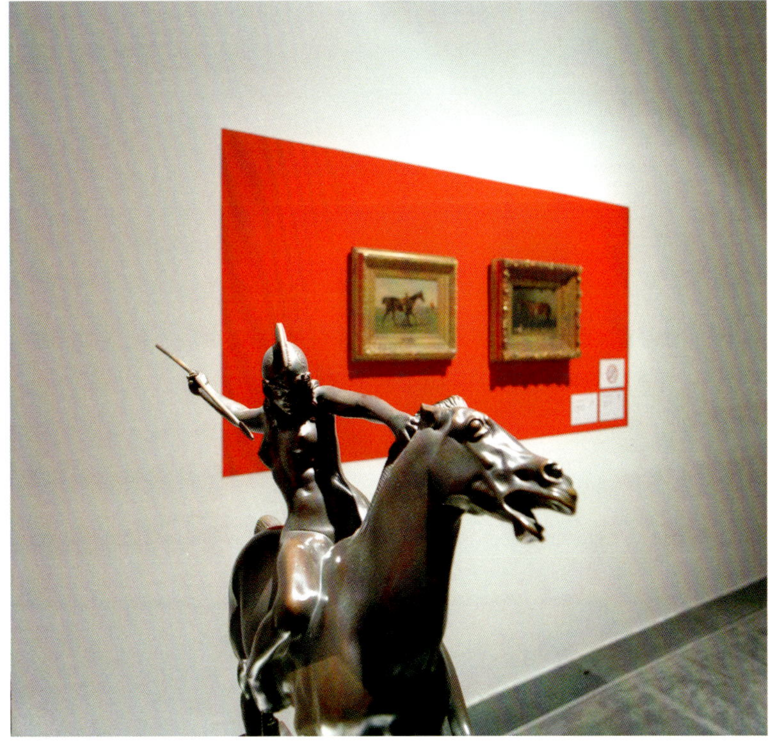

Installationsansichten / Installation views, Ausstellung / Exhibition *Originale und andere Fälschungen*
Edith-Ruß-Haus für Medienkunst, Oldenburg, 2009

ORIGINALE UND ANDERE FÄLSCHUNGEN
AUSSTELLUNG IM EDITH-RUSS-HAUS FÜR MEDIENKUNST, 23.1. – 19.4.2009

Im Zentrum der Ausstellung stehen das für den westlichen Kunstbegriff zentrale Konzept der Originalität und dessen medial bedingte Erweiterungen. Die historische Tradition des Kopierens (im gleichen Medium) wird in eine Reihe gestellt mit der technischen Reproduktion eines Werkes (Transformation in ein anderes Medium) und der gänzlich verlustfreien Kopierbarkeit digitaler Daten. Verschiebungen von »Originalität« bedingen Verschiebungen von Autorschafts- und Authentizitätsvorstellungen: Dies lässt sich am deutlichsten an den zunehmend schärferen Konflikten um Urheberrecht und geistiges Eigentum ablesen. Die Konflikte bringen dabei im Wesentlichen zum Ausdruck, dass unbegrenzte Verfügbarkeit und verlustfreies Kopieren mit den dem Urheberrecht zugrunde liegenden Prämissen unvereinbar sind.

In einer Fortsetzung des Projektes *MuseumShop*, das 2007 im Märkischen Museum Witten begann, werden eine Reihe von Originalwerken (Ölgemälde, Grafiken und Bronzeskulpturen) – und auch eine Kopie – für eine künstlerische Versuchsanordnung herangezogen. Anhand der Leihgaben aus Oldenburger Museen, die alle im Edith-Ruß-Haus für Medienkunst ausgestellt sind, werden die ästhetischen, medialen und juristischen Bedingungen untersucht, unter denen diese Werke kopiert, reproduziert und verbreitet werden können. Dazu gehört das professionelle Reproduzieren durch einen Museumsfotografen, das in dem Video *Das maximal Einmalige und seine Transformation zum Gleichartigen* (2007) dokumentiert ist, ebenso wie der *Vertragsraum* (2007/09), der eine visualisierte Schnittstelle zum Diskurs um das Recht auf geistiges Eigentum bietet. Das bei Bildagenturen übliche Verfahren, digitale Bilder mit einem deutlich erkennbaren Logo als durch Rechte geschützt zu markieren und damit für andere Zwecke »unbrauchbar« zu machen oder die etwas subtilere Version einer technischen Sicherung durch den Einsatz so genannter »Wasserzeichen« resultieren in der Ausstellung in – ästhetisch durchaus reizvollen – Erweiterungen der verwandten Originale. Zentraler Bestandteil der Versuchsanordnung ist der WebShop der Bildagentur *www.art-content24.de* (seit 2007), in dem die nun zu »Content« gewordene Kunst zum Verkauf angeboten wird. Statt die Position einer expliziten Kritikerin einzunehmen wird Cornelia Sollfrank selbst zur Betreiberin einer Agentur und damit zur profitorientierten Verwerterin der Werke ihrer KollegInnen. Wer deren Kunst ohne Logo sehen oder besitzen will, muss dafür bezahlen.

Einen Missbrauch der Kunstwerke abzuwenden oder nachzuweisen ist die Aufgabe der Plagiarismus-Erkennungssoftware *Déjà Vu* (2009).

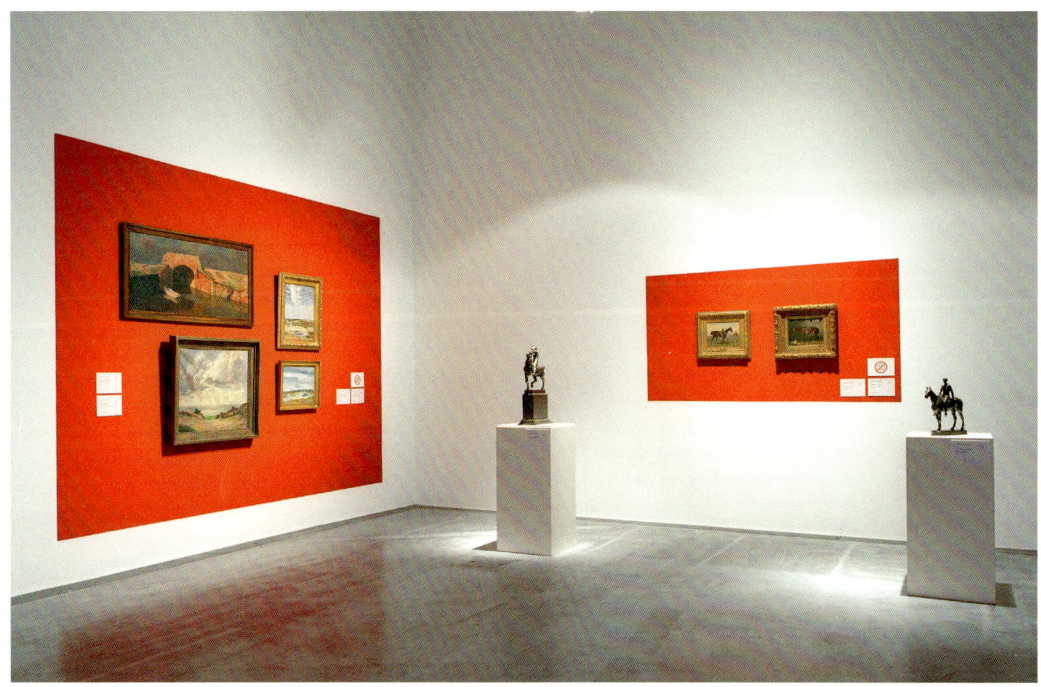

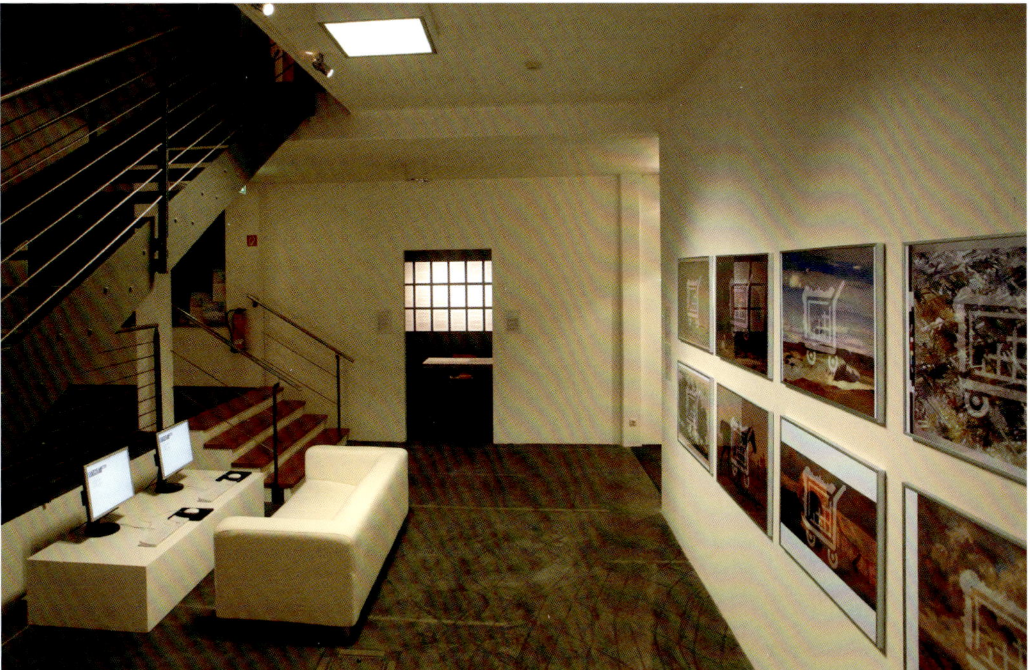

Installationsansichten / Installation views, Ausstellung / Exhibition *Originale und andere Fälschungen*
Edith-Ruß-Haus für Medienkunst, Oldenburg, 2009

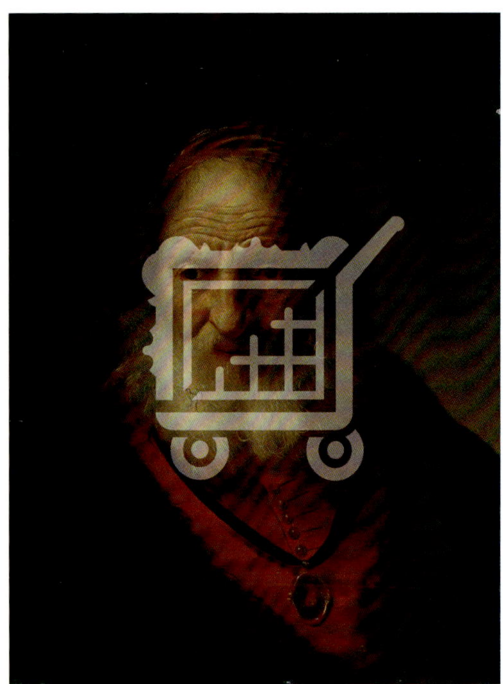

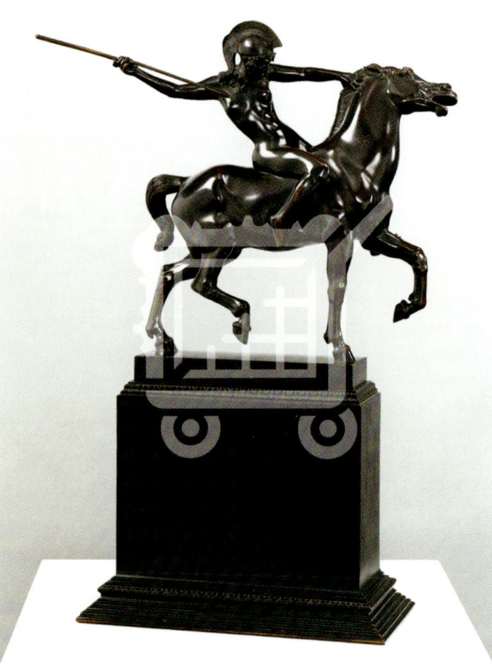

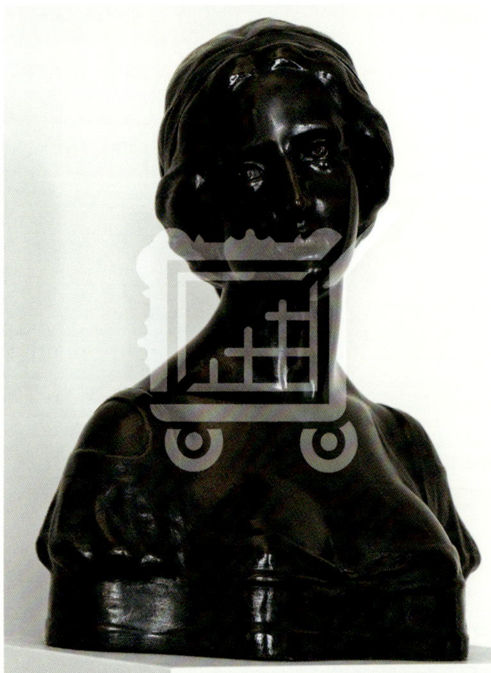

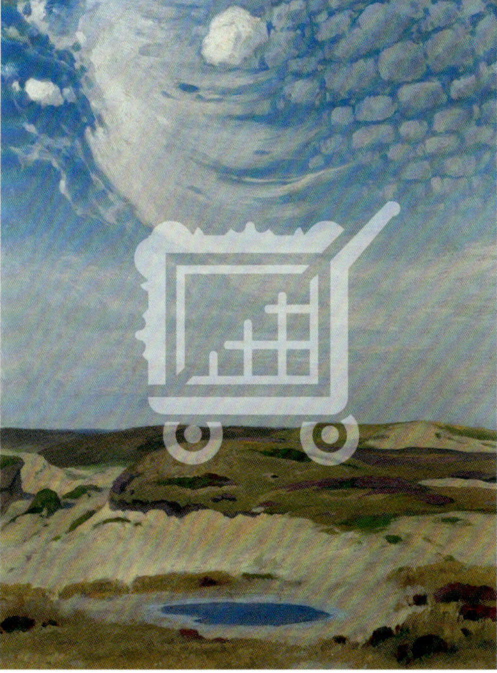

Cornelia Sollfrank, Abbildungen aus der Datenbank der Bildagentur / Images from the database *www.art-content24.de* mit Firmen-Logo / with company logo (im Uhrzeigersinn / clockwise): Friedrich Diedrichs, *nach Rembrandt Harmensz van Rijn, Rabbiner*, Kopie um 1870; Franz von Stuck, *Amazone*, 1897; Richard tom Dieck, *Oldenburger Geestlandschaft*, um 1910; Wilhelm Lehmbruck, *Grace*, um 1905

ORIGINALS AND OTHER FAKES
EXHIBITION AT THE EDITH RUSS SITE FOR MEDIA ART, JANUARY 23 TO APRIL 19, 2009

The exhibition focuses on the central Western art concept of originality and its media-induced expansion. The historic tradition of copying (in the same media) is aligned with the technical reproduction of an artwork (transformation into a different media) and the completely loss-free reproducibility of digital data. Shifts in "originality" cause shifts in the concepts of authorship and authenticity: This can be seen most clearly in the increasingly sharpening of the conflict regarding copyright and intellectual property. These conflicts fundamentally demonstrate that unlimited availability and loss-free copying are incompatible with the underlying premises of copyright.

In a continuation of the *MuseumShop* project begun in 2007 at the Märkisches Museum Witten, a number of original artworks (oil paintings, prints and bronze sculptures) – as well as a copy – are enlisted for an artistic test assembly. Based on the loans from Oldenburg museums which are all exhibited at the Edith Russ Site for Media Art, the aesthetic, medial and juristic conditions under which these works were copied, reproduced and distributed are examined. This also includes the professional reproductions carried out by a museum photographer, which is documented in the video *The Maximal Unique and its Transformation into the Similar* (2007), as well as in "Contract Space," which provides a visualized interface to the discourse on intellectual property rights. The standard procedure undertaken by stock photography agencies – the marking of copyrighted digital images with a clearly recognizable logo, thus making them unusable for other purposes, or the more subtle variant of technical safety measure involving the use of a so-called "watermark" – resulted in the exhibition in an – aesthetically by all means appealing – expansion of the originals involved. The test assembly's central component is the WebShop of the stock photography agency www.*art-content24.de* (since 2007), where the artworks, now turned into contents, are offered for sale. Instead of assuming the explicit position of a critic, Cornelia Sollfrank herself operates an agency and thus becomes the profit-oriented exploiter of her colleagues' works. Whoever wants to see or own their works without a logo must pay for it.

The task of the plagiarism detection software *Déjà Vu* (2009) is to verify and hinder the misapplication of the artworks.

DAS MAXIMAL EINMALIGE UND SEINE TRANSFORMATION ZUM GLEICHARTIGEN
DER MUSEUMSFOTOGRAF CHRISTOPH IRRGANG BEI DER ARBEIT

Video, 20 Minuten, 2007

Das Einmalige, also das nur einmal Vorhandene, erfährt nach Walter Benjamin im auratischen Kunstwerk eine Steigerung und wird zum »maximal Einmaligen«. Dem entgegen setzt Benjamin das vielmals Vorhandene und nennt es das »Gleichartige«.

Bevor originale Kunstwerke zu Zwecken von Kommunikation oder Verwertung in Umlauf gebracht werden können, ist es erforderlich, sie fotografisch abzubilden. Dieser Prozess der Reproduktion ist Gegenstand des Videos. Cornelia Sollfrank begleitet einen auf Kunstreproduktionen spezialisierten Fotografen mit ihrer Kamera. Während sie ihn bei seiner Arbeit beobachtet, spricht sie mit ihm über die handwerklichen und philosophischen Aspekte von Kunstreproduktion.

Das Video wurde als Teil des Projektes *MuseumShop* im Märkischen Museum Witten realisiert.

THE MAXIMAL UNIQUE AND ITS TRANSFORMATION INTO THE SIMILAR
THE MUSEUM PHOTOGRAPHER CHRISTOPH IRRGANG AT WORK

Video, 20 minutes, 2007

According to Walter Benjamin, the unique, something of which there is only one specimen, is elevated in the auratic work of art and turned into the "maximal unique." He contrasts this with things that exist in numerous specimens which he calls the "similar."

Before original artworks can be brought into circulation for the purpose of communication or valorization, it is necessary to reproduce them photographically. This process of reproduction is the video's subject matter. Cornelia Sollfrank accompanied Christoph Irrgang, a photographer specialized in art reproductions, with her camera. She observes him at work and talks to him about technical and philosophical aspects of art reproduction.

The video was realized as a part of the *MuseumShop* project in the Märkisches Museum Witten.

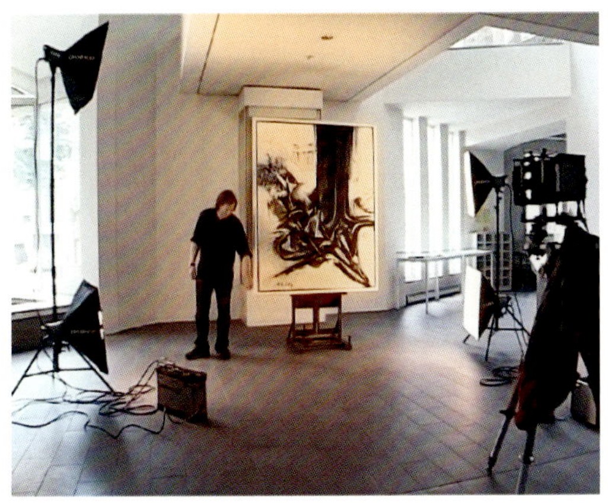
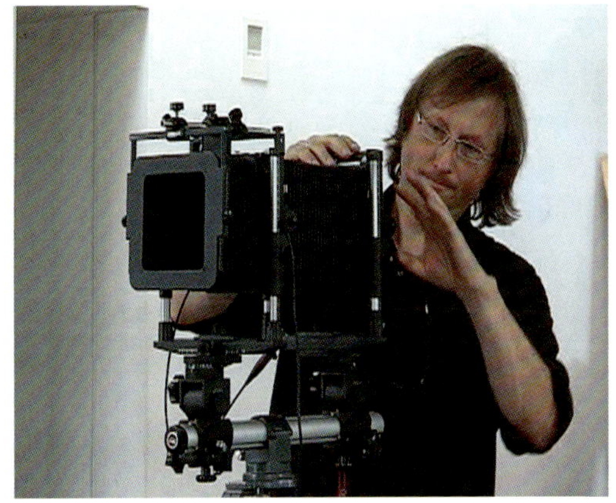
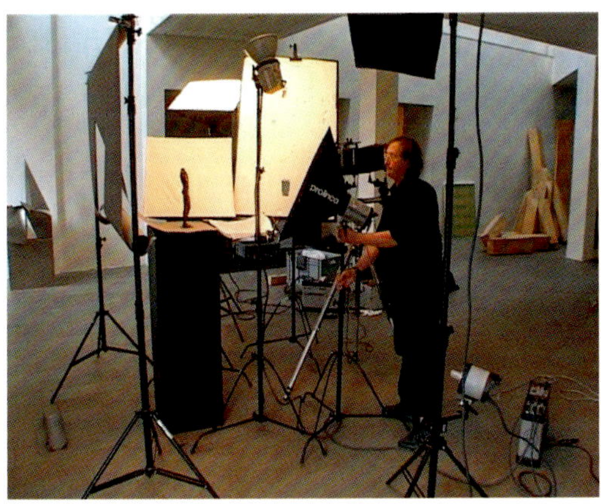
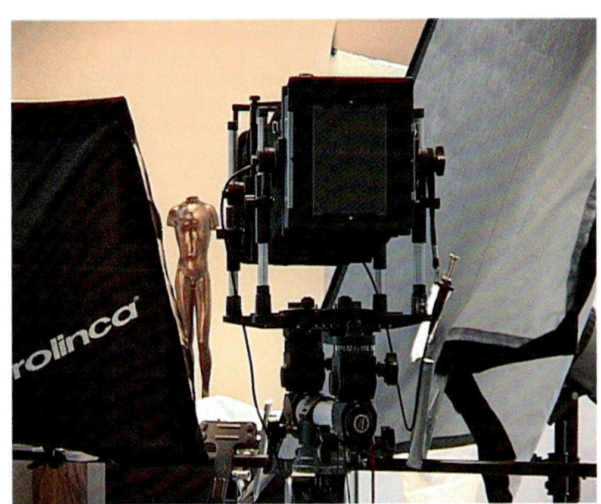
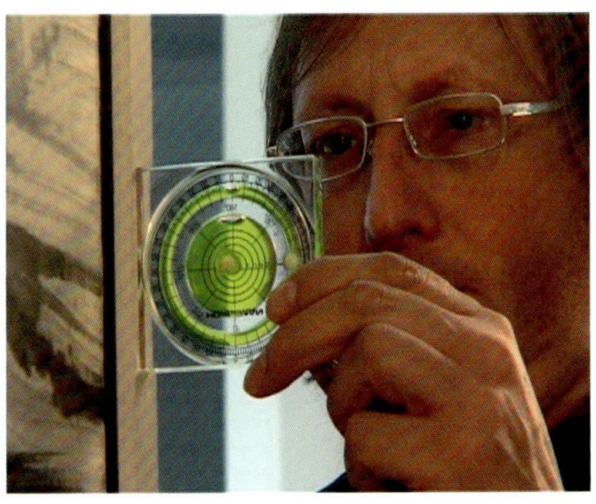
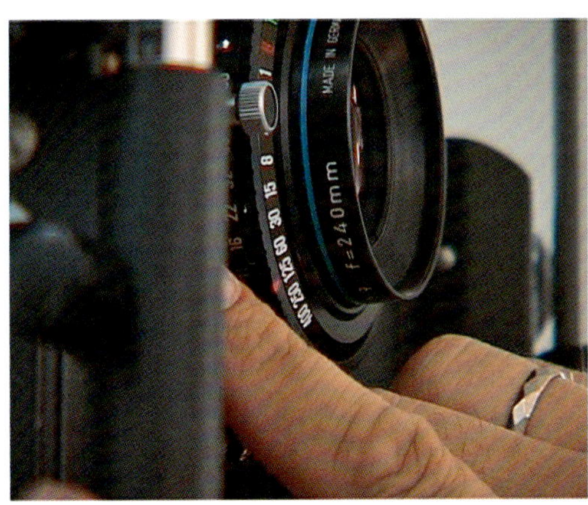

VERTRAGSRAUM

Installation, 2007/09

Zur Realisierung des Ausstellungsprojektes war es notwendig, eine Reihe von Verträgen zu schließen, die genauestens regeln, wer die Originale der aus musealen Sammlungen ausgeliehenen Kunstwerke abbilden darf und zu welchen Konditionen die Abbildungen in den Vermarktungskreislauf eingespeist werden. Außer mit den Leihgebern, also den Museen, die im Besitz der Originale sind und diese zur Verfügung stellten, mussten teilweise zusätzliche Lizenzvereinbarungen mit den UrheberInnen beziehungsweise deren RechtsnachfolgerInnen getroffen werden. Für die Werke, deren UrheberInnen sich für eine Vertretung durch eine Verwertungsgesellschaft entschieden hatten, wurden entsprechende Verträge mit der VG Bildkunst abgeschlossen. Darüber hinaus gab es juristische Vereinbarungen mit dem Fotografen, der die Reproduktionen anfertigte, sowie mit den an der Produktion von Video und Website beteiligten AkteurInnen. Für die Online-Bildagentur wurden komplexe Lizenz- und Nutzungsvereinbarungen entwickelt.

CONTRACT SPACE

Installation, 2007/09

To realize the exhibition, it was necessary to conclude a number of contracts that precisely define who may reproduce the originals and the conditions at which the reproductions can be fed into the commercial cycle. Additional to the lending museums, which own the originals and make these available, licensing agreements had to be reached with the authors or their legal successors, respectively. For the works whose authors decided to be represented by a collecting society for reproduction rights, analogous contracts had to be concluded with VG Bildkunst. There were also juristic agreements with the photographer who produced the reproductions as well as the participants in the production of the video and website. Complex terms of use and license agreements have been developed for the online stock photo agency.

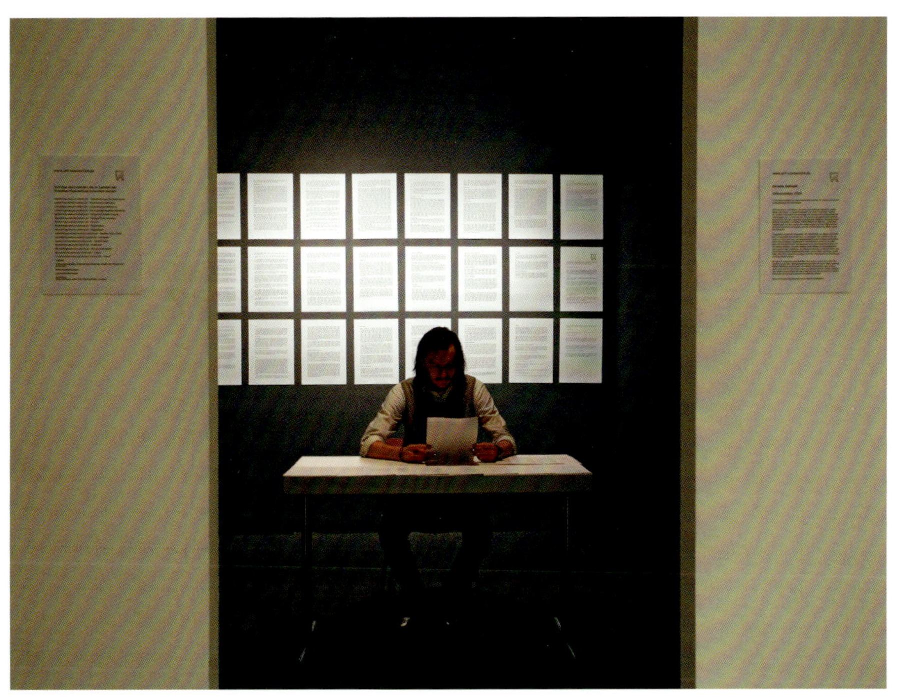

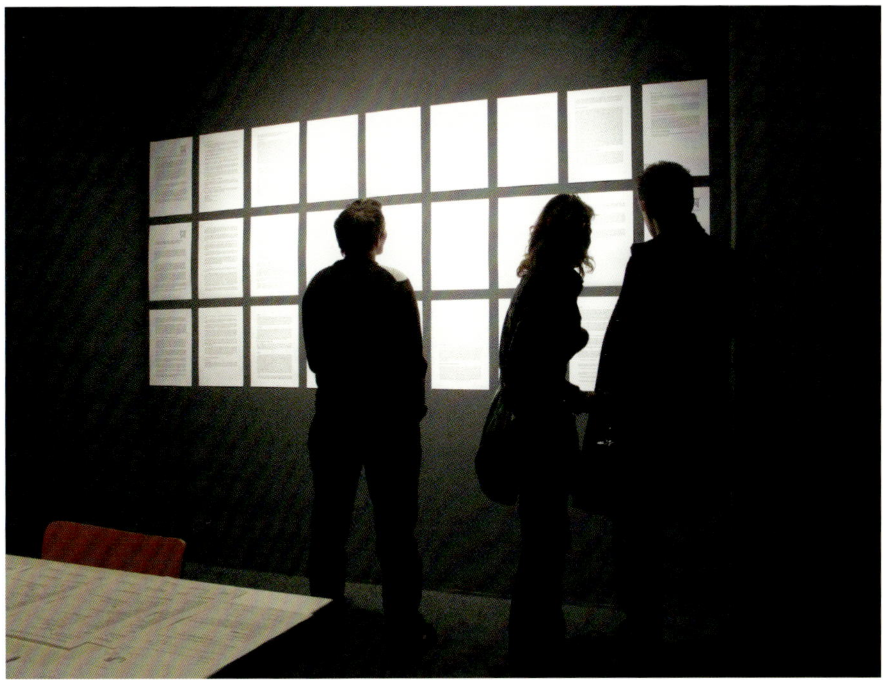

www.art-content24.de

Online-Datenbank und WebShop, seit 2007

www.art-content24.de ist eine Online-Bildagentur, die sich auf hochqualitative Reproduktionen von Kunst spezialisiert hat. Schwerpunkte des Angebots sind repräsentative Werke aus den Sammlungen des Stadtmuseums Oldenburg, des Landesmuseums Oldenburg sowie des Märkischen Museums Witten. Die Reproduktionen sind nach Genres geordnet und können in unterschiedlichen Qualitäten geliefert werden. Die Online-Agentur ist Teil des Projektes *MuseumShop.*

Online Database and WebShop, since 2007

www.art-content24.de is an online stock photography agency specializing in high-quality art reproductions. Its offers focus on representative works from the Stadtmuseum (Municipal Museum) Oldenburg, the Landesmuseum (State Museum) Oldenburg as well as the Collection of the Märkisches Museum Witten. The reproductions are systemized according to genre and can be supplied in various qualities. The agency is a part of the *MuseumShop* project.

von oben nach unten und von links nach rechts / top to bottom and left to right:
Horst Janssen, *Waldrand – In Gedanken an Willem Buytewegh*, aus der Mappe »Landschaften«, 1982
Hermann Gehrich, *Dr. Johann Conrad Diedrich Klävemann*, 1885
Emil Volkers, *Pferdeporträt*, um 1860
Bernhard Winter, *Selbstbildnis in jungen Jahren*, 1901
Richard tom Dieck, *Oldenburger Landschaft (Sager Heide)*, 1910
Horst Janssen, *Bäume im Gegenlicht*, 1970

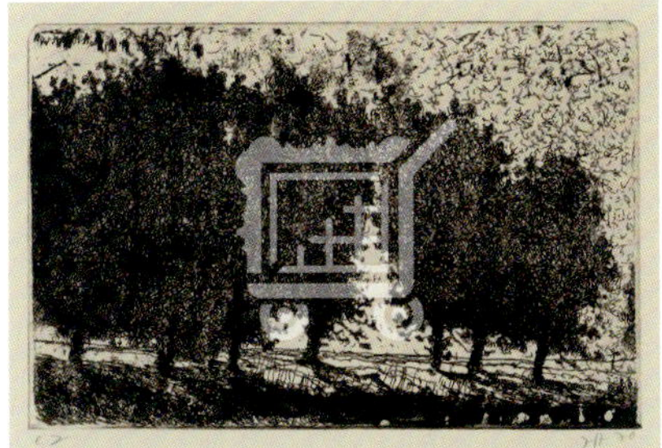

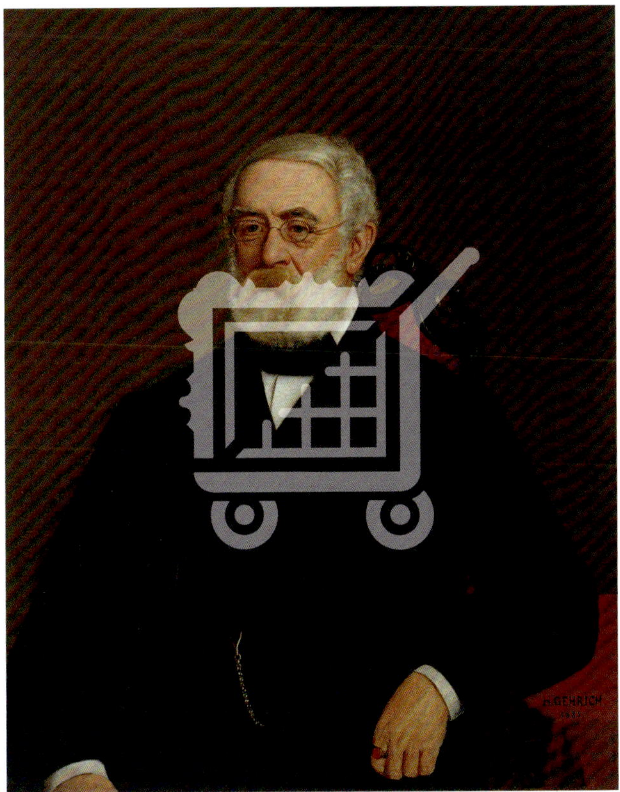

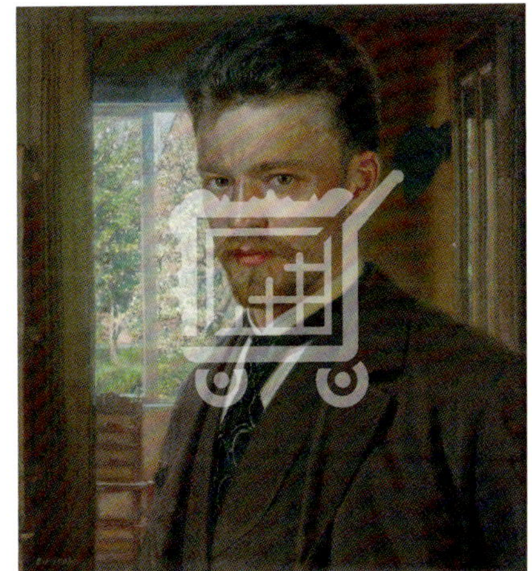

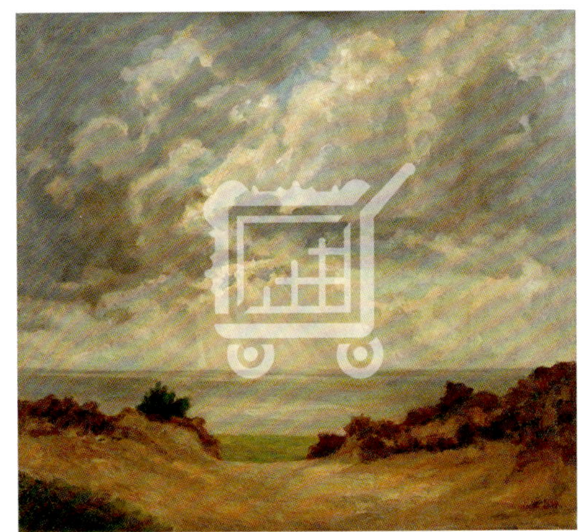

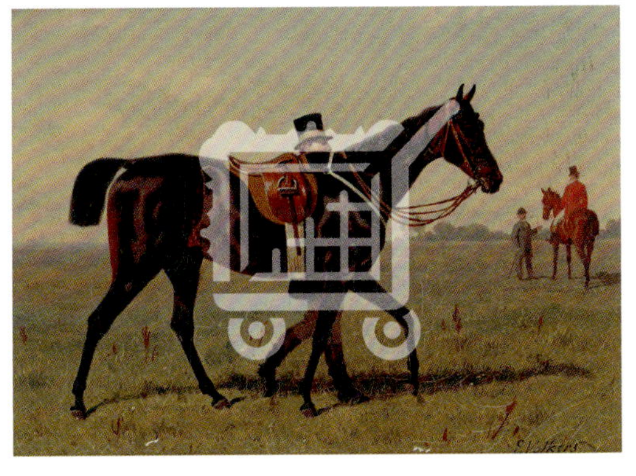

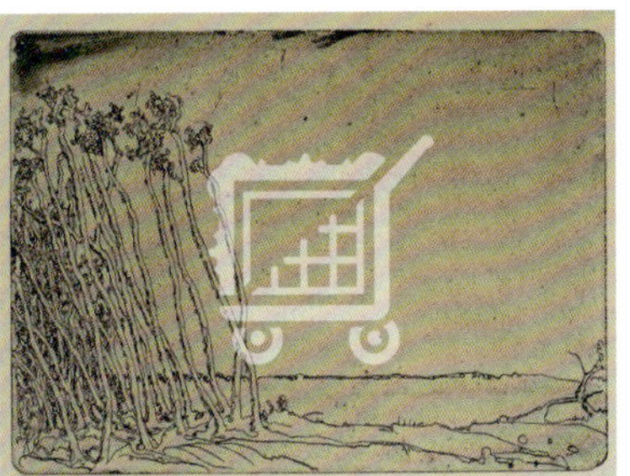

DIFFERENZBILDER

Projektion, 2009

Ein Differenzbild ist die Visualisierung von Unterschieden und entsteht durch den digitalen Abgleich zweier Bilder. In Zusammenarbeit mit dem Fraunhofer-Institut für Sichere Informationstechnologie (SIT) Darmstadt wurden qualitativ hochwertige Abbildungen der im Rahmen der Ausstellung ausgeliehenen Originalkunstwerke mit dem eigentlich unsichtbaren digitalen Wasserzeichen-System »ImageMark« versehen. Anschließend wurden die »originalen« mit den »markierten« Abbildungen in einem Differenz-Darstellungsverfahren verglichen und die Unterschiede zwischen ihnen als Differenzbilder sichtbar gemacht.

DIFFERENTIAL IMAGES

Projection, 2009

A differential image is a visualization of differences produced by the digital comparison of two images. In collaboration with the Fraunhofer Institute for Secure Information Technology (SIT) in Darmstadt, high-quality reproductions of original artworks loaned in conjunction with the exhibition were prepared with the actually invisible digital watermarking system "ImageMark". The "original" reproductions were then compared to the marked ones in a differential procedure and the differences between the pictures were visualized.

von oben nach unten und von links nach rechts / top to bottom and left to right:
Cornelia Sollfrank, *Differenzbilder*, versehen mit ImageMark, von
Horst Janssen, *Waldrand – In Gedanken an Willem Buytewegh*, aus der Mappe »Landschaften«, 1982
Hermann Gehrich, *Dr. Johann Conrad Diedrich Klävemann*, 1885
Emil Volkers, *Pferdeporträt*, um 1860
Bernhard Winter, *Selbstbildnis in jungen Jahren*, 1901
Richard tom Dieck, *Oldenburger Landschaft (Sager Heide)*, 1910
Horst Janssen, *Bäume im Gegenlicht*, 1970

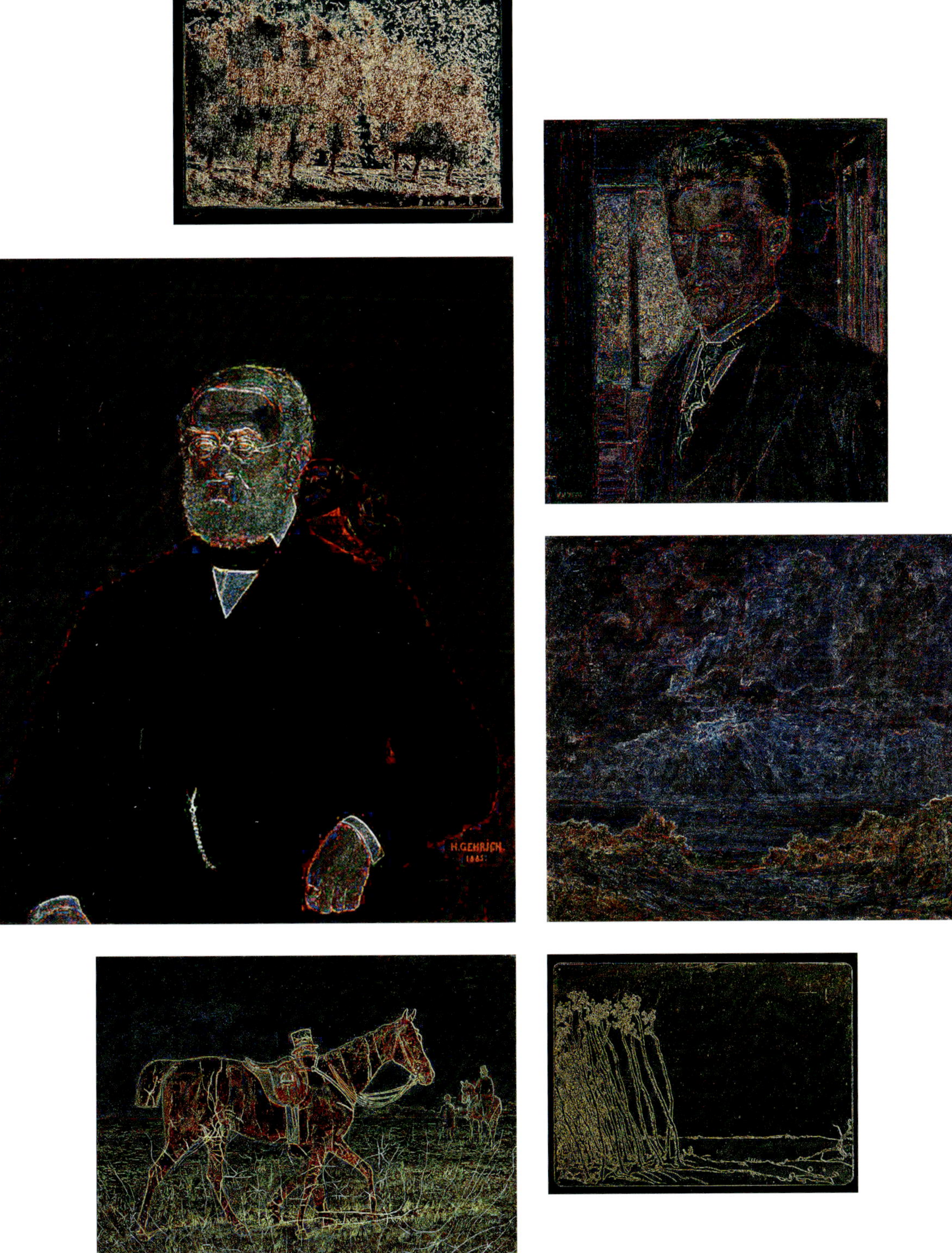

DÉJÀ VU: FIRST PLAGIARISM DETECTION SOFTWARE FOR FINE ARTS

Spekulative Software, 2009

Betrachtet man Originalität nicht als unentdeckten Plagiarismus, sondern als eine erstrebens- und erhaltenswerte Qualität, dann ist die Nutzung einer Plagiat-Nachweis-Software ange- bracht. Der Missbrauch von Daten kann damit teilweise verhindert und nachgewiesen werden. Während sich im Bereich von Text bereits gewisse Standards entwickelt haben, besteht im Be- reich visueller Produkte noch Forschungs- und Entwicklungsbedarf. Hier setzt *Déjà Vu* an.

Nach dem Einreichen einer digitalen Vorlage erstellt die Software einen »Originalitätsbericht«. Die Genauigkeit dieses Berichtes hängt von der Menge der Originale ab, die als Vergleichswerte vorliegen. Die eigene Vergleichsdatenbank der auf visuelle Produkte spezialisierten Software *Déjà Vu* befindet sich derzeit noch im Aufbau. Das Ziel der Anwendung ist es, in kürzester Zeit einen »Gleichheits-Index« zu erstellen, der in Prozentzahlen das verwandte Quellmaterial ange- ben kann. Der Einsatz wissenschaftlicher Methoden, wie zum Beispiel von distance calculations algorithms aus der Bioinformatik, erlaubt endlich Genauigkeit in einem Feld, in dem zu lange Willkür und Unvermögen des Nachweisens geherrscht haben.

Speculative Software, 2009

If one does not regard originality as undiscovered plagiarism, but as a desirable quality worthy of preservation instead, then the use of plagiarism verification software is recommendable. The abuse of data can partly be prevented and detected with it. While certain standards have been developed in the area of texts, there are still developmental and research deficits in the field of visual products. This is *Déjà Vu*'s starting point.

After submitting a digital image, the software compiles an "originality report." The preciseness of this report is dependent on the number of originals existing as a comparative value. *Déjà Vu*'s proprietary comparison database, a software specialized in visual products, is still under construction at the present time. The software is intended to quickly compile a "similarity index" that can provide the precise percentage of utilized source material. By employing such scientific methods as bioinformatical distance calculation algorithms, it will ultimately become possible to achieve preciseness in a field that has long been dominated by arbitrariness and incompetent verification.

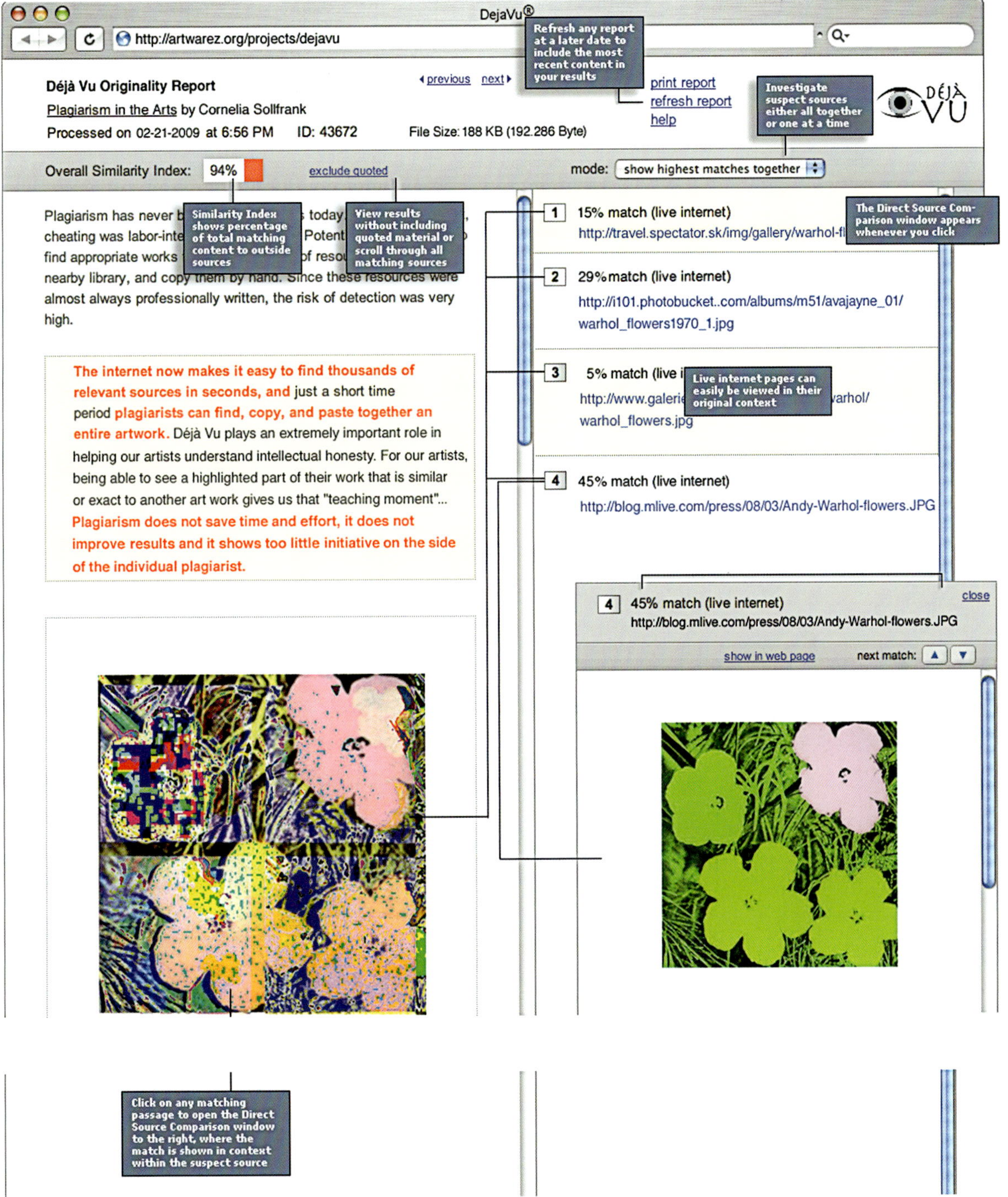
DejaVu®
http://artwarez.org/projects/dejavu
Déjà Vu Originality Report
previous   next
print report
refresh report
help
Plagiarism in the Arts by Cornelia Sollfrank
Processed on 02-21-2009 at 6:56 PM   ID: 43672   File Size: 188 KB (192.286 Byte)
DÉJÀ VU
Refresh any report at a later date to include the most recent content in your results
Investigate suspect sources either all together or one at a time
Overall Similarity Index: 94%   exclude quoted
mode: show highest matches together
Similarity Index shows percentage of total matching content to outside sources
View results without including quoted material or scroll through all matching sources
The Direct Source Comparison window appears whenever you click
Plagiarism has never b   today   ,
cheating was labor-inte   Potent
find appropriate works   of resou
nearby library, and copy them by hand. Since these resources were
almost always professionally written, the risk of detection was very
high.
The internet now makes it easy to find thousands of relevant sources in seconds, and just a short time period plagiarists can find, copy, and paste together an entire artwork. Déjà Vu plays an extremely important role in helping our artists understand intellectual honesty. For our artists, being able to see a highlighted part of their work that is similar or exact to another art work gives us that "teaching moment"... Plagiarism does not save time and effort, it does not improve results and it shows too little initiative on the side of the individual plagiarist.
1   15% match (live internet)
http://travel.spectator.sk/img/gallery/warhol-fl
2   29% match (live internet)
http://i101.photobucket..com/albums/m51/avajayne_01/ warhol_flowers1970_1.jpg
3   5% match (live i   warhol/ warhol_flowers.jpg
Live internet pages can easily be viewed in their original context
4   45% match (live internet)
http://blog.mlive.com/press/08/03/Andy-Warhol-flowers.JPG
4   45% match (live internet)   close
http://blog.mlive.com/press/08/03/Andy-Warhol-flowers.JPG
show in web page   next match:
Click on any matching passage to open the Direct Source Comparison window to the right, where the match is shown in context within the suspect source

KEEP ON GENERATING
ÜBER CORNELIA SOLLFRANKS MULTIPLE AUTORSCHAFTEN *

Jacob Lillemose

"A smart artist makes the machine do the work."

CORNELIA SOLLFRANK (2003)

"The idea is the machine that makes the art."

SOL LEWITT (1970)

"I'd like to be a machine, wouldn't you?"

ANDY WARHOL (1963)

Lassen Sie mich zuerst etwas klarstellen. Oder vielmehr auf eine grundsätzliche Ambiguität hinweisen. Der erste Teil des Titels stammt nicht von mir. Weder ich noch Cornelia Sollfrank haben ihn uns ausgedacht; es war ein Freund von ihr, der eine E-Mail mit dem Satz »Keep on Generating« signierte[1], und Cornelia hatte die Idee, ihn als Titel für diesen Text zu benutzen, den Text also mit einer Handlungsanweisung einzuleiten. Diese kleine Anekdote und Formalie überhaupt zu erwähnen, wäre ziemlich unnötig, wenn es bei dem zur Diskussion stehenden Kunstwerk nicht genau um das Verwischen und Vermischen von Originalitäts- und Autorschaftskonzepten gehen würde. Das Spiel kann also beginnen! Cornelia Sollfranks *net.art generator* (seit 1999) begann als Online Software Tool, aber das Projekt hat sich inzwischen auf so unterschiedliche Medien wie Video, Animation, Performance, Drucke und Malerei erweitert. Im Lauf der Jahre ist daraus einer der komplexesten und faszinierendsten »Fluchtversuche« (»escape attempts«[2]) vor der kulturellen Logik der Autorschaft in der zeitgenössischen Kunst geworden. Jedoch geht Sollfrank noch über den 1967 von Roland Barthes verkündeten »Tod des Autors« hinaus. Anstatt einer »Leichenbeschauerin« handelt es sich bei ihr vielmehr um eine gewiefte »Geburtshelferin«, die sich in Kunst und Netzkultur daran macht, unsere vorgefassten Meinungen über Autorschaft und ihre steten Begleiter Leserin / Betrachterin, Originalität und geistiges Eigentum herauszufordern; sie führt uns aufs Glatteis.

JEDE IST EINE AUTORIN

Auf der Rückseite der Drucke, die Cornelia Sollfrank ausstellt, befindet sich ein kleiner gelber Sticker mit dem Aufdruck »This is not by me«.[3]

Der Sticker dient als Signatur der vom Netzkunst-generator generierten Bilder. Obwohl er nicht handgeschrieben und Massenware ist, kann man ihm eine gewisse Authentizität zuerkennen – und seine Aussage entspricht der Wahrheit. Wie der folgende Text aufzeigen wird, stammen die gedruckten Bilder tatsächlich nicht von ihr, und

duktion und Distribution zu erweitern. Um die Komplexität der vermeintlich »einfachen« Frage nach der Autorschaft und des ästhetischen Konzepts, das sie impliziert, bewältigen zu können, müssen wir zuerst den *net.art generator* und seine Funktionsweise, aus der das offene Statement des Stickers resultiert, genauer betrachten.

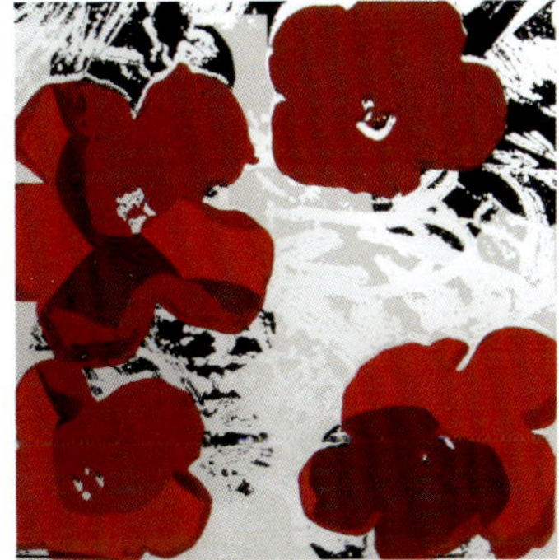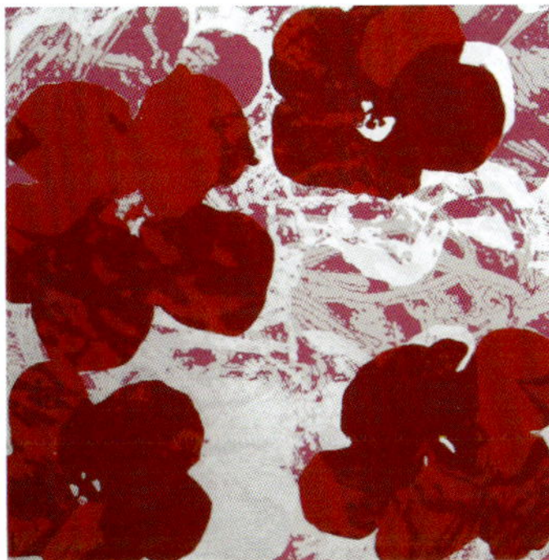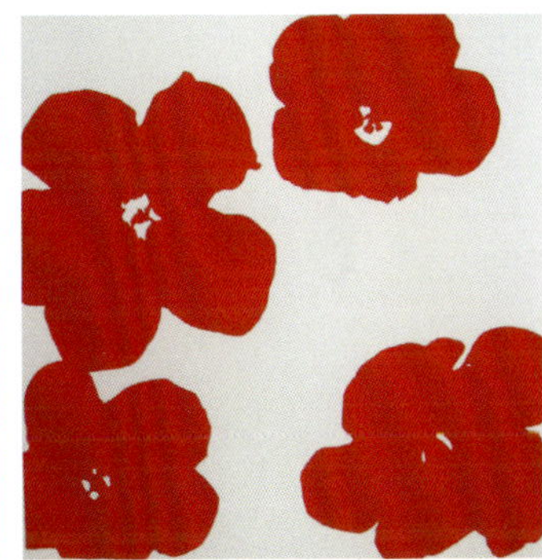

anonymous-warhol_flowers, Siebdrucke / Silkscreen prints, 2008

das als Signatur verwendete konzeptuelle Statement, das vorgibt, die tradierte Funktion der Signatur zu untergraben, ist die Methode, mit der sie ihre Ansprüche geltend macht. Das Statement »This is not by me« verortet die Drucke auf ziemlich trocken-humorvolle und gleichzeitig subtile Weise in einem Feld von Paradoxien und Doppeldeutigkeiten, in dem sich Sollfrank gern mit ihren Arbeiten bewegt. Von wem also, wenn nicht von ihr, stammen diese Bilder? Sicher ist nur, dass Sollfrank nicht an simplen Antworten auf derart vielschichtige Fragen von Identifikation oder Territorialisierung interessiert ist. Vielmehr benutzt sie diese Fragen als kritische und spielerische Möglichkeit, die Dinge offen zu halten und damit die Vorstellung von Kunst und Künstlerin für das Zeitalter der digitalen Repro-

Tatsächlich besteht der *net.art generator* nicht aus einem, sondern aus fünf Generatoren, die entsprechend ihrer chronologischen Reihenfolge von 1 bis 5 durchnummeriert sind.[4] Sie gehen indes alle auf dasselbe Grundkonzept zurück: Cornelia Sollfrank wählt eine Programmiererin und bittet sie, eine Software zu entwickeln, die den individuellen Userinnen die Möglichkeit gibt, einen Namen und einen Begriff einzugeben, den die Software als Suchbegriff für eine Websuche (mithilfe bestehender Suchmaschinen) auswertet. Der Generator nutzt die so zusammengestellten Informationen, um eine Collage der vorgefundenen Daten (Bilder, Texte oder Computercodes) zu generieren. Die einzelnen Collagen werden dann auf der Website des Generators archiviert und, wenn Sollfrank mit den

Ergebnissen zufrieden ist, von ihr ausgedruckt, mit dem Sticker signiert, in einer Galerie oder einem Museum ausgestellt – und wenn möglich auch verkauft.[5] Klingt einfach, oder? Nun, das ist es auch, wenn man nur die Oberfläche betrachtet – sei es die des Computerbildschirms oder die der Hochglanz-Digitaldrucke. Zunächst einmal, und damit gelangen wir zu der oben gestellten Frage zurück, schließt der *net.art generator* mehrere Autorinnen ein: Das ist Sollfrank, die das Konzept entwickelt, dann folgen die Programmiererinnen, die das Konzept umsetzen, dann die Userinnen, die die Software »instruieren«, dann die eigentliche Software, die die Suche ausführt und die Collage erzeugt, und letztlich das World Wide Web, die dynamische Online-Datenbank, in der die Generatoren ihr Ausgangsmaterial finden. Es gibt keine festgelegte Hierarchie; jeder Anteil ist gleichermaßen wichtig. In gewisser Weise bleibt Sollfrank diejenige, die die Autorschaft für sich beansprucht, wenn sie die Arbeiten ausstellt und verkauft, doch ist diese Autorschaft nicht exklusiv. Jede Userin hat – theoretisch und praktisch – die gleiche Option. Sollfrank beansprucht kein Urheberrecht für die generierten Collagen. Wenn sie die Collagen in einem institutionellen Kontext ausstellt und verkauft, wird das Experiment mit der multiplen Autorschaft zu einer Erkundung der Parameter, die den Kunstbetrieb konstituieren (was glücklicherweise die Instrumentalisierung für ihren eigenen ökonomischen Nutzen nicht ausschließt). Das Konzept der singulären Autorschaft ist schließlich für den Kunstbetrieb wichtiger als für die Kunstwerke. Es ist der Betrieb, der auf einem

identifizierbaren und wieder erkennbaren »Gesicht« beruht, das zum Markenzeichen werden kann, während die multiple Autorschaft des *net.art generators* sich dieser Vorstellung widersetzt. Hier gibt es nur ein Stück Software, Zeilen eines Codes, die in jedem Computer verarbeitet werden können, und die ganz offensichtlich kein eigenes Gesicht haben.

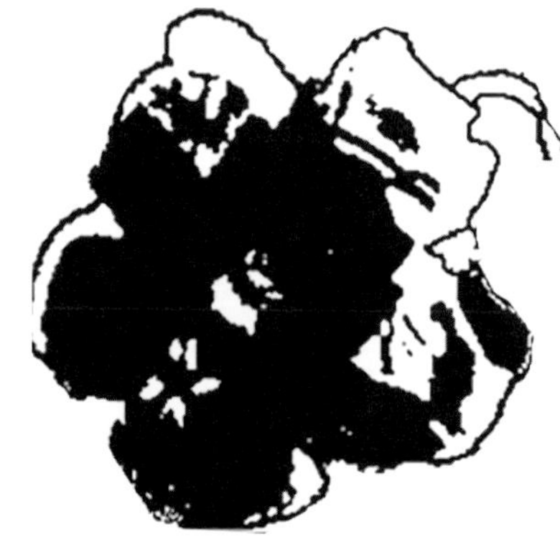

anonymous-warhol_flowers
Vorlage für Wandmalerei / master for wall painting

Das Phänomen der multiplen Autorschaft verbreitet sich zunehmend in der Kunst der Gegenwart, insbesondere im Bereich der digitalen Medienkunst. Allerdings beschäftigt sich der *net.art generator* nicht mit einer interdisziplinären, kollektiven oder kollaborativen Praxis. So verbindet er nicht etwa unterschiedliche Autorinnen in einem vereinenden Projekt. Programmiererinnen wie Userinnen können den *net.art generator* uneingeschränkt einsetzen, genau wie Sollfrank das auch tut. Anstatt multiple Autorschaft als eine »erweiterte« oder »ausgedehnte« Form der Autorschaft zu verstehen, nimmt der *net.art generator* den Begriff nahezu wörtlich: Das Projekt hat nicht einen, sondern mehrere Urheberinnen, die miteinander vernetzt und voneinander abhängig sind. Den *net.art generator* als eine Vielzahl von Projekten zu verstehen, erleichtert das Verständnis; die verschiedenen Elemente konstituieren kein »Gesamtkunstwerk«, sondern ein Netzwerk aus dynamischen und dezentralen Beziehungen zwischen mehreren Kunstwerken und mehreren Urheberinnen.

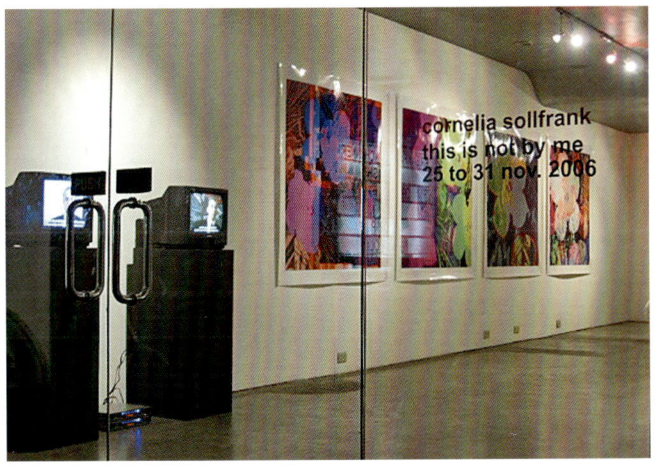

Installationsansicht / Installation view, *THIS IS NOT BY ME*
Mag:net Gallery, Manila, 2006

Indem der *net.art generator* die Rede von einer einzelnen Urheberin unmöglich und irrelevant werden lässt, verwandelt er die Frage »Wer ist der Autor?« in die Frage »Was ist ein Autor?« Und das entspricht genau dem Titel von Michel Foucaults berühmtem Vortrag von 1969, in dem er die Autorin – und implizit zugleich die Leserin – historisch als ein Konstrukt der westlichen Zivilisation mit ihrer Betonung des Individuums analysiert. Der Autor, so Foucault, »spielt eine bestimmte Rolle im Hinblick auf den narrativen Diskurs, er gewährleistet eine klassifikatorische Funktion, indem er es ermöglicht, Texte zu gruppieren, sie

abzugrenzen und von anderen Gruppen zu unterscheiden.« [6] Diese klassifikatorische »Funktion des Autors« entspricht genau dem, was Sollfrank bewusst durch den *net.art generator* stören will. Sie ersetzt den Autor als »ideologische Figur«, die der »Bedeutungserweiterung« im Wege steht, durch ihr Projekt, das Bedeutungen erweitert und vervielfacht, um so den Diskurs der Autorin kritisch zu hinterfragen und im Idealfall einen neuen Diskurs zu etablieren, in dem die Autorin eine höchst ambivalente Figur darstellt und neue Wege künstlerischer Praxis möglich und relevant werden. Vielleicht ist dies der Diskurs, den Foucault im Sinn hatte, als er seinen Vortrag mit der Frage beendete: »Wen kümmert's, wer spricht?« [7] Auf jeden Fall ist das, was Sollfrank im Sinn hat und in ihren Arbeiten umsetzt, die Schaffung eines erweiterten Feldes für Praxis und Diskurs innerhalb dessen der Netzkunstgenerator nur ein kleiner Teil ist.

AUF IN DAS BILDERNETZWERK

Getreu der Signatur ist die Kunst eines anderen Künstlers das Leitmotiv des Projektes: Andy Warhols ikonische Blumendrucke, die er über einen Zeitraum von 30 Jahren bis hin zu seinem Tod im Jahre 1987 produzierte. Indem sie mehrfach »warhol flowers« in das Titelfeld des *nag_05* eintippte, hat Sollfrank daraus eine endlose Reihe von digitalen Collagen generiert, von denen sie einige als Digital- oder Siebdrucke, Wandgemälde und Animationen im Galerieraum ausstellt. Es ist kein Zufall, dass Sollfrank sich Warhol und seine Blumendrucke herausgegriffen hat. Zum einen basieren Warhols Drucke auf einem Foto von Patricia Caulfield, das er sich angeeignet hat, zum anderen ließ er die Drucke in der Regel von anderen fertigen, ohne während des Druckvorgangs selbst noch anwesend zu sein, und letztlich nutzte er, kurz vor seinem Tod, auch noch Amiga Computer, um Vorlagen für Digitaldrucke zu erstellen. Anders gesagt, Sollfrank macht mit den Möglichkeiten ihrer Zeit genau das Gleiche wie Warhol mit den Möglichkeiten der seinen; das erweitert und kompliziert den Fall noch zusätzlich. Doch anstatt die Bilder einfach nur zu verwenden und zu modifizieren, verlinkt sie die Bilder über digitale Informationsströme in dezentralen Netzwerken. Und obwohl »Warhols« Bilder, sein Name und seine Person in den Werken Sollfranks präsent sind und sogar seine Anti-Signatur benutzt wird, ist es nicht Warhol, um den es in diesem Projekt geht. Stattdessen erkundet das Projekt *This is not by me* eine Bildproduktion und einen Diskurs, die durch ein dezentrales und disparates Netzwerk aus Komponenten generiert werden, die über jegliche Art von Autorin-Figur, sei es nun Warhol oder auch Sollfrank selbst, hinausweisen. Denn Sollfrank übt, obwohl sie dieses Netzwerk etabliert hat, doch keinerlei Kontrolle über seine Funktionsweise aus. Genau genommen hat niemand innerhalb des Netzwerks die vollständige Kontrolle. Daraus erschließt sich, dass Sollfrank sich nicht für eine individuelle Bildproduktion interessiert, sondern für die Erweiterung des Bildbegriffs in einer vernetzten Kultur.

Bereits Warhol stellte den individuellen Aspekt der Bildproduktion durch seine Verwendung von Siebdrucktechnik infrage, über die eine Repro-

duktion der Motive ad infinitum möglich wurde. Nichtsdestotrotz behielt Warhol letztlich die Kontrolle über den vollständigen Entstehungsprozess und signierte jedes seiner Bilder, ungeachtet dessen, wer es tatsächlich produziert hatte. Er perfektionierte seine Bildproduktionsmethode bis zum Grad einer Maschine, einer Maschine des Industriezeitalters allerdings, die sich nicht grundsätzlich von der in Fords Autofabrik unterschied, und deren reproduktive Logik und Effektivität von Warhol bewundert und romantisiert wurde. Sollfrank teilt weder Warhols Bewunderung noch romantische Ideen und stellt sich den Herausforderungen einer anderen Art von Maschine, einer zeitgemäßen: der vernetzten Maschine. Diese Maschine arbeitet ebenso effektiv wie die »stand alone« (eigenständige) Maschine, doch ist die Logik ihrer Bildproduktion eine gänzlich andere. Zunächst einmal werden die Bilder nicht nur (re)produziert, sondern generiert, und, was noch wichtiger ist, generiert durch einen Prozess und eine Struktur ohne jegliches Kontrollzentrum. Sollfranks vernetzte Maschine unterscheidet sich wesentlich von dem individuellen »Artist as Machine« (»Künstlerin-als-Maschine«), wie es Warhol verkörpert: eine Künstlerin, die eine Maschine erfindet, die an ihrer Stelle die Kunst produziert. Die Logik der vernetzten Maschine reflektiert vielmehr, dass die Künstlerin ebenso wie die Maschine durch die Prozesse des Dialogs und des Austauschs in eine vernetzte Kultur der dezentralen und zusammen geschalteten Bildproduktion integriert sind. Die Maschine ist keine isolierte Entität und kann auch keiner einzelnen Entität zugeschrieben werden.

Die vernetzte Maschine bildet – und wird selbst gebildet durch – dynamische Beziehungen, die jegliche Kategorisierung durchkreuzen.

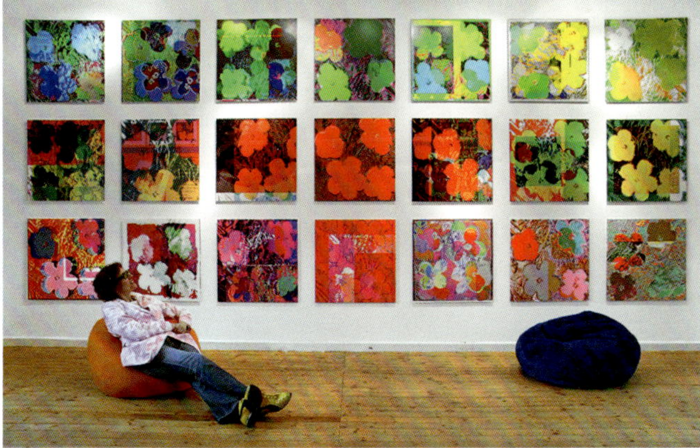

Installationsansicht / Installation view, *THIS IS NOT BY ME*
Kunstverein Hildesheim, 2006

Während Warhol noch von einer Tradition getrieben wurde, die das Bild ins Rampenlicht stellte, beschäftigt sich Sollfrank vorrangig mit der bildproduzierenden Maschine und mit dem Bild nur noch vermittels der Maschine. Es ist die praktische und konzeptionelle Funktionsweise der vernetzten Maschine, die die Bilder generiert, für die sich Sollfrank interessiert, nicht die tatsächlichen Bilder (auch wenn sie sie in ästhetischer Hinsicht interessant findet und sogar ausstellt). Im Zusammenhang mit dem *net.art generator* betrachtet, reflektieren die Bilder die Maschine; sie übermitteln ihre Funktionsweise und können nicht losgelöst von ihrer Entstehung gesehen werden. Ebenso wie die Maschine sind auch sie nicht eigenständig; sie sind vernetzt, durch die Geschichte der Kunst, durch das World Wide Web, durch die Algorithmen der Software und durch die menschliche Interaktion mit der Maschine.

All die neu generierten Blumenbilder, die die Grundlage sind für die digitalen Drucke, Gemälde und Animationen, werden von ein und derselben vernetzten Maschine produziert. Und sie alle sind gleichwertig: kein Bild ist wichtiger, authentischer oder einzigartiger als irgendein anderes. Dennoch sind sie nicht identisch. Die vernetzte Maschine ist nicht für die althergebrachte Reproduktion vorgesehen. Wie oben ausgeführt, generiert sie, was soviel heißt wie: Jedes Bild ist eine Repetition aller vergangenen und zukünftigen Bildproduktion, eine Wiederholung – mit einem Unterschied. Das Netzwerk, das die Maschine in Gang setzt, verändert sich ständig und dies gilt entsprechend auch für die Bilder, die es generiert. Anders als Warhols Ansatz, bei dem die Originalität des einzelnen Bildes durch Serienproduktion infrage gestellt wurde, dekonstruiert der *net.art generator* Originalität, indem er das Bild als eine gänzlich anders geartete vernetzte Repetition auffasst. Kein Bild ist jemals originär im Sinne von Greenbergs Theorie der Moderne, ebenso wie kein Bild jemals in dem Sinne reproduzierbar ist, den die Moderne Benjamins oder die Postmoderne für die Ready-Made-Tradition reklamierte. Der *net.art generator* bringt eine Art von »Post-Postmoderne« zum Ausdruck, in der die Bilder längst nicht mehr das Problem darstellen. Das Bild ist der vernetzten Maschine, die das Bild generiert, untergeordnet, und diese Maschine bestimmt auch den Bildbegriff auf diskursiver Ebene. Umgekehrt füttern die generierten Bilder als materielle und visuelle Manifestation der Maschine den Diskurs über die und das Verständnis von der Maschine.

KOPIEREN ODER NICHT KOPIEREN – DAS IST HIER NICHT DIE FRAGE

Ein anderer wichtiger Aspekt des *net.art generators* von Cornelia Sollfrank und ihres Rückgriffs auf das Warholsche Blumenmotiv liegt in der Infragestellung des Urheberrechts. Dieses Infragestellen wird nicht nur durch die generierten Bilder formuliert. In dem Ausstellungsprojekt *This is not by me* werden die Bilder durch drei Videos ergänzt, die die Problemstellung auf die Ebene eines philosophischen, juristischen und ästhetischen Diskurses erweitern. Der bewusst trockene Dokumentarstil der Videos – mit Sollfrank selbst, vier Anwälten und Andy Warhol in den Hauptrollen – steht im Kontrast zur überschäumenden visuellen Energie der Bilder. Und doch können die Videos nicht von den Bildern getrennt gesehen werden und vice versa. Sie bilden sozusagen den Paratext für das jeweils andere Medium. Die Videos betonen die Tatsache, dass die Bilder keine echten visuellen Entitäten in der Tradition der Moderne darstellen, an die Warhol, all seiner Ironie zum Trotz, noch immer glaubte. Auch die vom *net.art generator* generierten Bilder sind – wie alle Bilder – von kulturellen Codes durchzogen. Warhol war sich dieser »Kodierung« von Bildern bewusst und spielte damit. Sollfrank ist sich dessen ebenso bewusst; es ist der Grund, weshalb sie Warhol heranzieht. Dadurch verlagert sie den Fokus der Wahrnehmung vom Bereich des Visuellen auf den Bereich des Konzeptuellen.[8] Der *net.art generator* zielt also darauf ab, nicht nur Bilder zu generieren, sondern auch einen Diskurs; einen Diskurs, der anders als bei Foucault nicht Macht ausübt, sondern im

Namen künstlerischer Freiheit und Vorstellungskraft Macht in Frage stellt. Es ist insbesondere der Diskurs über Urheberrecht, Originalität und Autorschaft, in den Sollfrank mit ihrem Diskurs eingreift; genau den Diskurs also, der wesentlich war für den Modernismus und der sich in der Nachkriegszeit parallel zum Aufkommen einer neuen politischen und ökonomischen Kultur des Individualismus um die amerikanische Malerei und Bildhauerei entwickelte. Auf diese Version des Modernismus reagierte auch Warhol, mit der Bezugnahme auf andere Spielarten der Moderne, insbesondere der Avantgarde der ersten Hälfte des 20. Jahrhunderts, einschließlich Konstruktivismus, Dadaismus und Duchamp.

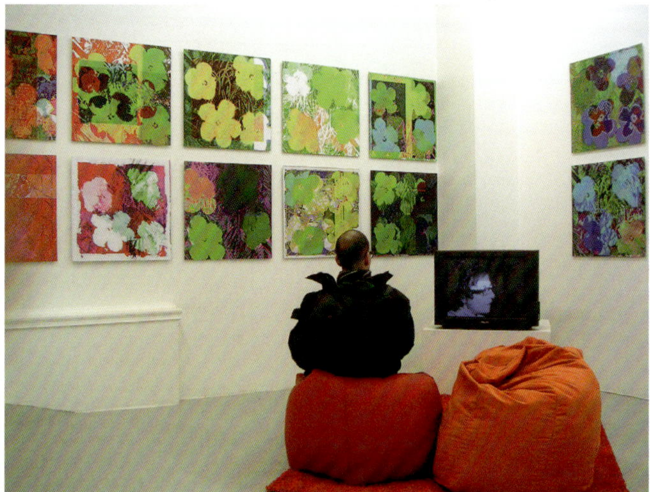

Installationsansicht / Installation view, *Unlimited Edition*
Mejan Labs, Stockholm, 2009

Im Hinblick auf ihre spezifischen Annäherungen an das Urheberrecht zeigen die drei Videos deutliche Unterschiede. In *Copyright © 2004 Cornelia Sollfrank* (2004) sitzt die Künstlerin neben einem Monitor, der ein generiertes »Warhol-Flowers«-

Bild zeigt. In schwarzem Rollkragenpullover und mit Brille gibt sie sich als moderne Intellektuelle. Sie liest und erörtert einen von ihr verfassten Text, dem das Video auch seinen Titel verdankt. Darin geht es um die Frage, wer die Urheberin des Bildes ist, wobei auch juristische Kommentare zu computergenerierten Kunstwerken sowie das Modell der Miturheberschaft erörtert werden. Der auf akribischen Recherchen beruhende Text kommt dabei zu dem Ergebnis, dass es unmöglich ist, eine einzige Urheberin des Bildes zu identifizieren, stattdessen finden sich fünf mögliche Urheberinnen, und die Frage nach der Autorschaft wird so in eine ambivalente und ungeklärte Angelegenheit transformiert. Die visuelle Kraft des Bildes wird durch eine konzeptuelle Komplexität unterminiert, die eine intensivere Beschäftigung mit dem Bild auf visueller und sprachlicher Ebene erzwingt – nicht zuletzt, wenn es zu Fragen des Urheberrechts kommt. Den Ursprung des Bildes auszumachen ist unmöglich; schon der Versuch wäre lächerlich. Das Bild wurde durch ein Netzwerk ohne Ursprung, Zentrum oder Identität generiert, und statt zu versuchen, es in den vorhandenen Diskurs zu zwängen, zeigt das Video die Grenzen dieses Diskurses auf. In *Legal Perspective* (2004)[9] führt Sollfrank dieses Infragestellen des Rechtssystems weiter, indem sie ihre Arbeit vier Urheberrechtsspezialisten vorführt und sie um eine Einschätzung bittet. Die Anwälte nähern sich dem generierten Blumenbild mit ihrem Handwerkszeug und kommen dabei bezüglich des rechtlichen Status zu sehr unterschiedlichen – teilweise sogar widersprüchlichen – Schlüssen. Insbesondere der aufscheinende

Konflikt zwischen Urheberrecht auf der einen und Recht auf künstlerische Freiheit auf der anderen Seite – beide durch die deutsche Verfassung garantiert – zwingt sie zu einer Reflexionspause. Oder eher noch: Bringt das Rechtssystem dazu, die eigene konzeptuelle Paradoxie bzw. Absurdität zu hinterfragen.[10] Der *net.art generator* entlarvt so das Rechtssystem in seiner gegenwärtigen Form als unfähig, derartigen Werken gerecht zu werden. Das Kunstwerk überschreitet die Grenzen des Rechtssystems, indem es die Rationalität des Rechts mit der Ambiguität der Kunst außer Kraft setzt.

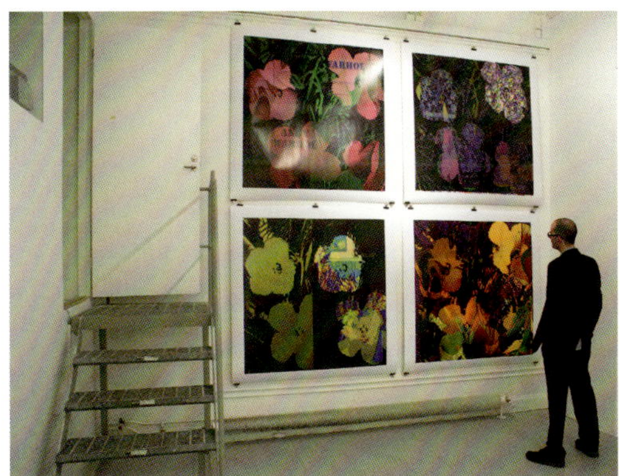

Installationsansicht / Installation view, *Unlimited Edition*
Mejan Labs, Stockholm, 2009

Welche Art von Diskurs notwendig ist, um sich mit dem *net.art generator* auseinander zu setzen, wird im dritten Video I DON'T KNOW (1968/2006) angedeutet. Das Video besteht aus einem inszenierten Interview mit Andy Warhol, das Sollfrank aus Teilen alter Interviews mit dem Künstler zusammengestellt hat, die sie mit neuen Filmaufnahmen kombiniert. Sie spricht mit Warhol über seine künstlerischen Aneignungsstrategien, über sein Verständnis von Urheberrecht und geistigem Eigentum und stellt ihm den *net. art generator* vor sowie die von der Maschine bearbeiteten Warholschen Blumenbilder. Warhol beantwortet ihre sachkundigen (und suggestiven) Fragen zum Urheberrecht zumeist mit »Yes«, »No« oder »I don't know«. Sobald es allerdings um die Gretchen-Frage geht, nämlich, ob er die Bearbeitungen seiner Bilder durch den *net.art generator* zulässt, antwortet er schließlich zustimmend und macht so deutlich: Erlaubnis durch den Urheber erteilt. Sollfrank nutzt hier erneut eine künstlerische Methode, um das Rechtssystem zu überlisten und alle Rechte – wie es am Ende des Videos heißt – zumindest innerhalb des Kontextes des Kunstwerks aufzuheben.

Alle drei Videos behandeln die Probleme des Urheberrechts, ohne in eine moralistische Argumentation dafür oder dagegen zu verfallen. Anstatt schwarz oder weiß zu malen, erkunden sie die Grauzone, in der die Dinge zwischen dem Schutz des Urheberrechts auf der einen Seite und der Entfaltung der künstlerischen Freiheit auf der anderen oszillieren. Das verfassungsmäßige Rechtssystem kollidiert mit einem ästhetischen System. Darüber hinaus stehen die beiden Systeme für zwei unterschiedliche kulturelle Modelle: Im einen herrschen feststehende Werte, das andere besteht aus dynamischen Beziehungen. Sollfrank drückt ihre Haltung nicht explizit aus (wie der Titel ihres Projekts deutlich macht, ist dies nicht von ihr); implizit jedoch fordert sie uns auf, die Beziehung zwischen den beiden Systemen zu reflektieren und zu hinterfragen, welchen Einfluss diese Relation auf die Produktion von Kunst und Kultur

hat. Dabei ist ihre Frage nicht die von »kopieren« oder »nicht kopieren«; vielmehr geht es darum, welche konzeptuellen Instrumentarien wir einsetzen, um das System – das juristische wie das kulturelle – zu verstehen und weiter zu entwickeln. Als konzeptionelles Instrument liefert der *net.art generator* keine Lösungen – schon gar nicht für die derzeitigen Probleme des Urheberrechts. Doch er ermuntert uns, uns analytisch und kritisch mittels des freien Spiels der Kunst mit den Systemen von Kunst und Recht auseinander zu setzen – mit all der Ironie, Irrationalität und Subtilität, die es zulässt – und ebenso mit all den Schwierigkeiten, die es nach sich ziehen kann.

DON'T JUST DO IT: GENERATE!

Durch die Wahl des Titels »Keep on Generating« für diesen Text lädt uns Sollfrank konkret ein, weiterhin ihr Tool zu benutzen; wir sollen weiter Bilder generieren, darüber diskutieren und dabei erkennen, dass dieses Tool nicht in erster Linie zum Herstellen spezifischer Objekte gedacht ist, sondern zum Generieren offener Prozesse. Nur indem wir uns von Objekten frei machen und uns aktiv auf Prozesse einlassen, können wir allmählich beginnen, Autorschaft, Originalität und Urheberrecht in einem erweiterten Sinn zu verstehen – konzeptuell wie praktisch –, was uns erlauben wird, eine neue Vorstellung von Kultur zu entwickeln, die bereichert sein wird durch die mannigfachen Möglichkeiten der digitalisierten und vernetzten Information. Während also der Titel den Imperativ von *Nike*, die neoliberale Einladung an jedermann »Just do it« anklingen lässt, impliziert der *net.art generator* eine die Regeln überschreitende Aktivität anderer Art – für seine Userinnen wie für die Kultur im allgemeinen. Es geht weder um die Herstellung wertvoller Objekte noch um die dadurch mögliche Selbstdarstellung oder Selbstverwirklichung. Tatsächlich sind es gerade die Vorstellungen von Produktion und Selbst, die Sollfranks Projekt bewusst und grundsätzlich stört und durch die Idee eines generativen Netzwerks ersetzt, das auf persönlichem Einsatz, Kollaboration und mechanischen Prozessen basiert. Obwohl es die Möglichkeit bietet, wunderschöne »Kunstwerke« zu schaffen, die man sich ins Wohnzimmer hängen kann, zielt der Gebrauch des *net.art generators* gerade auf ein Verlassen der schön dekorierten Privatsphäre und auf ein aktives Sich-Einbringen in das Netzwerk.

In diesem Sinne unterscheidet sich die Nutzerin des *net.art generators* auch von der Userin, die der aktuelle Web 2.0 Trend propagiert, der darauf abgezielt, die Userin zu einer unbezahlten Produzentin (von Inhalten) zu machen. Die Userin/Produzentin des Web 2.0 hingegen kommt der Vorstellung von *Nikes* Slogan nahe. Es handelt sich dabei um ein affirmatives Individuum, das die herrschenden juristischen und ästhetischen Systeme nutzt (oder von ihnen benutzt wird), um sich auszudrücken und zu verwirklichen. (Dass dies den Firmen zugute kommt, die die Plattformen kontrollieren, sowie anderen Userinnen, die so Zugang zu den Inhalten finden, ist in diesem Fall zweitrangig.) Bei der Nutzerin des *net.art generators* liegt der Fall ganz anders. Erstens fordert die Userin das herrschende Ur-

heberrecht heraus, zweitens betreibt sie weder Selbstdarstellung noch Selbstverwirklichung, denn, was auch immer sie produziert, es wird nicht von ihr sein. Das Ich auf diese Weise loszulassen, ist befremdlich und verstörend. Andererseits können wir nur durch einen radikalen Wandel des konzeptuellen Rahmens künstlerischen Schaffens und der Akzeptanz dieses Wandels zu einer Kultur jenseits des Wortlautes des Gesetzes aufbrechen; einer Kultur, in der unser Bedürfnis, Sinnhaftes zu generieren, durch ästhetischen Intellekt und eine Sensibilität geprägt ist, in der für Spiel, Ambiguität und Offenheit Platz ist und wo die Möglichkeiten, Kunst zu schaffen, permanent durch das Einbeziehen von vernetzten Maschinen und Multiplizitäten erweitert werden.

Mit Dank an Jaime Stapleton, der diesen Text mit seinen multiplen AutorInnen diskutierte.

Übersetzung: Iris Nölle-Hornkamp

* In diesem Text werden männliche und weibliche Formen nur durch die weibliche repräsentiert.

1 Dank an Timothy Didymus.

2 Die Kritikerin und Kuratorin Lucy Lippard benutzte den Begriff »escape attempts« (»Fluchtversuche«) erstmals in einem rückblickenden Text über Konzeptkunst, um zu beschreiben, wie die Konzeptkunst der Ideologie der Kunst zu entgehen suchte, indem sie »unverkäufliche«, »gegenstandslose« und »nichtkünstlerische« Arbeiten hervorbrachte. Sollfranks Werk, und insbesondere der *net.art generator*, sind Erben dieser Fluchtversuche. Wie alle wahrhaftigen Nachfolger richtet sich ihre institutionelle Kritik jedoch in eine andere Richtung, nämlich in die der Autorschaft innerhalb des Kontextes der Software-Kultur.

3 Der Satz stammt tatsächlich nicht von ihr, sondern ist bei Andy Warhol ausgeliehen, der ihn in den frühen 1970er Jahren als Signatur für einige seiner Drucke einsetzte, nachdem die ersten gefälschten Warhols in Umlauf gekommen waren. Der Satz »This is not by me« bildet gleichzeitig den Titel eines Ausstellungsprojekts, das Sollfrank an mehreren Orten in Europa und Asien umsetzte. Die Ausstellung »This is not by me« 2006 im Kunstverein Hildesheim war zugleich der Ausgangspunkt für diesen Text.

4 Ursprünglich bestand der *net.art generator* aus fünf gleich gewichteten Generatoren, jetzt ist allerdings einer von ihnen »außer Betrieb« und zwei werden als »historische Versionen« bewertet, auch wenn sie noch immer funktionieren. Entsprechend besteht der *net.art generator* derzeit hauptsächlich aus Nummer 4 (*nag_04*) und 5 (*nag_05*). Siehe http://net.art generator.com/src/gen.html, Stand: 5.2.2009.

5 Aufgrund dieses Prozesses sind die Generatoren im Hinblick auf ihr Design und ihre Funktionsweise ganz unterschiedlich. Am aufwändigsten (und auch von Sollfrank am häufigsten eingesetzt) ist der *nag_05* (programmiert von Panos Galanis, iap GmbH), der nur Bilder verarbeitet und der Userin das Festsetzen einer bestimmten Anzahl von Parametern ermöglicht, etwa die Anzahl der Bilder (2–8), die Größe sowie das Datei-Format (jpg, gif, png).

6 Michel Foucault: »Was ist ein Autor?« In: Fotis Jannidis (Hg.), *Texte zur Theorie der Autorschaft*. Stuttgart, 2000, S. 198–229. (Erstveröffentlichung 1968 in französischer Sprache.)

7 Ebd., S. 227

8 Die Verschiebung zeigt sich deutlich in dem noch unbetitelten work-in-progress, für das Sollfrank 6–10 identische Drucke nebeneinander aufhängt. Die Drucke sind nur durch einen kleinen Chip auf der Rückseite zu unterscheiden, der Fragmente literarischer, rechtlicher und theoretischer Texte enthält, ganz wie eine traditionelle Signatur. Anders ausgedrückt, es sind Worte, hier in Form externer und unsichtbarer Daten, durch den die Bilder identifiziert werden, und nicht die visuellen Merkmale der Bilder selbst. Die visuelle Spezifität wird durch eine konzeptuelle Abstraktion verworfen und die tatsächlichen Bilder werden in Media transformiert, zugunsten eines ästhetischen Diskurses, der nicht auf Identität oder Identifikation abzielt, sondern auf deren Voraussetzungen.

9 http://artwarez.org/projects/legalperspective/, Stand: 5.2.2009.

10 Eine Zielsetzung des *net.art generators* besteht darin, die beiden Abteilungen der Andy Warhol Foundation (einmal die, die sein Copyright schützt, dann die, die sein Erbe vermarktet) dazu zu bringen, gegeneinander zu prozessieren. Die beiden Abteilungen gehören zum selben Unternehmen, haben jedoch eine entgegen gesetzte Zielrichtung und kommunizieren nicht miteinander.

KEEP ON GENERATING
– ON CORNELIA SOLLFRANK'S MULTIPLE AUTHORSHIPS

Jacob Lillemose

> "A smart artist makes the machine do the work."
>
> CORNELIA SOLLFRANK (2003)

> "The idea is the machine that makes the art."
>
> SOL LEWITT (1970)

> "I'd like to be a machine, wouldn't you?"
>
> ANDY WARHOL (1963)

Let me begin by setting the record straight. Or rather point to a fundamental ambiguity. The first part of this text's title is not my own. I did not come up with it and neither did Cornelia Sollfrank. A friend of hers signed an e-mail with the phrase[1] and Cornelia decided that we use it as the title of this text, hence framing the text with a line of instruction. To mention this little anecdote and formality would however be but pretentious if the artwork in question was not precisely about blurring and mixing concepts of originality and authorship. Let the games begin!

Cornelia Sollfrank's *net.art generator*, an art work that started as an online software tool, has proliferated into different media and now includes video, animation, performance, print and painting. Over the years it has become one of the most complex and intriguing "escape attempts"[2] from the cultural logic of authorship to come out of contemporary art. However, Sollfrank also goes beyond "The Death of the Author" declared by Roland Barthes in 1967. She is not a coroner in that sense but a critical trickster of a midwife who in the context of digital art and culture explores—in order to challenge and trick—our preconceived ideas about authorship and its close associates reader/viewer, originality and intellectual property.

EVERYONE IS AN AUTHOR

The phrase "This is not by me" is printed on a small yellow sticker that Cornelia Sollfrank places on the back of the prints made from generated images that she exhibits.[3] The sticker functions as a signature. Sure, it is mass produced and not handwritten, but it is nevertheless authentic—and what it says is true. As will become evident from the following text, the printed images are in fact not by her, but signing them with a conceptual statement that pretends to subvert the traditional function of a signature, is her special way of claiming ownership. With a tongue-in-cheek and deadpan, subtleness the statement "This is not by me" locates the prints in a field of paradoxes and ambiguities as well as interpretive possibilities that form an integral part of her overall project. A relevant response to the sticker would thus be to ask who the images are by if they are not by her. Yet, Sollfrank is not interested in simple answers to such complex questions of identification or territorialisation. She engages rather with these questions as a critical and playful means to keep things open and thereby expand the concept of art and artist in the age of digital reproduction and distribution.

To cope with the complexities of that allegedly 'simple' question and the aesthetic concept it implies we need to take a closer look at the *net.art generator* and the workings that leads to the open-ended statement of the sticker.

The *net.art generator* consists in fact of not one but five generators, numbered from 1 to 5 according to their chronological order.[4] However, they all originate from the same basic concept: Cornelia Sollfrank selects a programmer and asks him or her to develop software that will enable its individual users to type in their name and a term which the software interprets as a keyword for a web search (building on existing search engines). The generator then uses the information gathered to generate a collage of the found digital data, images and/or text or computer code. The collages are then archived on the generator's website and if Sollfrank likes the results, she makes prints of them, signs them with the sticker, and exhibits them in a gallery space—and eventually sells them.[5] Sounds simple and easy? Well, it is, but only on the surface—whether the surface is the computer screen or the photo prints. To begin with, and to return to the question above, the *net.art generator* encompasses several authors. First, there is Sollfrank who conceived the concept, then there are the programmers, who interpreted the concept, then there are the users who 'instruct' the software, there is the software itself that does the search and creates the collage, and finally there is the World Wide Web, the dynamic online database where the generators find their material. No fixed hierarchy is expressed, everyone makes an important contribution. Of course, in a conventional sense, it is Sollfrank who takes credit in the end by exhibiting and selling the work, yet that option is not exclusive; every user, both in principle and practically, has the same option. Sollfrank holds no copyright on the generated collages. By exhibiting and selling the collages in an institutional context, the exploration of the logic of multiple authorships becomes an exploration of the parameters constituting the art world/market (and does not necessarily exclude the *exploitation* for her own economical benefit). Maybe even more than the works themselves, the art world/market is based on the notion of the single author, an identifiable and recognizable 'face' that can be turned into a trademark, while the multiple authorship of the *net.art generator* defies that notion. In the end, it is nothing but a piece of software, lines of code that can be processed inside any computer, which obviously cannot have a face.

"total work of art" but a network of dynamic and distributed relations between several works of art and several authors.

By making it impossible and irrelevant to talk about one single author, the *net.art generator* turns the question 'who is the author?' into

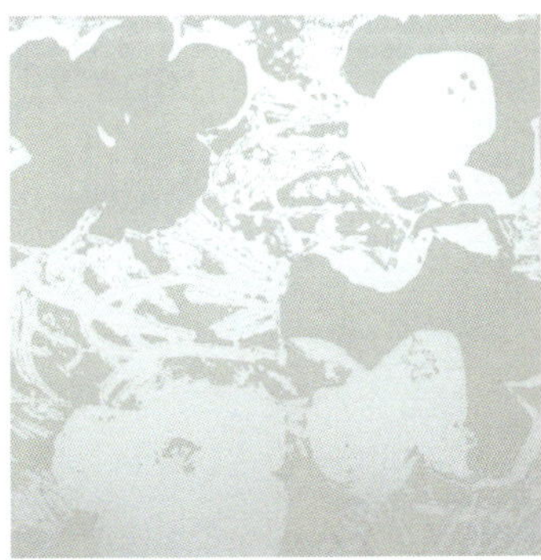
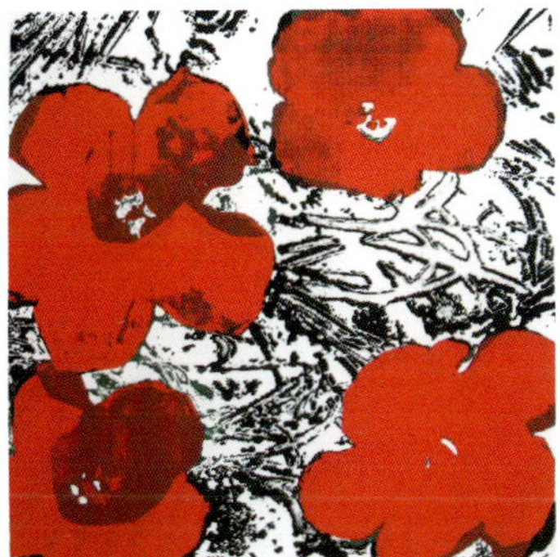
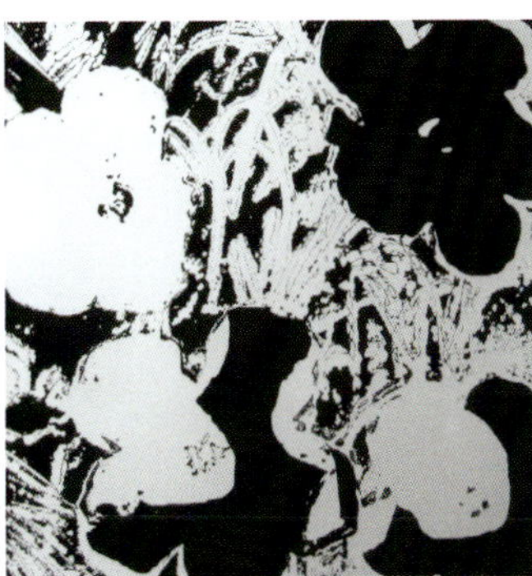

anonymous-warhol_flowers
Siebdrucke / Silkscreen prints, 2008

Multiple authorships are an increasingly common phenomenon in contemporary art in different forms, especially as regards contemporary digital media art. The *net.art generator* however is not about interdisciplinary, collective, or collaborative practice. It does not link the different authors in one unifying project. The programmer as well as the user is free to interpret and make use of the *net.art generator*, just as Sollfrank does. Instead of understanding multiple authorships as an 'enlarged' or 'expanded' form of authorship, the *net.art generator* takes the idea quite literally: the project does not have one, but several authors who are interconnected and interdependent. In fact it is more pertinent in this context to consider the *net.art generator* as several projects in the sense that the different elements do not constitute a

the question 'what is an author?' And "What is an Author?" is precisely the title of Michel Foucault's famous 1969 talk in which he historically analyses the author—and implicitly the reader—as a construction of Western civilization and its emphasis on the individual. As he says, the author "performs a certain role with regard to the narrative discourse, assuring a classificatory function [which] permits one to group together a certain number of texts, define them, differentiate them from and contrast them to others." This classificatory "author-function" is exactly what Sollfrank deliberately distorts with the *net.art generator*. She substitutes the author as an "ideological figure" who impedes the "proliferation of meaning" with a project, whose function is to circulate and multiply meaning as a means of criticizing the discourse of the author and ideally establish a new discourse in which the author is a highly ambiguous character and new forms of artistic practice are made possible and pertinent. Perhaps, that is the discourse Foucault imagines when he ends his talk by asking, "What difference does it make who is speaking?" In any case, what Sollfrank imagines and realizes with her work is an expanded field of practice and discourse, which the generator proper is only one part of.

INTO THE IMAGE NETWORK

True to its signature, the leitmotif of the project is the art of another artist, namely Andy Warhol, particularly the iconic flower prints made by the artist over a period of more than 30 years up until his death in 1987. By repeatedly typing "warhol flowers" in the nag_05 title space, Sollfrank has generated an endless number of digital collages, which she partly presents in the gallery space as digital or silkscreen prints, wall paintings and animation.

It is not a coincidence that Sollfrank picked Warhol and his flower prints. On the one hand, Warhol based his prints on an appropriated photograph by Patricia Caulfield, but he also often had the prints produced without being present during the process and, finally, right before he died, he worked with Amiga computers to make digital prints. In other words, by utilizing the means of her times, Sollfrank does precisely what Warhol did with the means of his, which expands and complicates the matter further. Rather than simply appropriating and modi-

fying the images, she links them to distributed networks of digital information flows.

But Warhol is not the issue. Although "his" imagery, his name and person are present in all the works, the project is not about Warhol even if his anti-signature is being used. What the project explores is an image production and discourse generated by a distributed and disparate network of components over and above any kind of author figure, whether Warhol or Sollfrank herself. Because even though she has set up the network, she does not control its workings. In fact no one in the network has complete control over its workings.

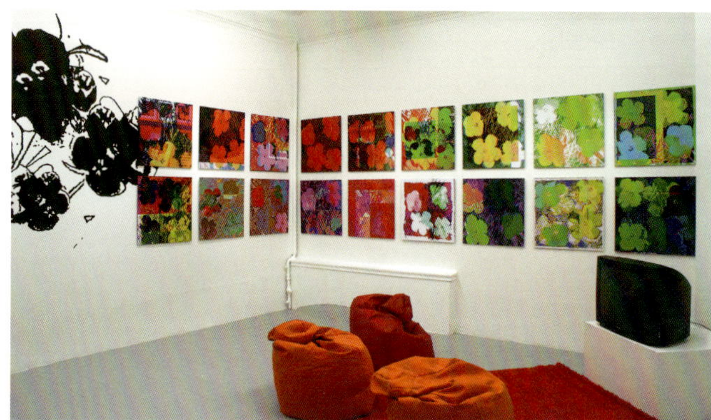

Installationsansicht / Installation view, *Unlimited Edition*
Mejan Labs, Stockholm, 2009

Hence, instead of dealing with image production on the level of the individual, Sollfrank deals with how this network expands the culture of image production as well as the notion of the image itself.

Warhol himself challenged the individual aspect of image production with his silk-screen technique that allowed the motifs to be reproduced *ad infinitum*. Yet, Warhol was still in control of the whole process and he would always sign them regardless of who actually made his images. In this way he perfected his image production to the level of a machine, but a machine of the industrial age, in principle not different from the one in Ford's car factory, whose reproductive logic and effectiveness Warhol admired and romanticized. Sollfrank does not share Warhol's admiration or romanticism and she puts her challenge into practice with a different kind of machine, a contemporary one, the networked machine. This machine is just as effective as the 'stand-alone' machine, but its logic of image production is fundamentally different. For one thing it does not just (re)produce images, it generates them, and more importantly it generates them through a process and structure without any centre of control. Sollfrank's networked machine is different from the individual artist-as-machine represented by Warhol, an artist who invents a machine that makes art instead of him. Rather the logic of the networked machine reflects that the artist as well as the machine is integrated in a networked culture of distributed and interconnected image production through processes of dialogue and exchange. The machine is not an isolated entity nor can it be ascribed to any single entity. The networked machine makes—and is made by—dynamic connections that transgresses such categorical definitions.

While Warhol is still worked within a tradition that placed the image in the spotlight, Sollfrank mainly occupies herself with the machine and with the image only by means of the machine. It is the practical and conceptual workings of the networked machine that generates the images that interest Sollfrank, not the actual images (although she finds them aesthetically interesting and exhibits them). In the context of the *net. art generator*, the images reflect the machine or express its workings and as such they cannot be separated from their production. Like the machine, they are not stand-alone; they are networked, by art history, by the World Wide Web, by software algorithms and by human interaction with the machine.

All the newly generated flower images, digital prints, paintings and animations, are made by the same networked machine; and all exist on a horizontal plane where no image is more significant, more authentic or unique than any other. Yet, they are not identical. The networked machine is not intended for old school reproduction. As outlined above, it generates, which means that every image production is a repetition of all past and future image productions, a repetition with a difference. The network that works the machine is constantly changing and so are the images it generates. Thus, rather than challenging the originality of the singular image through serial reproduction—which was Warhol's approach—the *net.art generator* deconstructs originality by conceiving the image as a networked repetition. No image is ever original in the sense that Greenbergian Modernism claimed, just as no image is ever reproducible in the sense that Benjaminian Modernism or the Postmodernism of the readymade tradition claimed. The *net.art generator* expresses a kind of

'Post-Postmodernism' where the image is not even the question anymore. The image is secondary to the networked machine generating the image and this machine frames any notion of and discourse on the image. Yet, as material and visual manifestation of the machine, the images in turn also feed back into the notion of and discourse on the machine.

TO COPY OR NOT TO COPY – THAT IS NOT THE QUESTION

Another important aspect of Cornelia Sollfrank's *net.art generator* and her use of Warhol's flower motif is the challenge of copyright in the context of art history and culture in general. The challenge is not only formulated through the generated images. In the exhibition project *This is not by me*, the images are complemented by three videos that extend the challenge to the level of a philosophical, a legal and an aesthetic discourse. Featuring herself, four lawyers and Andy Warhol, the videos' intentionally dry documentary style contrast the images' exuberant visual energy. However, the videos are inseparable from the images, and vice versa. They constitute each other's paratexts, so to speak. The videos emphasize the fact that the images are not pure visual entities in the tradition of Modernism that Warhol still believed in, despite his irony. The images generated by the *net.art generator* (like images in general) are traversed by cultural languages or—to use a term that is more appropriate in this context—by cultural codes. Warhol definitely was aware of this 'coded' condition of images, that is what he played with,

and Sollfrank is aware of that when she uses Warhol to address the codes or the codedness of his images. She thereby shifts the focus of perception from the realm of the visual to the realm of the conceptual[6] and the *net.art generator* comes to generate not only images but also discourse. A discourse that, contrary to how Foucault defined it, does not try to exercise power but to distort power in the name of artistic conceptualizations, fictions and imaginaries; and it is namely the discourse of copyright, originality and authorship that Sollfrank distorts with her discourse, the very discourse which was essential to the Modernism formed around American painting and sculpture in the post-war period parallel to the emergence of a new political and economical culture of individualism; a version of Modernism that Warhol responded to by working in the tradition of other versions of Modernism, namely the avant-gardes of the first half of the 20th century, including Constructivism, Dada and Duchamp.

The three videos are each quite different as regards their specific take on copyright. In *Copyright © 2004 Cornelia Sollfrank*, the artist sits next to a monitor showing a generated 'Warhol flower' image. Dressed in a black turtleneck and glasses like a modernist intellectual, she reads and discusses one of her own texts that has the same title. The text is concerned with who the author of the image is and includes legal research conducted in the field of computer-generated work as well as joint authorship. However, the thoroughness of the text comes to the conclusion that it is impossible to identify one single author of the image, but five possible authors instead, thus transforming the question of authorship into an ambiguous and open-ended matter. The visual aesthetics of the image are subverted by a conceptual complexity that challenges the language and thinking associated with images, not least when it comes to the discourse on copyright. The identification of an origin is impossible, if not downright ridiculous. The image is generated by a network without origin, centre or identity, and instead of trying to fit it into the existing discourse, the

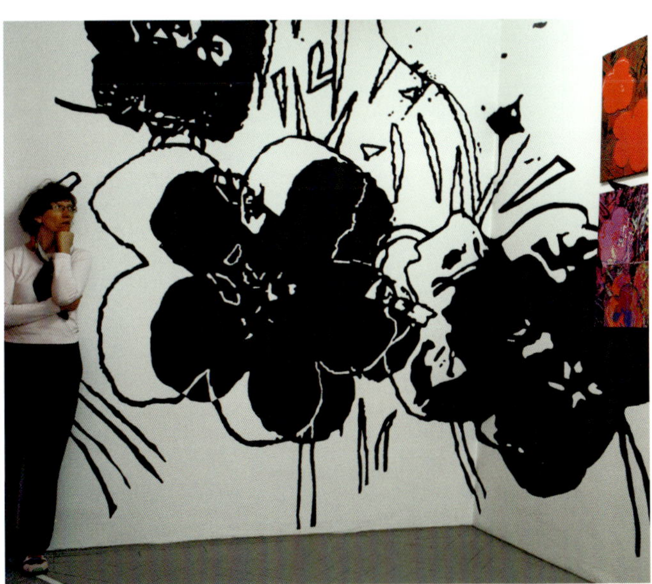

Installationsansicht / Installation view, *Copieren & Verfälschen* Künstlerhaus FRISE, Hamburg, 2007

video demonstrates the limits of that discourse. In *Legal Perspective* (2004),[7] Sollfrank continues challenging the legal system by presenting her work to four copyright lawyers, asking them to comment on it. The lawyers apply their tools on the work and reach very different—even contradictory—conclusions about its legal status. Particularly the uncertain balance between the consideration of copyright law and the right of the artistic freedom—both granted under the German constitution—gives them pause for reflection. Or rather causes the legal system to reflect on itself to the point of conceptual paradox or absurdity.[8] The *net.art generator* thus exposes the legal system in its current form as unable to deal with works of its nature. In that sense the work exceeds the legal system, overriding legal rationality with artistic ambiguity.

What kind of discourse is required to deal with the *net.art generator* is hinted at in the third video *I DON'T KNOW* (1968/2006). The video is a staged interview with Andy Warhol for which Sollfrank used parts of old interviews with the artist and combined them with new shots. She asks Warhol about the principles underlying his work, his understanding of copyright and intellectual property and introduces him to the *net.art generator* and her use of the flower images. He mostly answers "Yes," "No," or "I don't know" to her informed (and leading) questions about copyright. But when it comes to the million-dollar question whether or not he accepts the reworkings of his images by the *net.art generator*, he finally answers in the affirmative, thus making the case clear: permission granted by the author. Sollfrank again uses her artistic freedom to outsmart the legal system and reverse all rights—as it says at the end of the video—at least within the context of the work.

All three videos address the problems of copyright law without falling back on a moralist discussion for or against it. Things are not that black and white here. They exploit instead the grey area where things oscillate between the protection of copyright on the one hand, and the development of artistic freedom on the other. The former is based on a constituted legal system whereas the latter is based on an open-ended aesthetic system. In a broader sense, the two systems represent two cultural models, one of fixed values, and one of dynamic relations. Sollfrank does not express her stance (as the title of her project makes explicit, this is not by her) but she implicitly asks us to reflect upon the relation between them and how that relation influences the production of art and culture. However, it is not just a question of 'to copy or not to copy,' but of what kinds of conceptual tools we use to understand and develop the system, the legal as well as the cultural. As a conceptual tool, the *net.art generator* delivers no simple solutions and it certainly does not fix the problems of copyright law. It encourages us to engage with the system analytically and critically through the free play of art instead—with all the ironies, irrationalities and subtleties it allows—as well as all the trouble this might cause.

DON'T JUST DO IT: GENERATE!

By choosing the title "Keep on Generating" for this text, Sollfrank directly invites us to continue using the tool, to continue generating images and discourse, and to realize that the tool is about generating open-ended processes, not about the production of specific objects. Only by getting

rid of objects and engaging with processes can we begin to perceive the author, originality and copyright in a more expanded sense—conceptually as well as in practice—and imagine a culture truly enriched by the manifold possibilities of digitized and networked information.

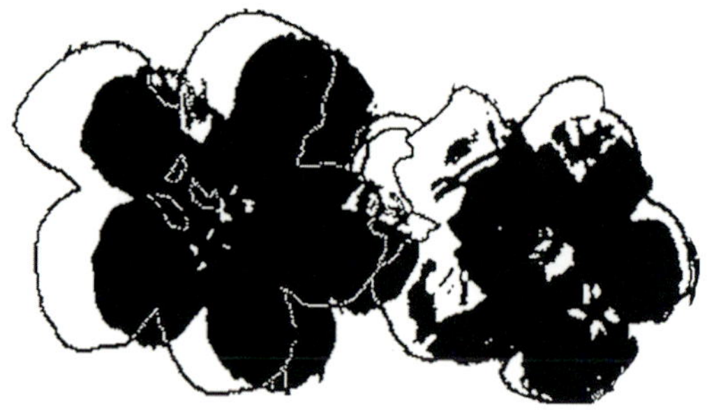

anonymous-warhol_flowers
Vorlage für Wandmalerei / master for wall painting

So while the imperative of the title might echo Nike's neo-liberal invitation to everyone to "Just do it," the *net.art generator* implies a different kind of transgressive activity—for its users and culture at large. It is neither about the production of precious objects nor about self-expression/self-realization through such productions. Concepts of production and self are in fact what the work deliberately and fundamentally distorts and replaces with a concept of the generative network based on personal engagement, collaboration and mechanical processes. Although it offers the chance to produce beautiful artworks that you can hang in your living room, using the *net.art generator* is actually about leaving the nicely decorated private space and actively engaging in the network.

In that sense, the user of the *net.art generator* also turns away from the user promoted by the current Web 2.0 trend that focuses on the user becoming an unpaid producer (of content). The user/producer of Web 2.0 is the kind of user imagined by Nike's slogan, an affirmative individual who uses (or is used by) the constituted legal and aesthetic systems to express and realize herself (that it benefits the corporations that controls the content platforms and other users who can access the content is secondary in this context). Not so with the user of the *net.art generator*. Firstly, the user challenges the system in power (the copyright law). Secondly, she is not expressing or realizing herself since whatever she produces will not be by her. To let go of the self in this way is surely alienating and disturbing, but it is only by radically changing the conceptual framework of artistic production and accepting that change can we fundamentally begin to work our way towards a culture beyond the letter of the law where our desires to generate meaning are informed by an aesthetic intellect and sensibility that embraces play, ambiguity and openness; and where the possibilities of making art are continuously expanded by the involvement of networked machines and multiplicities.

Thanks to Jaime Stapleton for discussing this text with its multiple authors.

[1] Thanks to Timothy Didymus.

[2] It was the critic and curator Lucy Lippard who in a retrospective text on conceptual art used the term "escape attempts" to describe how conceptual art attempted to escape the ideology of the art institution through making 'unsellable', 'objectless' and 'non-artistic' work. Sollfrank's work and especially the *net.art generator* is an heir to these escapes attempts. As all true successors, it nevertheless also takes the institutional critique in a different direction, that of authorship within the context of software culture.

[3] The phrase itself is indeed not by her but borrowed from Andy Warhol who signed a number of prints using it in the early 1970s when 'fake Warhols' had started to circulate. And the phrase 'This is not by me' is also the title of an exhibition project that Sollfrank realised at several venues in Europe and Asia. The exhibition 'This is not by me' at Kunstverein Hildesheim in 2006 was also the point of departure for this text.

[4] Originally the *net.art generator* consisted of five equally listed generators, but now one of them is "out of order" and two others have been categorised as "historical versions" although still functional. The *net.art generator* thus currently consists of number 4 and 5. See http://net.art generator.com/src/gen.html

[5] Due to this process, the generators are quite different in terms of design and functionalities. The most elaborate (and the one Sollfrank herself has used the most) is *nag_05* (programmed by Panos Galanis, iap GmbH), which processes only images and allows the users to set a number of parameters, for instance the number of images (2-8), the maximum width (400-1000 pixels) and file format (jpg, gif, png).

[6] The shift is evident in the untitled work-in-progress in which Sollfrank hangs 6-10 identical prints next to each other. The prints are only distinguished by a little chip on the reverse containing fragments of literary, legal and theoretical texts, like a traditional signature. In other words, it is text, here in the form of external and invisible data that identifies the images rather than the visual characteristics of the images themselves. Visual specificity is overruled by conceptual abstraction and the actual images are transformed into media for an aesthetic discourse that is not concerned with identity or identification, but with the conditions of both.

[7] http://artwarez.org/projects/legalperspective/

[8] One objective of the *net.art generator* is to have the two departments of the Andy Warhol Foundation, the one that that protects his copyright and the one that promotes his heritage, to go to court against each other. Although parts of the same estate, the two departments to opposite ends and do not communicate with each other.

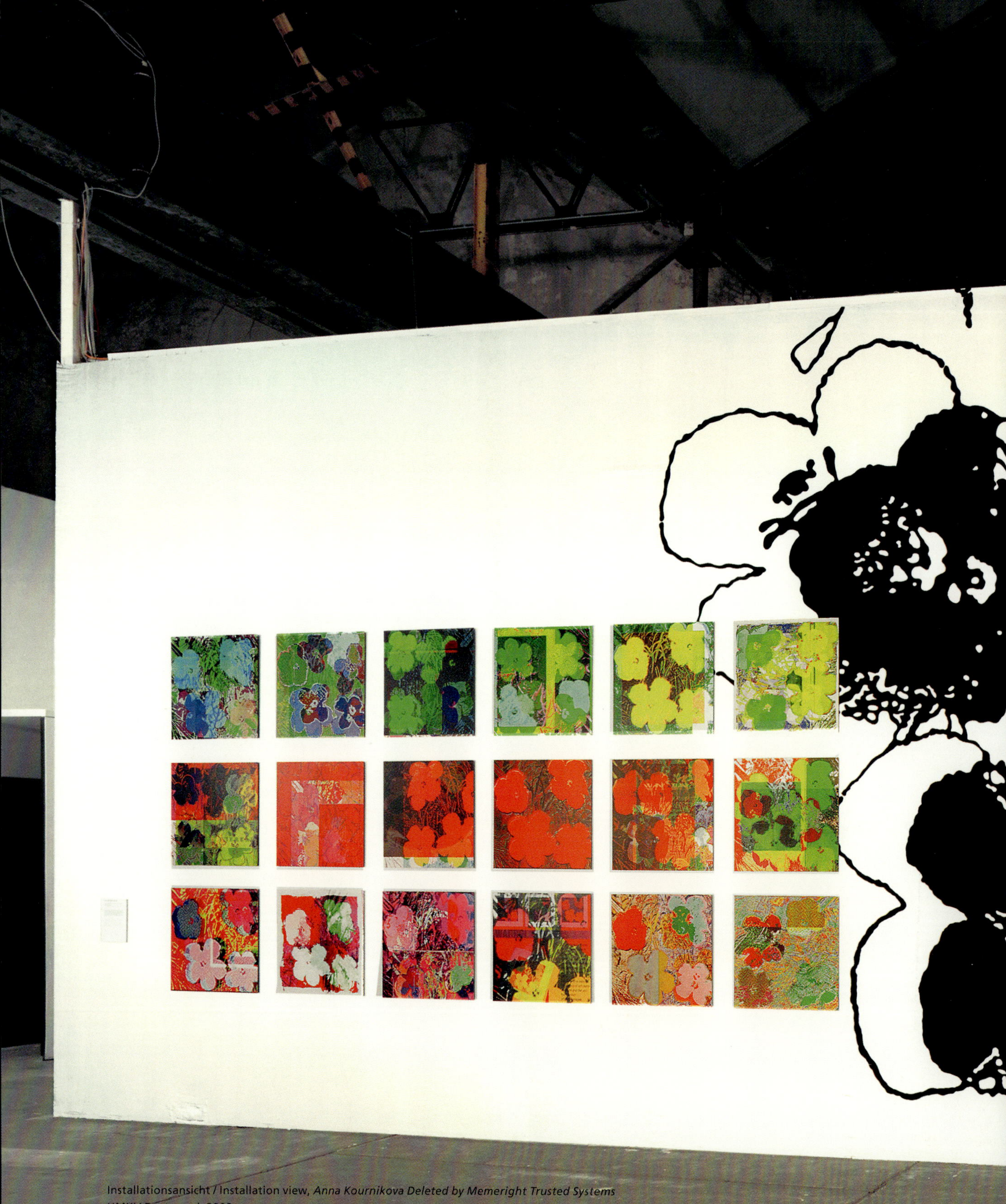

Installationsansicht / Installation view, *Anna Kournikova Deleted by Memeright Trusted Systems*
HMKV Dortmund, 2008

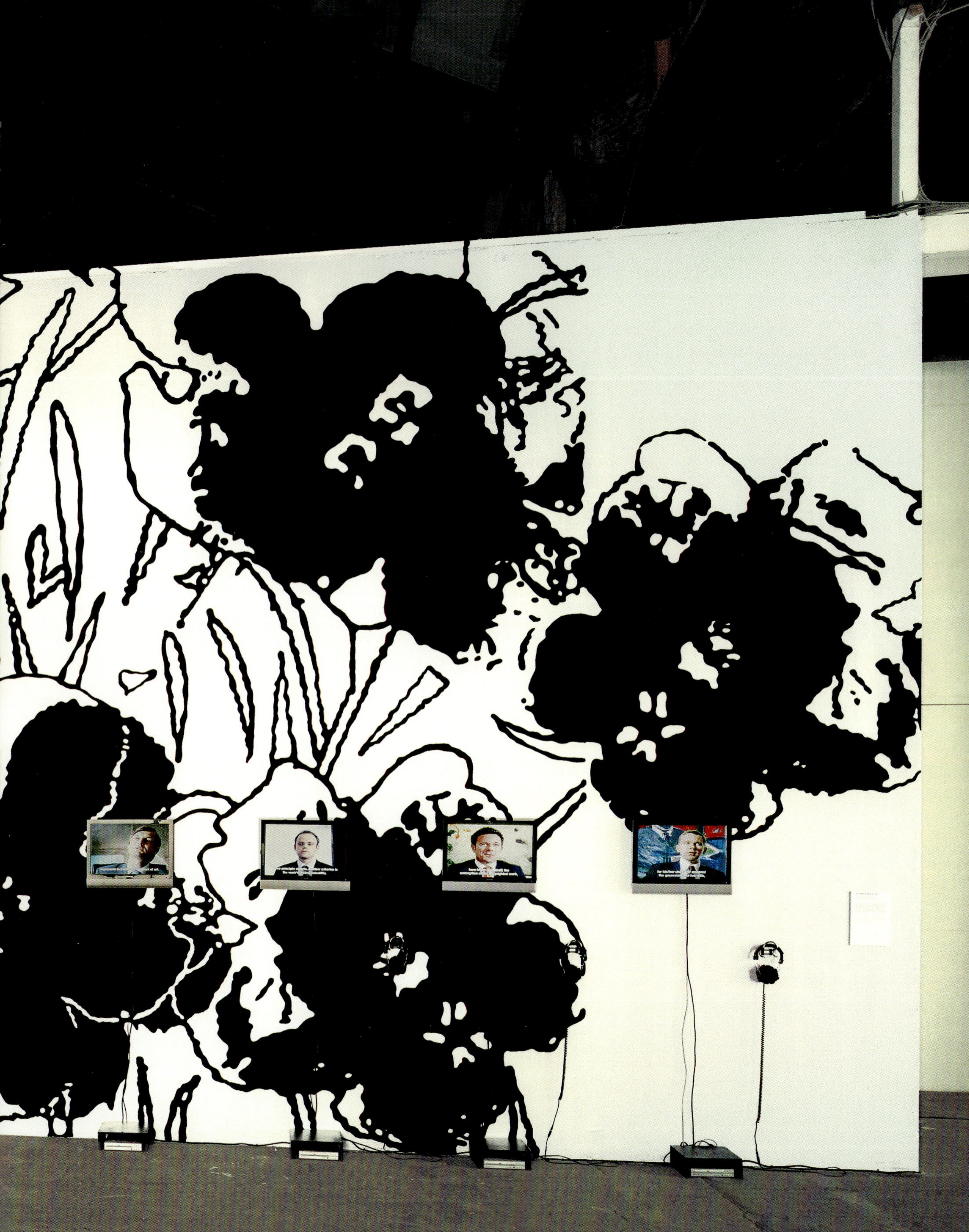

net.art generator

Computerprogramm, seit 1999

Die Netzkunstgeneratoren sind leicht bedienbare Computerprogramme im World Wide Web, die nach Eingabe eines (Künstler-)Namens und eines Titels unter Zuhilfenahme von Suchmaschinen Text- und Bildmaterial sammeln und zu einem neuen Werk oder einer neuen Website collagieren. Der eingegebene Titel dient dabei als Suchbegriff. Die Ergebnisse werden online in einem Archiv gespeichert und stehen zum Download zur Verfügung.

Seit 1999 entstanden in Zusammenarbeit mit sechs verschiedenen ProgrammiererInnen fünf Versionen des Netzkunstgenerators: *nag_01* bis *nag_05*. Auf der Homepage des Projektes stehen ausführliche Dokumentationsmaterialien zur Verfügung (http://net.art-generator.com).

Alle Netzkunstgeneratoren sind in der Programmiersprache PERL geschrieben und stehen seit 2003 unter der GPL (General Public License). Ihr Code kann von der Website herunter geladen und modifiziert werden (http://net.art-generator.com/src/sou.html).

Eine Vorversion des Programms wurde 1997 in Rahmen des Projektes *female extension* entwickelt, dem Hack des ersten von einem Museum ausgerichteten Netzkunst-Wettbewerbs (http://artwarez.org/projects/femext).

Computer program, since 1999

net.art generators are easy to use computer programs on the World Wide Web which collect texts and images with the aid of search engines by entering an (artist's) name and a title. It then collages the material to create a new work or a new website. The entered title serves as the search keyword. The results are stored online in an archive and are available for downloading.

Five versions of the net.art generator, *nag_01* to *nag_05*, have been produced in collaboration with six different programmers since 1999. Comprehensive documentation is available at the project's homepage: http://net.art-generator.com.

All art.net generators are written in the computer language PERL and are available under the GPL (General Public License) since 2003; their code can be downloaded and freely modified from the website: http://net.art-generator.com/src/sou.html.

A preliminary version of the program was developed in 1997 in conjunction with the *female extension* project, the hack of the first net.art competition organized by a museum: http://artwarez.org/projects/femext.

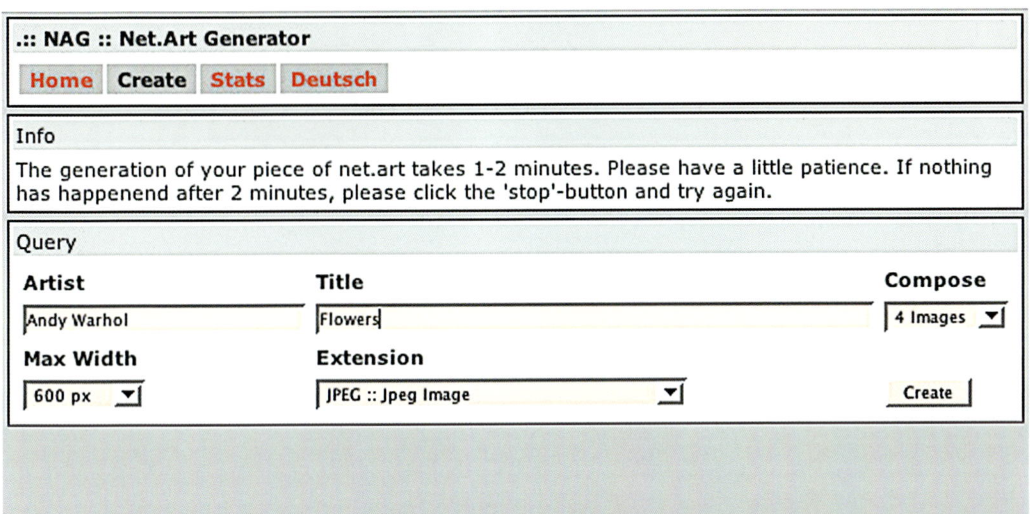

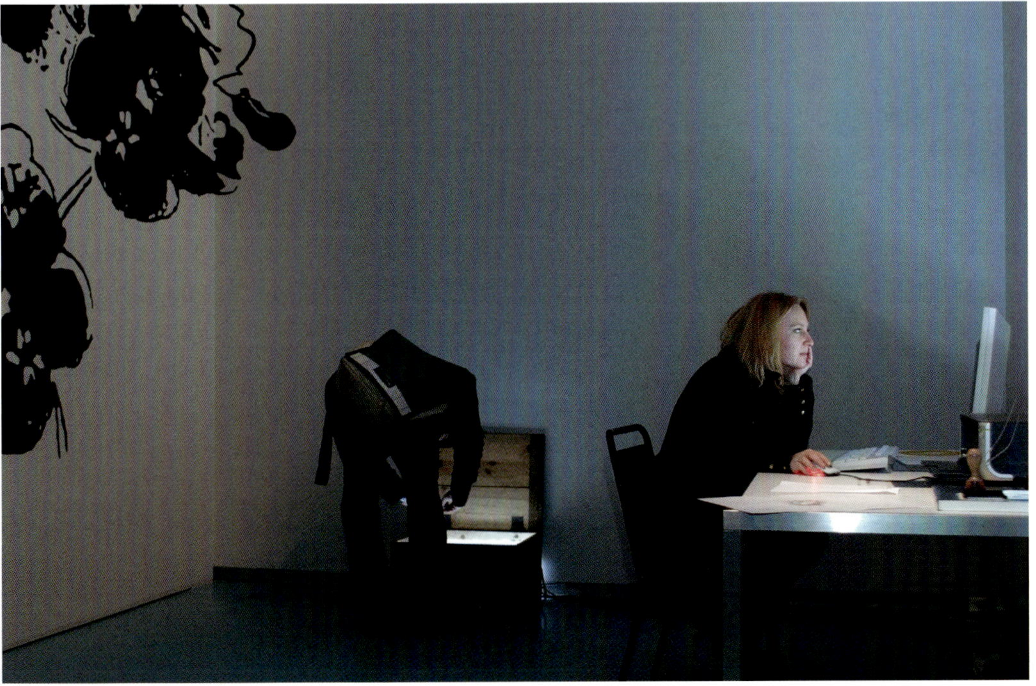

Installationsansicht / Installation view, *Kunstmaschinen – Maschinenkunst / art machines – machine art*
Schirn Kunsthalle Frankfurt, 2007

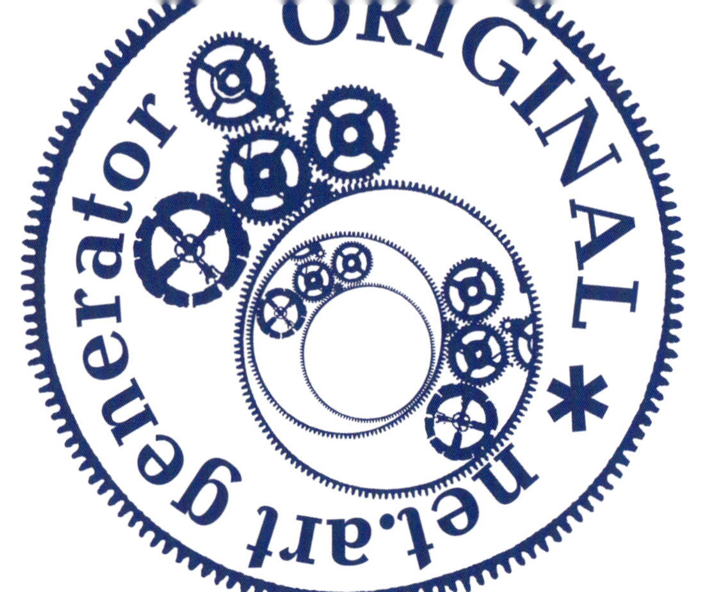

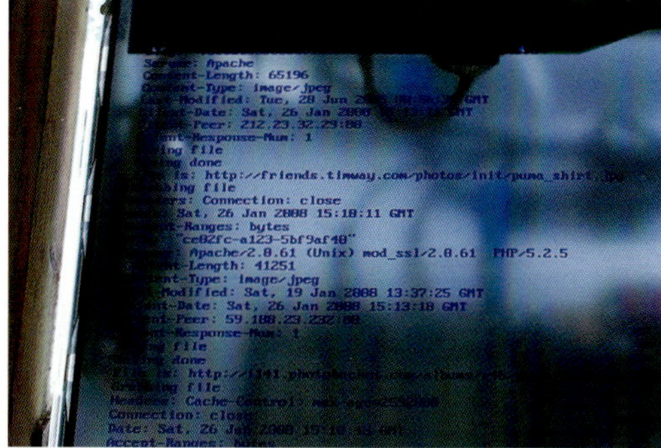

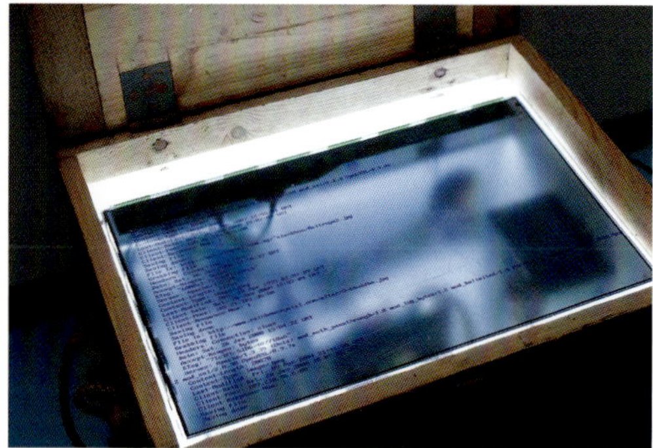

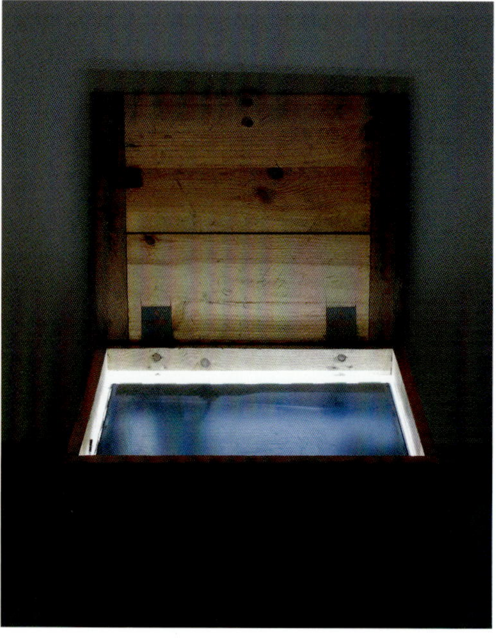

Installationsansichten / Installation views, *Kunstmaschinen – Maschinenkunst / art machines – machine art*
links / left: Schirn Kunsthalle, Frankfurt/M., 2007; rechts / right: Museum Tinguely, Basel 2008

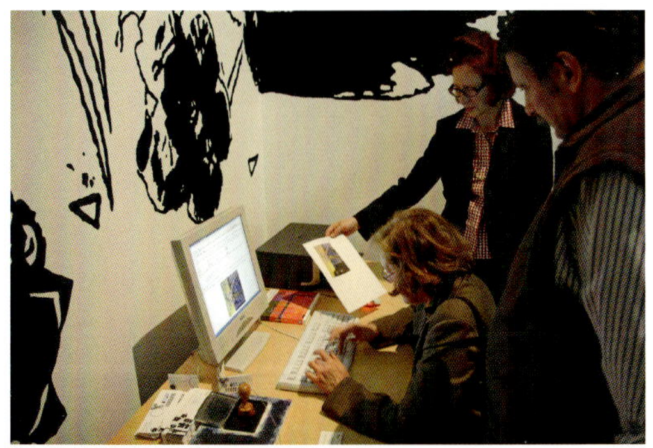

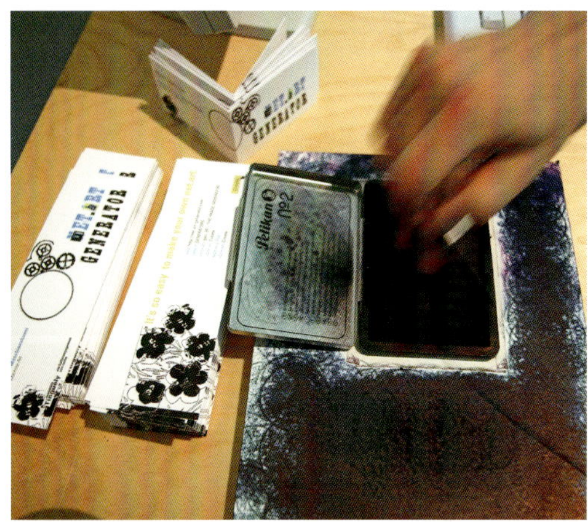

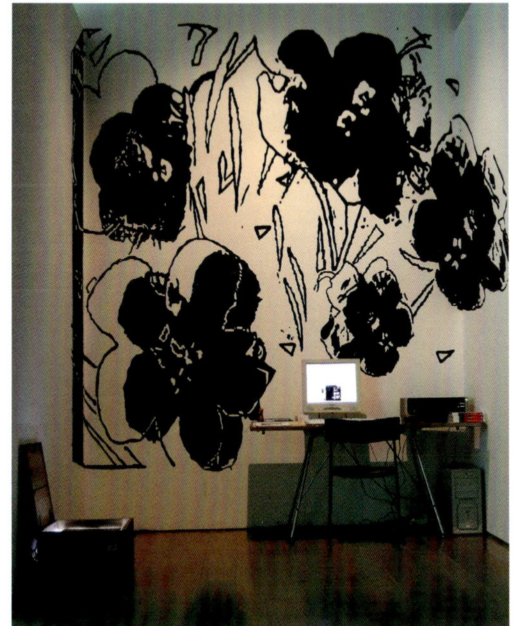

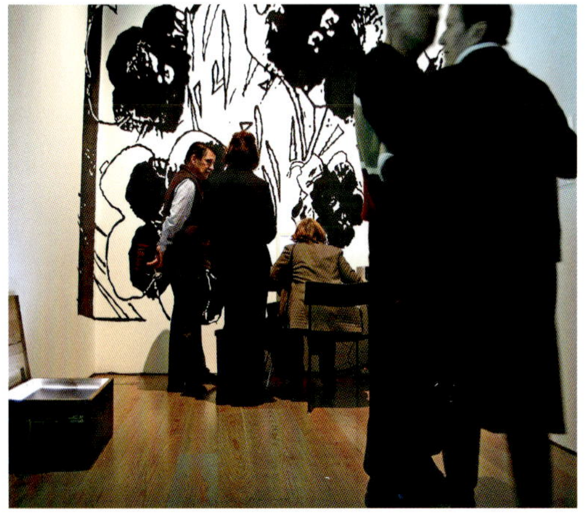

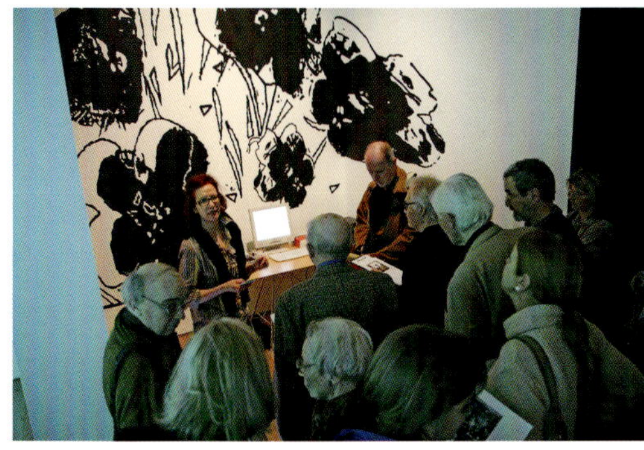

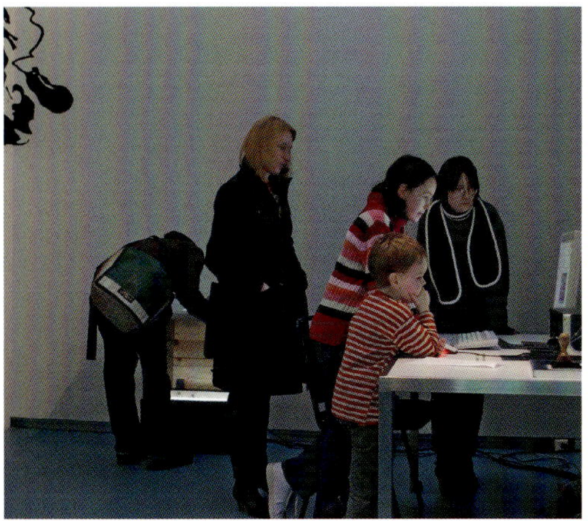

anonymous-warhol_flowers

Digitale Collagen, Digitaldrucke, Siebdrucke, Malerei, Wandmalerei, seit 2004

Das Projekt erforscht eine typische Bild- und Diskursproduktion in einer vernetzten Kultur. In einem verteilten Netzwerk entstehen Bilder, die für mehr stehen als nur für sich selbst: Sie stehen gleichermaßen für die Art ihrer Entstehung, für ihr Eingebettetsein in Prozesse von Dialog und Austausch, für dynamische Verbindungen und für einen kontinuierlichen Datenstrom. Diese Form der Bildproduktion durchkreuzt darüber hinaus herkömmliche Kategorien von Identität und Autorschaft. Sie ist ohne Grenzen, kollaborativ und vernetzt und bringt eine Erweiterung des Bildbegriffs mit sich. Wie die Maschine, der sie entspringen, sind auch die entstehenden Bilder nicht eigenständig, sondern vernetzt durch Kunstgeschichte, Algorithmen und menschliche Interaktion mit der Maschine.

Als Motiv für ihr Projekt wählte Cornelia Sollfrank die Warhol'schen Blumen. Dieses Motiv bezeichnet nicht nur symbolisch die von Warhol perfektionierte überindividuelle Bildproduktion, die die Künstlerin durch die Erfindung ihrer vernetzten Bildmaschine im digitalen Zeitalter fortschreibt, sondern erlaubt ihr auch eine reizvolle Pendelbewegung vom Visuellen hin zum Konzeptuellen und zurück. Zusätzlich birgt das Motiv selbst durch seine Geschichte der mehrfachen Aneignung den Diskurs der künstlerischen Störung von Urheberrechts-, Originalitäts- und Autorschaftskonzepten in sich.

Digital collages, digital prints, silkscreens, painting, wall painting, since 2004

The project examines image and discourse production typical of a networked culture. The images produced in the distributed network stand for more than themselves. They represent the manner in which they were produced, their being embedded in processes of dialogue and exchange as well as the dynamic connections and continuous data stream that thwarts conventional categories of identification and authorship. The production of images is limitless, collaborative and networked, and it is accompanied by an expansion of the pictorial concept. Like the machines from which they emanate, the produced images are not autonomous, but networked instead by art history, algorithms and human interactions with the machine.

Cornelia Sollfrank chose Warhol's flowers as the motif for her project. This motif not only symbolically denotes the supraindividual production of images perfected by Warhol, which Sollfrank updated for the digital age with the invention of her networked image machine, but which also enables her to achieve an interesting pendular movement from the visual to the conceptual and back again. Through its history of multiple appropriations, the motif additionally harbors the discourse concerning the concepts of artistic copyright violation, originality and authorship.

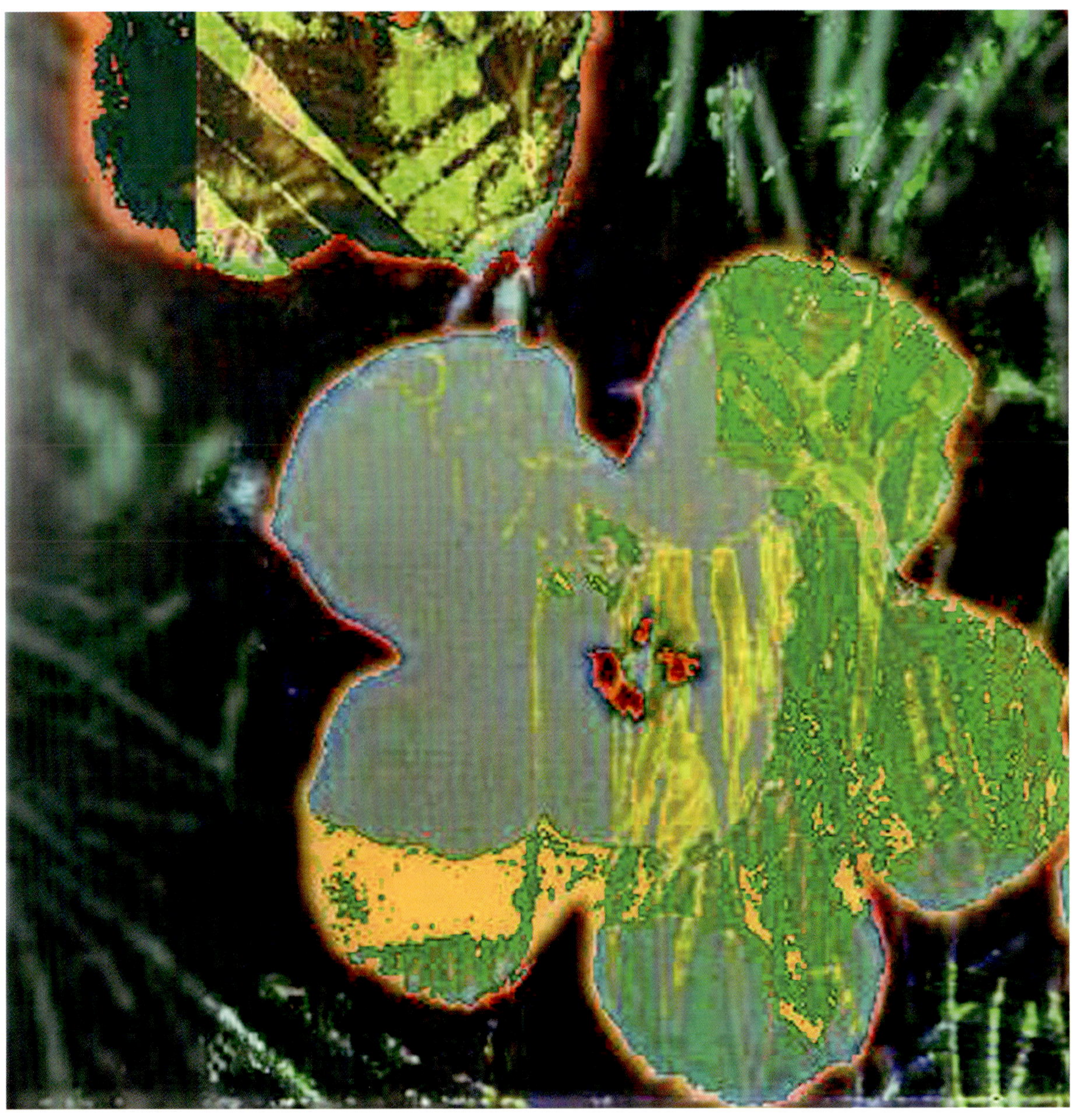

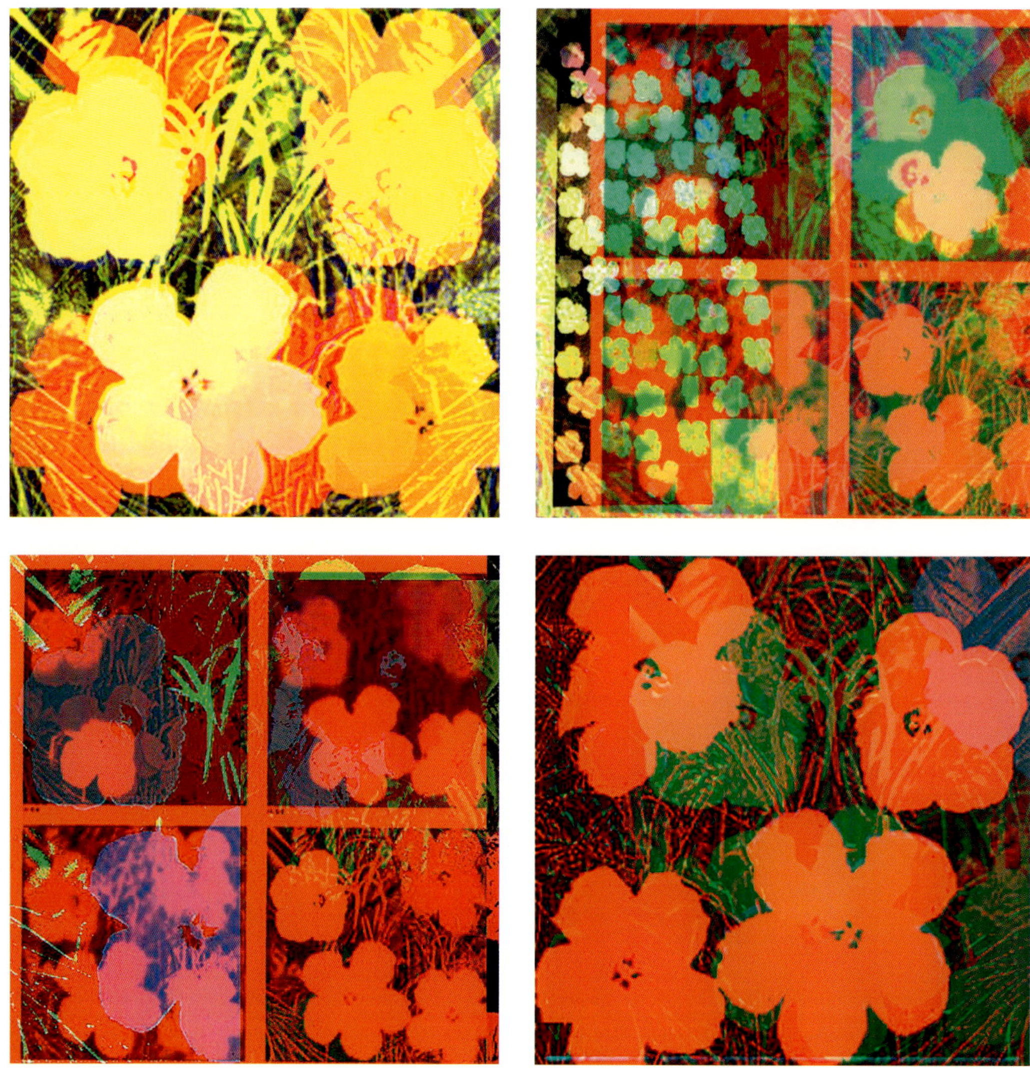

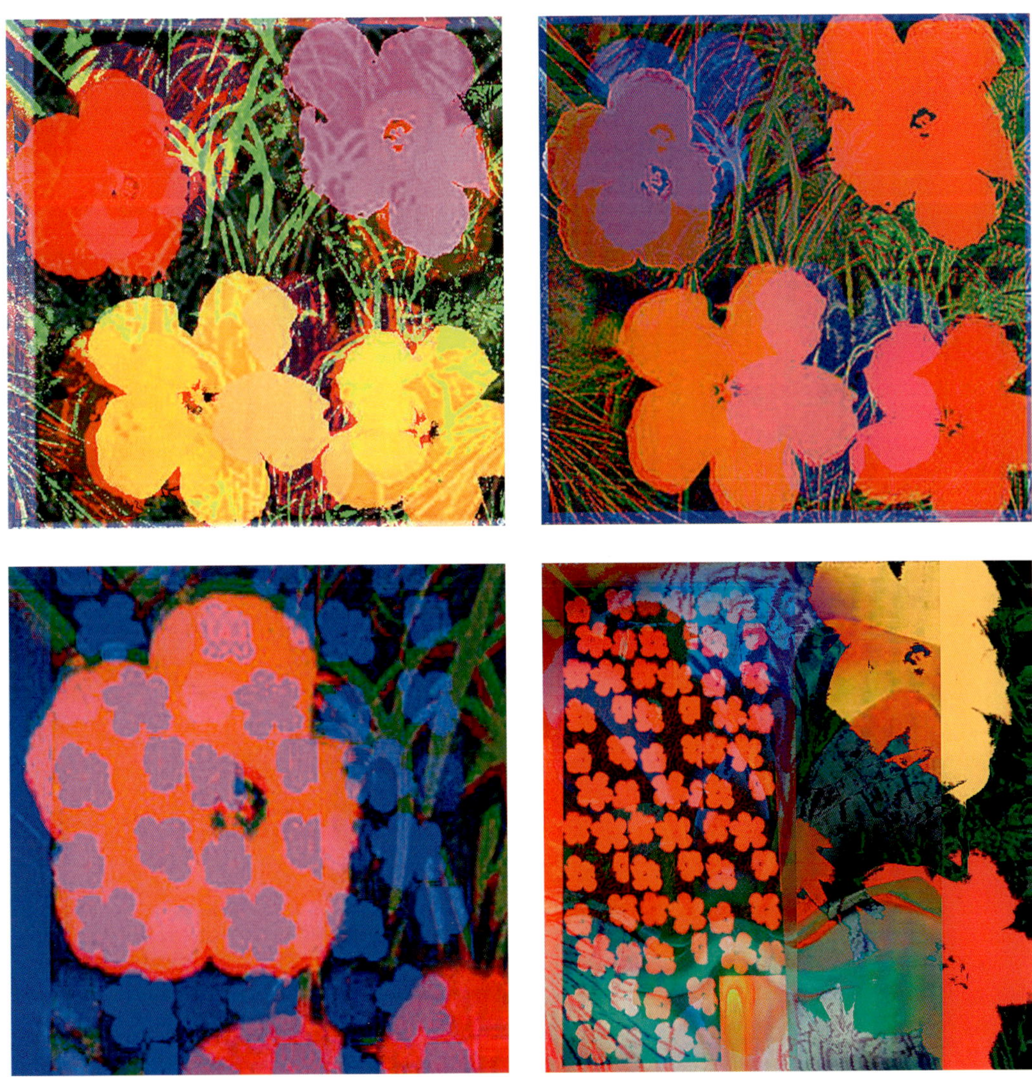

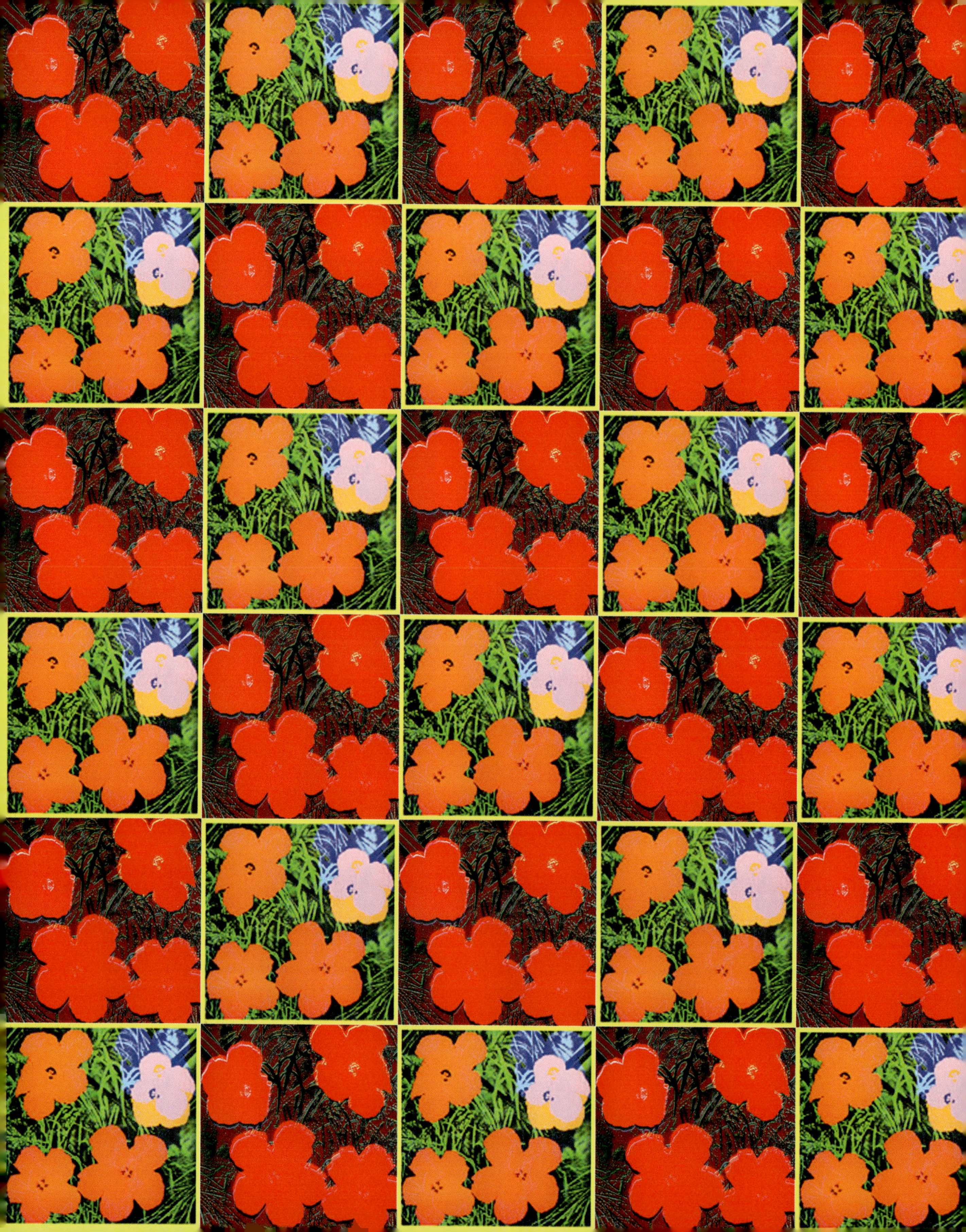

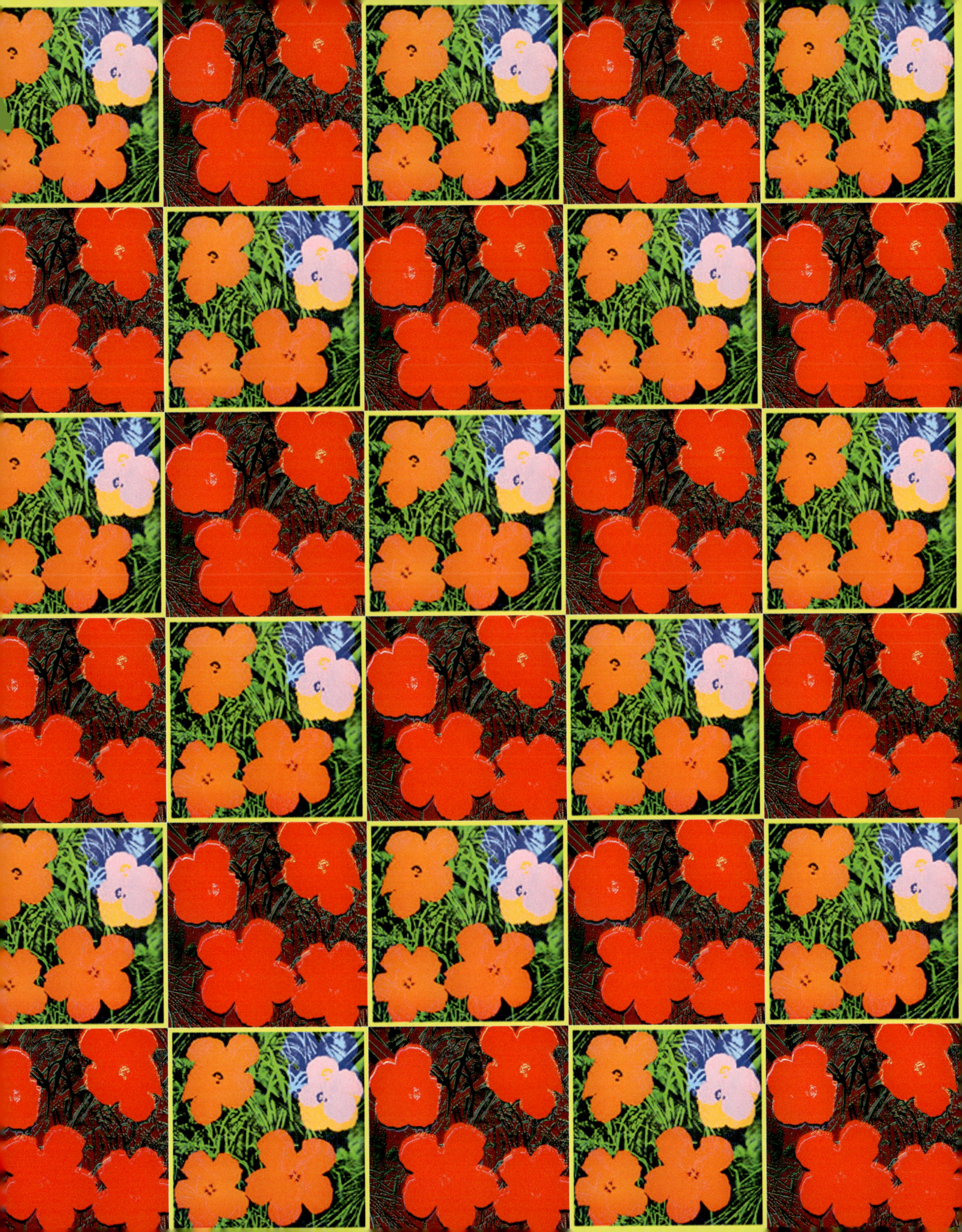

COPYRIGHT © 2004 CORNELIA SOLLFRANK

Video, 45 Minuten, Sprache: Deutsch, 2004

Anhand eingehender juristischer Studien geht Cornelia Sollfrank in diesem Video der Frage nach, wer als Autor eines mit dem Netzkunstgenerator generierten Bildes gelten kann. Die potenzielle Urheberschaft bzw. Miturheberschaft der unterschiedlichen Beteiligten (Computerprogramme, ProgammiererInnen, UserInnen, OriginalurheberInnen und die Künstlerin als Ideengeberin) wird detailliert untersucht und Argumentationen werden gegeneinander abgewogen. Sollfranks Recherche resultiert in dem überraschenden Ergebnis, dass trotz aller Uneindeutigkeit der Autorschaft zumindest sie selbst mit Sicherheit als Urheberin ausgeschlossen werden kann.

Video, 45 minutes, Language: German, 2004

Based on detailed legal studies, Cornelia Sollfrank looks into the authorship question as regards images generated with the net.art generator. The potential authorship or co-authorship of the various participants (computer program, programmer, user, original author and the artist as the source of ideas) is examined in detail and various arguments are weighed against each other. Her examination comes to the surprising conclusion that despite all ambiguities regarding authorship, she can definitively be excluded as the author.

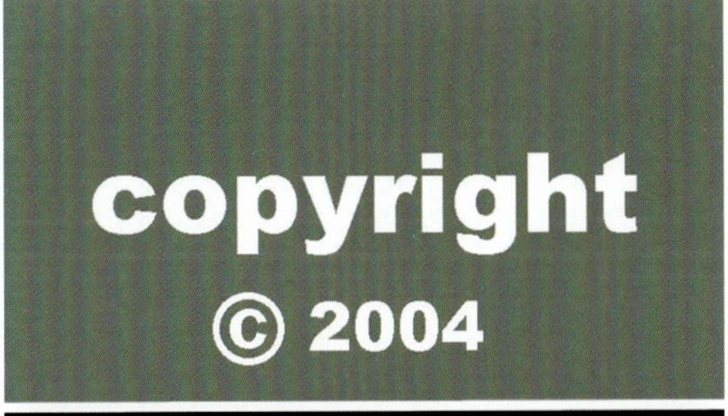

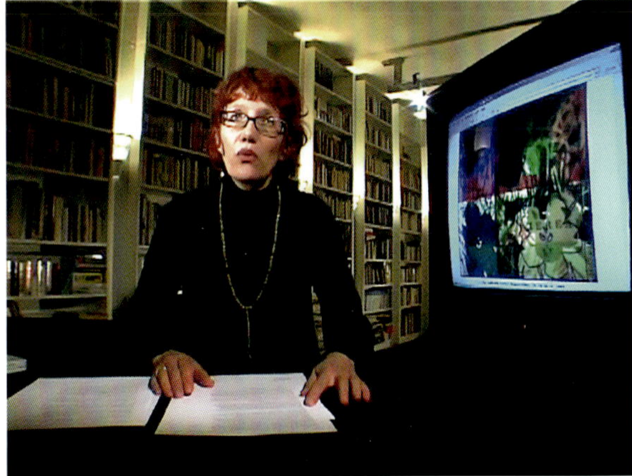

Wer ist der Autor?

1. Computerprogramm
2. Programmierer
3. User
4. Originalurheber
5. Ideengeberin

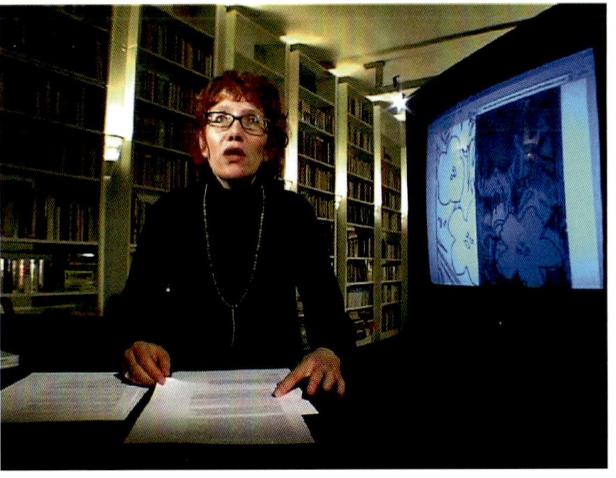

LEGAL PERSPECTIVE

VIER EXPERTEN FÜR URHEBERRECHT ERÖRTERN DAS PROBLEM DES NETZKUNSTGENERATORS
AUS JURISTISCHER SICHT

**4-Kanal-Video-Installation, Länge der Videos: 12 bis 15 Minuten,
Sprache: Deutsch mit englischen Untertiteln, 2004**

Nachdem das Forum für Neue Medien *[plug.in]* in Basel eine geplante Ausstellung von automatisch generierten Warhol-Flowers-Collagen von Cornelia Sollfrank mit der Begründung absagte, es handele sich dabei um eine Verletzung der Urheberrechte Warhols, entschloss sich die Künstlerin statt der farbenprächtigen Blumenbilder für das *[plug.in]* eine nüchterne Videoinstallation zu realisieren. Sie unterbreitete ihren »Fall« vier Spezialisten für Urheberrecht und installierte deren Erörterungen auf hohen Sockeln, so dass die BesucherInnen der Ausstellung zu den »Experten« aufschauen mussten.

Die Interviews verdeutlichen die unterschiedlichen Einschätzungen der Lage durch verschiedene Juristen und zeigen darüber hinaus deutlich die rechtliche Grauzone auf, die durch künstlerische Aneignung entsteht: Eine Grauzone zwischen künstlerischer Freiheit auf der einen Seite und dem Wortlaut der Urheberrechtsgesetze auf der anderen. Ästhetische Notwendigkeit und juristische Logik erscheinen unvereinbar.

Dank an die mitwirkenden Anwälte: Peter Eller, München; Jens Brelle, Hamburg; Dr. Rolf auf der Maur, Zürich; Dr. Sven Krüger, Hamburg.
http://artwarez.org/projects/legalperspective/

FOUR LEGAL EXPERTS ELABORATE ON THE PROBLEM OF THE NET.ART GENERATOR
FROM A LEGAL PERSPECTIVE

**4-channel video installation, duration 12 to 15 minutes each,
Language: German with English subtitles, 2004**

After the Forum für Neue Medien *[plug.in]* in Basel cancelled a planned exhibition of Cornelia Sollfrank's automatically generated Warhol flower collages on the grounds that it represents a violation of Warhol's copyright, the artist decided to realize a sober video installation for *[plug.in]* instead of the colorful flower pictures. She submitted her "case" to four copyright law experts and installed their arguments on larger-than-life-sized bases.

The interviews not only illustrate the different appraisals of the situation by various jurists but also clearly demonstrate the legal grey area between artistic freedom and the letter of the law resulting from artistic appropriation. Aesthetic necessities and legal logic appear irreconcilable.

Thanks to the participating lawyers: Peter Eller, Munich; Jens Brelle, Hamburg; Dr Rolf auf der Maur, Zurich; Dr Sven Krüger, Hamburg.
http://artwarez.org/projects/legalperspective/

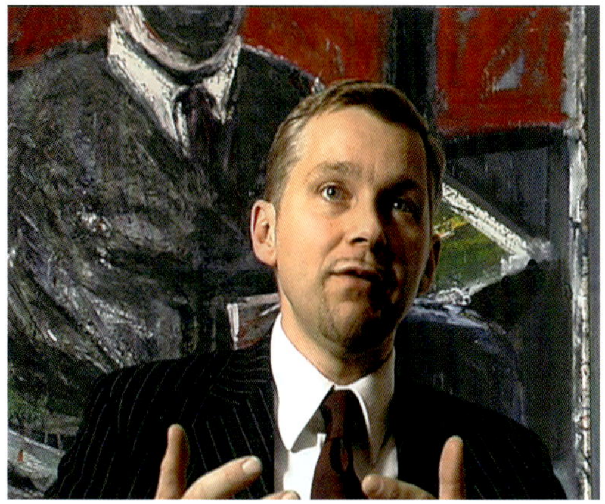

»Wo man an die Wortlautgrenzen des Gesetzes stößt, [...] da hilft auch das Zauberwort Kunstfreiheit nicht viel.«

"But whenever you reach the limits of any law's wording […] then the magic term 'freedom of art' is not of much help".

Dr. Sven Krüger, Hamburg

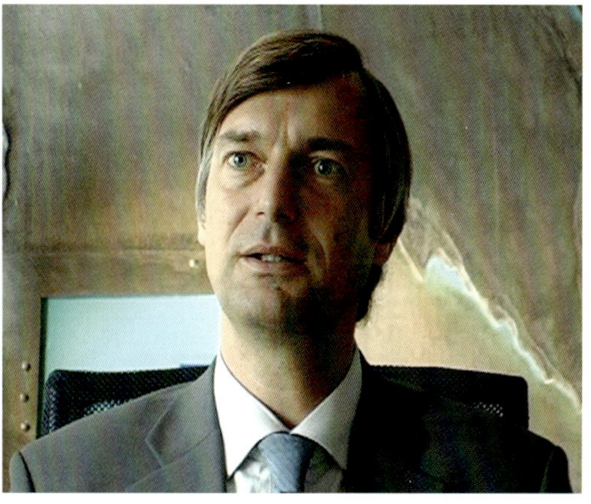

»Sobald sich der Benutzer eines Werkes auf die Kunstfreiheit berufen kann, hat er eine sehr starke Position gegenüber den Rechtewahrnehmern.«

"Once the user can refer to the freedom of art, he/she is in a strong position against those who assert their rights".

Peter Eller, München

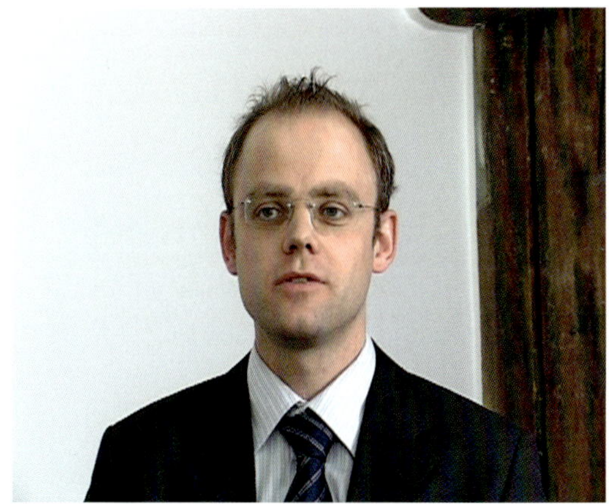

»Ich betrachte den Netzkunstgenerator als politisches Statement, [...] als Kritik am geltenden Recht.«

"I understand the net.art generator as a political statement, […] as a criticism of the applicable copyright law".

Jens Brelle, Hamburg

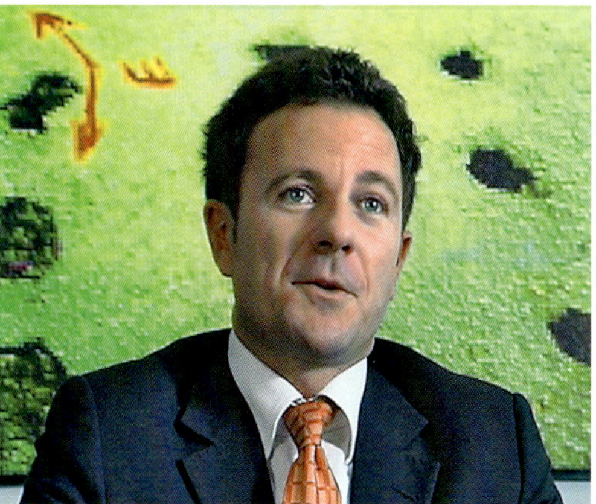

»Die ganze Geschichte der Kunst ist eine Geschichte des Gebens und Nehmens.«

„The entire history of art is story of give and take".

Dr. Rolf auf der Maur, Zürich

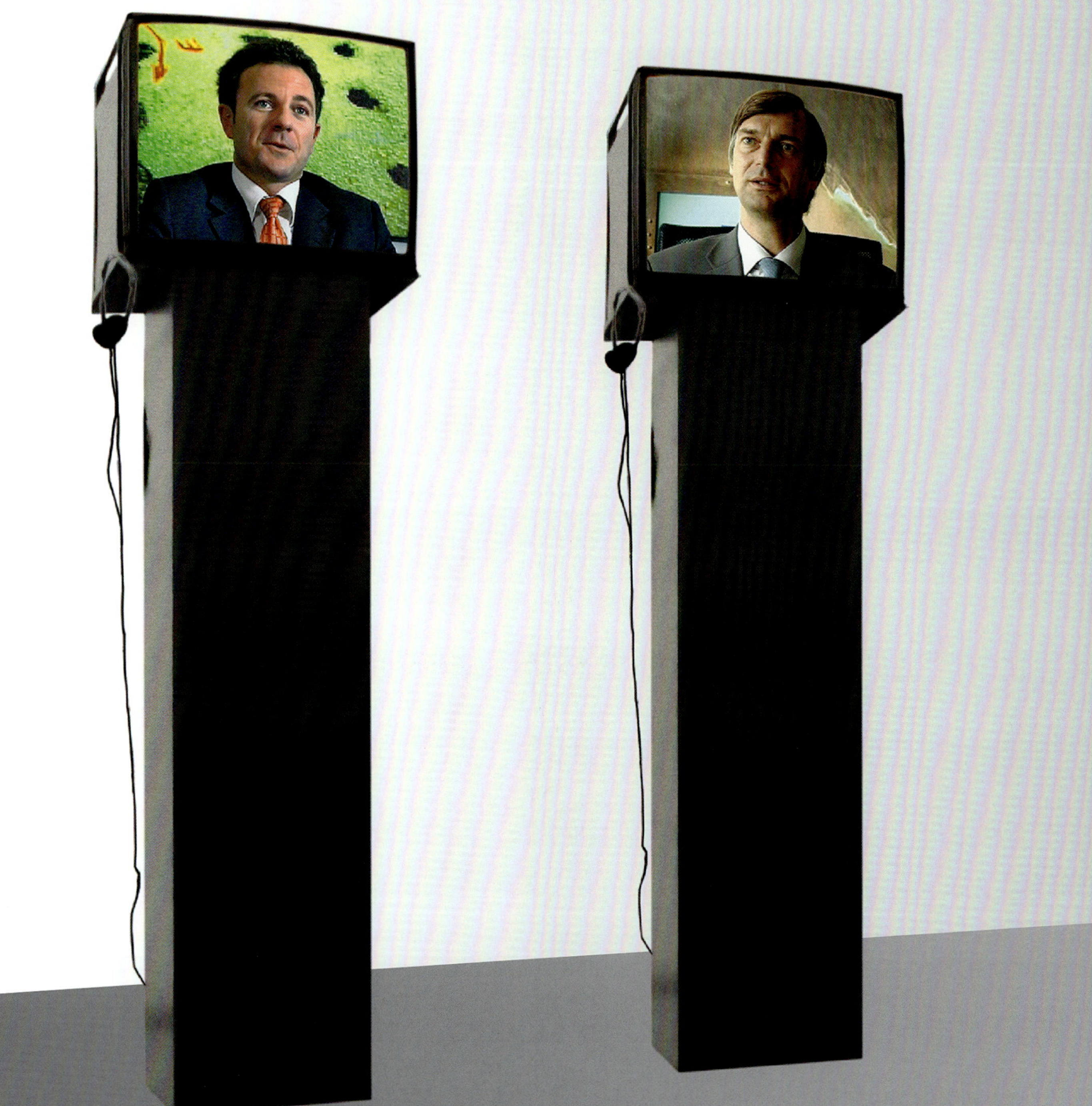

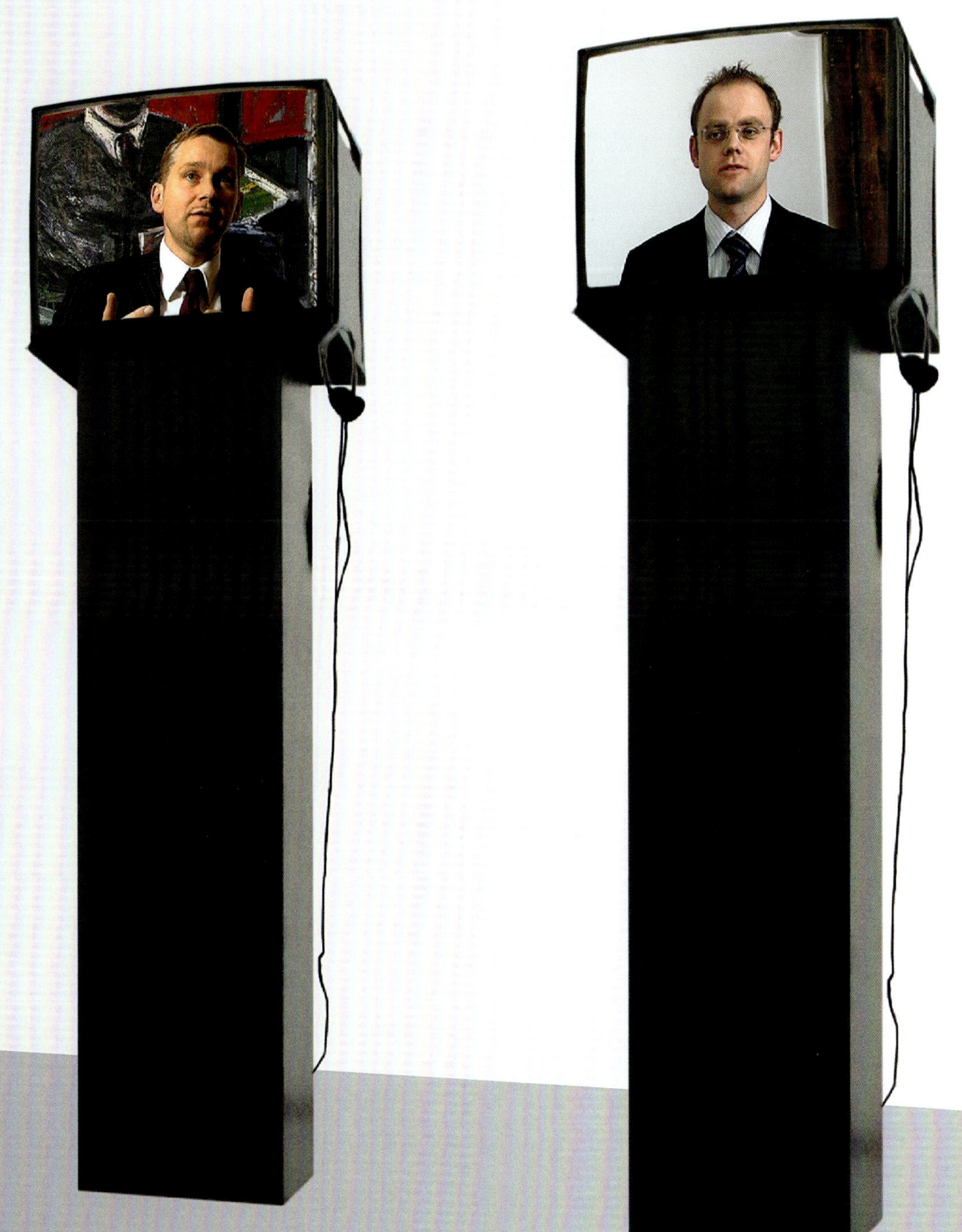

Installationsansicht / Installation view, Bildmontage / montage
[plug.in], Basel, 2004

I DON'T KNOW

GESPRÄCH ZWISCHEN CORNELIA SOLLFRANK UND ANDY WARHOL

Video, 15 Minuten, DVD (SCUM productions), Sprache: Englisch, 1968/2006

In ihrem legendären Gespräch diskutieren die beiden Künstler die Ähnlichkeit ihrer ästhetischen Strategie, vorgefundenes Material (Bild, Ton und Text) aus Popkultur, Massenmedien und Kunst aufzugreifen, sich dieses anzueignen und es weiter zu verarbeiten. Dabei entdecken sie ihre gemeinsame Leidenschaft für automatisierte, Maschinen- oder Softwarebasierte Kunstproduktion und machen sich lustig über traditionelle Vorstellungen von Kreativität und Originalität. Sollfrank demonstriert ihren *net.art generator* als ein Werkzeug für die unbegrenzte Erzeugung von Web-basierten Collagen, wobei eines ihrer Lieblingsmotive die berühmten Warhol-Flowers sind. Nicht zuletzt waren die Zensurerfahrungen, die sie bei der Verwendung dieses Motivs machte, der Anlass, das Gespräch mit dem Kollegen zu suchen und ihn um die Erlaubnis zu bitten, das Blumenmotiv für ihre Arbeit zu verwenden. Im Gegensatz zu den befragten Juristen und anderen Experten sieht Warhol weder konzeptuelle noch ästhetische oder juristische Probleme, die aus einer Weiterverarbeitung »seiner« Bilder entstehen. Als sich das Gespräch über Urheberrecht und geistiges Eigentum vertieft, wird deutlich, dass Warhol mit diesen Konzepten wenig anfangen kann.

CONVERSATION BETWEEN CORNELIA SOLLFRANK AND ANDY WARHOL

Video, 15 minutes, DVD (SCUM productions), Language: English, 1968/2006

In their legendary conversation, the two artists discuss the similarities between their aesthetic strategies of appropriating and reworking found material (images, text and sound) from pop culture, mass media and art. They discover that they share a passion for automated, mechanical and software-based art production and make fun of traditional notions of creativity and originality. Sollfrank demonstrates her *net.art generator* as a tool for the unlimited production of web-based collages, whereby the famous Warhol flowers are one of her favorite motifs. But Sollfrank's encounter with censorship when using this motif was ultimately the reason for getting in touch with her colleague and to ask his permission to use the flower motif in her work. Unlike the consulted jurists and other experts, Warhol does not see any conceptual, aesthetic or legal problems resulting from the reworking of "his" images. The intense discussion about copyright and intellectual property reveals that Warhol has little use for such concepts.

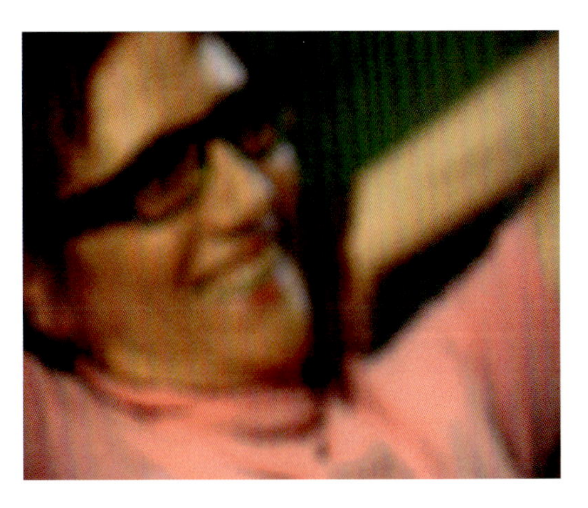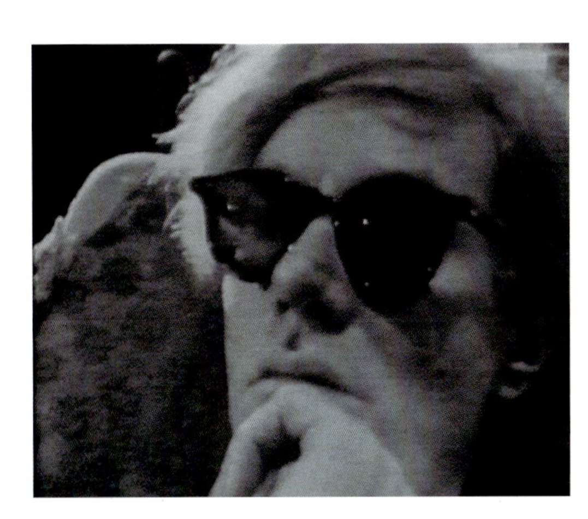

Is there anything like an original Warhol?

Did you ever make any effort to be original or to create an original piece of art?

YES

You have always believed in art made by machines, right?

NO

Did you ever make any effort to be original or to create an original piece of art?

Do you think artists should ask for permission when they use other people's material within their work?

Do you find copyright useful for your aesthetic purposes?

I DON'T KNOW

Do you think artists need copyright to make money?

Would you agree that your flowers became much more glamourous through the net.art generator?

Would you give me your permission to use and rework "your" images with the net.art generator?

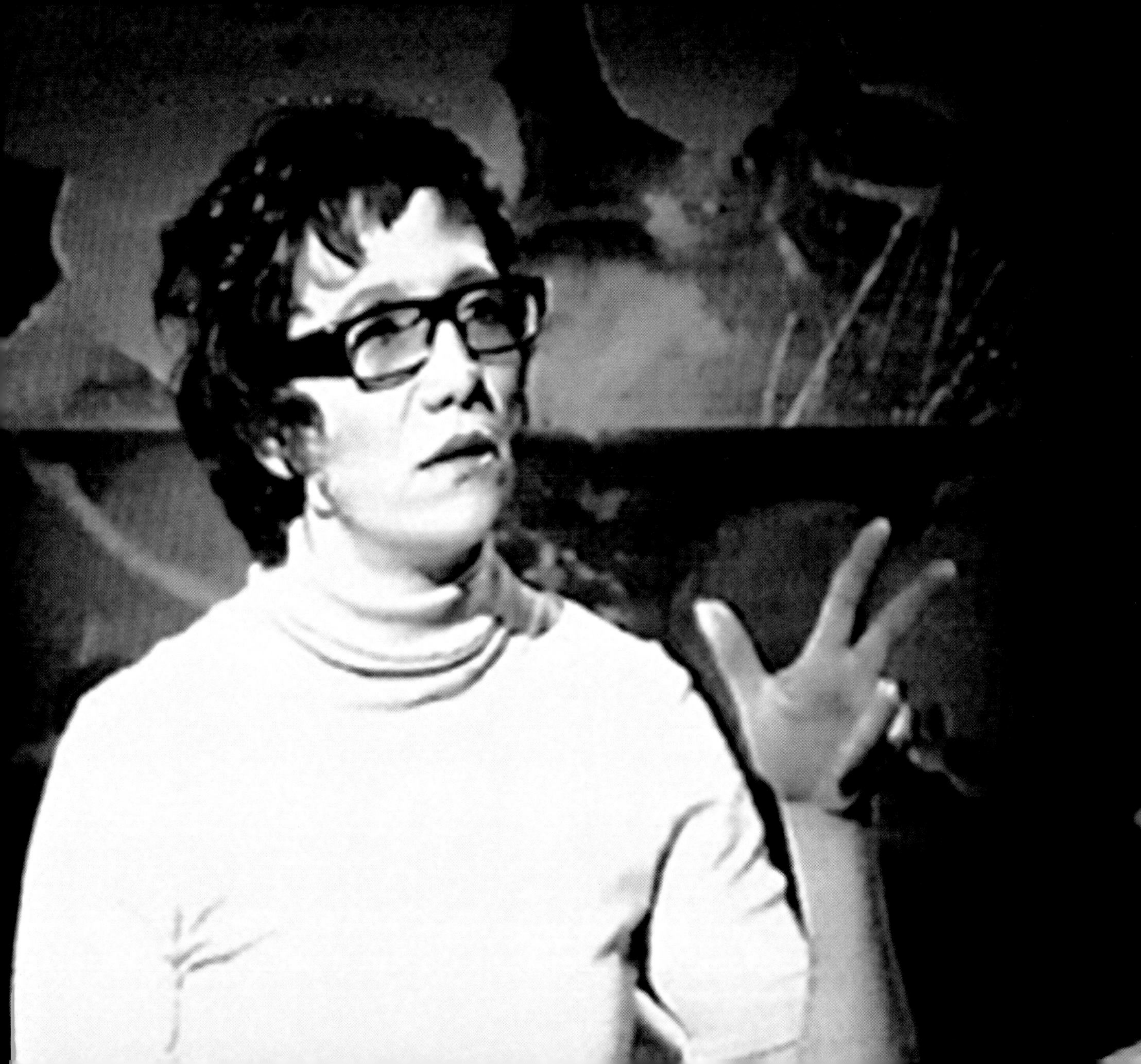

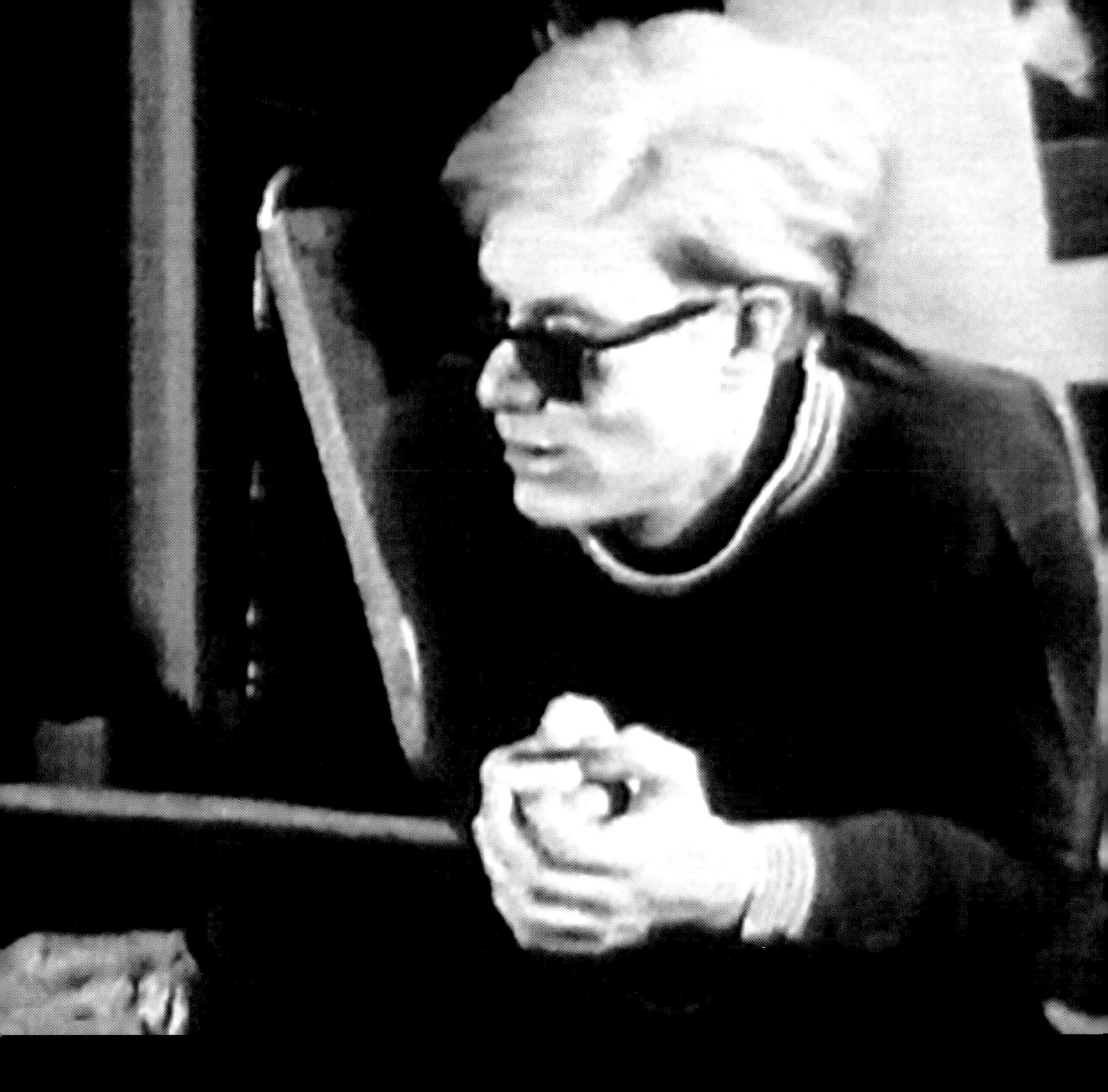

The two photographs of Andy Warhol and the text spoken by him in the video by Cornelia Sollfrank
are taken from a copyrighted interview with Andy Warhol filmed by Gideon Bachmann in 1968 in New York,
and are here reproduced with permission of the copyright holder.

IMMER WIEDER DAS GLEICHE MIT DER WIEDERHOLUNG?

Gespräch zwischen Cornelia Sollfrank und Silke Wenk nach der Eröffnung der Ausstellung
re.act.feminism. performancekunst der 1960er und 70er jahre heute,
Akademie der Künste Berlin, im Dezember 2008

S.W.: Ein spannendes Prinzip deiner verschiedenen Arbeiten – von den Warhol-Flowers bis hin zur Schießaktion nach Niki de Saint Phalle bei der Eröffnung der Ausstellung *re.act.feminism* – ist das der Wiederholung oder gar der Wiederholung der Wiederholung. Du hast dies selbst einmal, und das finde ich nach wie vor überzeugend, als eine »zeitgenössische Methode der Erkenntnisgewinnung« bezeichnet.

C.S.: Sicherlich ist Wiederholung eine mögliche »Betrachtung« eines »Gegenstandes«, eine Annäherung – vielleicht auch eine Entfernung davon. Warum wiederholt man ausgerechnet das, was man wiederholt, und warum wiederholt man es? In meiner Reihe *Re-visiting feminist art* grenze ich den Gegenstand der Wiederholung ein auf feministische künstlerische Arbeiten. Es geht also nicht nur abstrakt um Wiederholung als solche, sondern immer auch um den Gegenstand. Nicht unwesentlich scheint mir zudem die Frage, was der Gegenstand mit dem Verfahren zu tun hat.

S.W.: Sicherlich ist es von Belang, was du zur Wiederholung auswählst. In einem anderen Werkkomplex sind es die Warhol-Flowers. Sie sind signifikant, handelt es sich doch um Arbei-

ten eines Künstlers, der seinerseits mit den neuen Medien seiner Zeit Vervielfältigtes noch einmal vervielfältigte, mit populären Massenprodukten nicht nur den etablierten (amerikanischen) Kunstbetrieb der High Brows provozierte, sondern eben zugleich mit der Kritik der Idee des originalen, an eine einzigartige Handschrift gebundenen Kunstwerks sich einen Namen als einzigartiger Künstler und Autor machte. Diese Paradoxie ist ein wichtiger Ausgangspunkt deiner Warhol-Flowers – der »Sollfrank-Warhol-Flowers« – in denen du auf der nächsten Ebene medialer Entwicklung, der digitalen (Re-)Produktion, die Frage der Vervielfältigung oder der Reproduktion von Originalen – die im klassischen Sinne eigentlich keine sind, wie z.B. auch die Fotografie von Patricia Caulfield, die Warhol als Vorlage für seine Drucke benutzt hatte, – praktisch und konkret weiter durchspielst. Du bringst dich als »Autorin« ein und stellst diese Position zugleich in Frage, indem du Ernst machst mit Warhols »I want to be a machine« oder als ein »smart artist« die Maschine die Arbeit machen lässt und diese gewissermaßen auf endlos stellst.

C.S.: Das Verfahren, das ich bei den Warhol-Flowers anwende, würde ich nicht direkt als

Wiederholung bezeichnen. Anders als etwa Elaine Sturtevant versuche ich nicht, dem »Original« möglichst nahe zu kommen, sondern lasse gerade soviel davon übrig, dass es als Referenz noch erkennbar bleibt. Letztendlich grenze ich durch die Eingabe des Suchbegriffs einen Fundus von Bildern ab. Dann kommen eine Maschine und das Prinzip Zufall dazu – also gewisse Automatismen, die aus den Bestehenden neue Bilder collagieren. Außerdem benutze ich den Bildspeicher Internet, weil sich dort die zu einem bestimmten Suchbegriff gelieferten Bilder ständig verändern und vermehren. Ich mache nun seit 2004 Collagen mit dem Netzkunstgenerator und es gibt immer wieder ästhetische Verschiebungen, die nicht durch das Programm zustande kommen, sondern durch das Quellmaterial. Damit wird das Netz als Medium in den Bilderreihen mitreflektiert, ohne dass ich irgendeine Kontrolle darüber habe. Das ist auch ein Grund dafür, warum ich so lange mit demselben Motiv gearbeitet habe: um wirklich diese Veränderungen ablesen zu können. In diesem Sinne ist es dann natürlich auch eine Wiederholung.

S.W.: Dadurch wird deutlich, dass Wiederholung oder auch Reproduktion nie bloße »Wiederholung« ist. Aber weiter noch, ich möchte deine Methode der Wiederholung als eine subversive bezeichnen, als Re-Inszenierung eines bereits existierenden und höchst effektiv arbeitenden Regel- und Bedeutungssystems, das »Kunst« mit seinen wesentlichen Parametern von Autorschaft, Authentizität und Original erst produziert. Wobei du ja zunehmend, wenn ich an die Ausstellung *Originale und andere Fälschungen* denke – auch auf unterschiedliche Weise – in die Rollen der verschiedenen Agenten dieser Systeme – von Kunstgeschichte und -kritik, von Museum und nicht zuletzt dem des Rechts – schlüpfst und die von diesen geteilten, sicherlich nicht immer bewussten, Regeln ihres gemeinsamen Spiels erprobst und austestest.

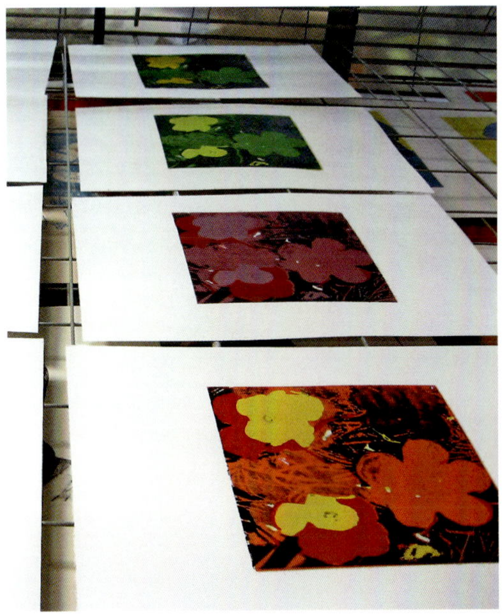

anonymous-warhol_flowers
Siebdrucke / Silkscreen prints, 2008

Ich spreche in Anlehnung an Judith Butler von einer subversiven Wiederholung, die die Konstruktion und deren Regel(mäßigkeiten) – hier eben nicht von »Geschlecht«, sondern von »Kunst« – durchspielt und dadurch als solche kenntlich macht.

C.S.: Diesen Gedanken finde ich sehr wichtig, denn es wird häufig suggeriert, Kunst sei einfach da und unterliege keinen Regeln – insbesondere »gute« Kunst. Dieses vehement betriebene Negieren einer Existenz von Regeln für Kunst, nach denen sie überhaupt erst als solche entsteht, also ihre Konstruiertheit, macht es für mich notwendig, danach auf die Suche zu gehen und diese – mit künstlerischen Mitteln und als Teil meiner Arbeit als Künstlerin – sichtbar werden zu lassen. Wiederholung bietet sich dafür an, denn sie verursacht eine direkte Störung der für das Kunstsystem wichtigen Mechanismen.

Und manchmal muss man gar nicht selbst wiederholen, sondern sich nur das bereits durch andere Wiederholte aneignen. Den Höhepunkt stellen in dieser Hinsicht die manuell in China hergestellten Ölgemälde der Warhol-Flowers dar. Die meisten Malfabriken haben sie in ihrem Standard-Repertoire. Das Motiv ist sowohl für den US-amerikanischen wie den europäischen Markt gut geeignet. Und ich kann sie da einfach bestellen.

S.W.: Warhol in Öl ist aufregend. Werke des Popkünstlers, der sich gegen die traditionellen Wertkriterien wie Originalität und Einzigartigkeit des Werkes wandte – wofür auch das Ölgemälde steht – kommen nun aus anderen Teilen der Welt ebenso »geadelt« oder re-auratisiert zurück. Gleichsam ein ungewollt subversiver Akt, der uns die Mechanismen des westlichen Kunstbetriebs zurückspiegelt?

C.S.: Oder vielleicht einfach nur eine gigantische Kunstaktion: Die endlosen Wiederholungen der westlichen Kunstgeschichte, inklusive sämtlicher moderner und postmoderner Ansätze

– alles handgefertigt und in Öl … Sogar der gesamte Louvre wird wiederholt: nicht nur in Dubai, sondern auch in Dafen, einem Stadtteil von Shenzhen und Hochburg der chinesischen Malfabriken. Dass das – vermutlich überraschende – Rückkoppelungen auf das westliche Kunstsystem verursachen wird, insbesondere auch im Hinblick auf Fragen von Autorschaft und Originalität, scheint mir vor-»programmiert«.

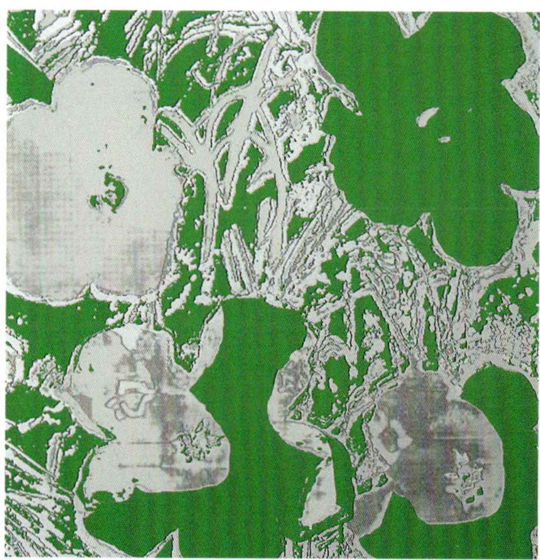

anonymous-warhol_flowers, Siebdruck / Silkscreen print, 2008

Eine nette Anekdote ist noch, dass ich zusätzlich ein vom Netzkunstgenerator bearbeitetes Blumenmotiv als Ölbild in Auftrag gegeben habe, was durch die pixelige Struktur sehr viel schwieriger zu malen und deshalb fast doppelt so teuer war wie die Rembrandt-Kopie, die ich davor auch in Auftrag gegeben hatte. Das »Material« zeigt sich also durchaus widerspenstig! Glücklicherweise gibt es auch schon auf Pixel spezialisierte Ölmaler in der Malfabrik.

S.W.: Durch deine Form einer »Re-Originalisierung« der Warhol-Flowers – sei es als Ölgemälde oder auch als Siebdrucke – kann das Spiel zwischen Original und Reproduktion von Neuem eröffnet werden. Das eine ist, wie wir schon von Walter Benjamin lernen konnten, ohne das andere nicht zu denken. Das machst du explizit, führst es uns vor – als Spiel, dessen Regeln du zugleich parodierst.

*

S.W.: In welchem Verhältnis aber steht nun dieser Werkkomplex nach und mit Warhol zu den Aktionen deiner Reihe *Re-visiting feminist art*? Was sind die Ähnlichkeiten und was macht den Unterschied aus? Zunächst einmal ist offensichtlich: Hier bist du selbst mit deinem Körper dabei, und du führst es auf. Wann genau hast du diese Reihe begonnen?

C.S.: Die Idee dazu entstand 2005, die erste Aktion fand 2006 statt. Eines Tages blieb ich an der Hundeaktion von VALIE EXPORT hängen. Die inzwischen fast ikonischen Fotos davon hatte ich schon oft gesehen, und ich stellte mir vor, was passieren würde, wenn ich ihre Stelle einnehmen würde. Es ist feministische Kunst, die wichtig für mich selbst war als Künstlerin. Es geht dabei um die Darstellung oder Ausübung weiblicher Aggression und die Frage, was diese historischen Arbeiten heute noch für eine Bedeutung haben oder haben können. Ich wollte nicht nur darüber nachdenken, sondern wirklich eine praktische Versuchsanordnung machen – auch, um heraus zu bekommen, inwieweit die von EXPORT entwickelten Strategien der Inter-

vention noch heute einsetzbar sind, gegen ihre Vereinnahmung durch den Kunstbetrieb. Da wir eine ganze Künstlerinnengeneration auseinander liegen, kollidierten dabei dann auch unterschiedliche Vorstellungen von Kunst, inklusive Werkbegriff und Künstlerinnenbild, und Feminismus. Diese Aktion fand im Übrigen in einem Einkaufszentrum in Hamburg-Harburg statt, während direkt nebenan gleichzeitig in der Sammlung Falckenberg eine Einzelausstellung von Peter Weibel gezeigt wurde, in der auch das Video der Straßenperformance von 1968 zu sehen war. Überraschenderweise sind durch dieses Sich-Aussetzen auch noch eine Reihe persönlicher Erfahrungen für mich entstanden.

S.W.: Welcher Art sind die Erfahrungen?

C.S.: Mich in der Aktion *Spring in Paris* als Voyeurin durch die Stadt zu bewegen und heimlich Aufnahmen zu machen, bedeutete beispielsweise, mich physisch einem Risiko auszusetzen – was im Übrigen auch bei der Hundeaktion in Harburg der Fall war. Und da kam auch noch eine andere Art der Interaktion dazu, die mit meinem »Hund«, mit Monty Cantsin. Egal wie theoretisch oder konzeptuell man das angeht, es passiert auch etwas zwischen den Beteiligten, was nicht vorhersehbar ist.

S.W.: Aber die Aktionen erschöpfen sich nicht in deinen eigenen Erfahrungen.

C.S.: Es sind öffentliche Aktionen mit Publikum. Allerdings kann ich nicht für die Erfahrungen des Publikums sprechen, nur darüber, was ich beim Publikum beobachtet habe. Was denkst *du* denn, was da passiert? Was passiert für dich?

S.W.: Leider konnte ich ja nicht bei der Hunde-Aktion dabei sein. Aber, was ich spannend finde, ist, dass bestimmte feministische Kunst-Aktionen wie zum Beispiel in der Ausstellung *re.act.feminism* wieder in Erinnerung gebracht werden. So kann wieder in den Blick geraten, welche Bedeutung die Arbeiten verschiedener Künstlerinnen für das Aufbrechen scheinbar natürlicher Geschlechterpositionen hatten – und ebenso für eine kritische Befragung tradierter Vorstellungen von Werk und Künstlerinsubjekt. Ich freue mich darüber, dass diese Arbeiten gleichermaßen wieder in das »kollektive Gedächtnis« zurückgeholt werden. Aber dabei wird auch eine mögliche Gefahr der Musealisierung erkennbar – insbesondere, wenn die Arbeiten der Künstlerinnen ihrerseits dekontextualisiert werden, das heißt abgelöst von den sozialen Bewegungen dieser Jahre präsentiert werden. Problematisch finde ich, wenn somit diese feministischen Interventionen nun als vermeintlich geschlossene Werke in einen kunsthistorischen Kanon aufgenommen werden, die darin aufgereihten Meisternamen nur ergänzend. Aber das ist nur die eine Seite. Auf der anderen Seite frage ich mich darüber hinaus: Was ist das Andere, das Neue, das sich hier durch die Wiederaufführung der frühen feministischen Projekte im ersten Jahrzehnt des 21. Jahrhunderts ereignet? Auch für derartige Re-Enactments gilt sicherlich, dass jede Wiederholung etwas anderes zu Tage fördert.

Was hier mit *re.act.feminism* versucht wird, lässt sich ja als Teil einer breiteren Bewegung sehen: Seit einiger Zeit wird an verschiedenen Orten immer wieder versucht, künstlerische Aktionen und Verfahren aus den 1960er und 70er Jahren, nicht nur feministische, in unsere Gegenwart zu übertragen. Ich teile die Faszination und verstehe den Wunsch, dass derartige künstlerische Aktionen in ähnlicher Weise heute etwas bewirken mögen. Jedoch haben manche Versuche der Wiederholung oder Wiederaufführung für mich eher den Effekt der Ernüchterung, um nicht zu sagen der Langeweile. Was häufig bleibt, ist eine Art Nostalgie. Ich denke, es wird deutlich, dass eine Wiederaufführung, will sie subversiv sein, auch eine strategische Übersetzung enthalten sollte. Damit meine ich, es ist mit zu reflektieren, wie sich das mediale Umfeld oder auch die Geschlechterverhältnisse seither verändert haben, welche Verschiebungen sich vollzogen haben. Schließlich hat es ungeheure Entwicklungen gegeben in den letzten 40 Jahren. Allein schon durch die so genannten »Medienrevolutionen« und die durch diese enorm beschleunigte Zirkulation der Bilder.

C.S.: Zuerst zur Frage der Publikumserfahrung: In einem Text, den ich direkt nach der Hundeperformance geschrieben habe, habe ich einige Beobachtungen festgehalten. Eine ist zum Beispiel, dass die Großzahl der Passanten in dem Einkaufszentrum, in dem die Aktion stattfand, sofort ein Handy oder sogar eine Digicam herausholte und die Performance filmte. Das heißt, die Leute haben gar nicht mehr direkt zugesehen, sich der Erfahrung nicht ausgesetzt, sondern zwischen sich und dem, was sie irritierte, ein technisches Abbildungsgerät gehalten.

S.W.: Durch diese neuen Medien wird VALIE EXPORTS Aktion jetzt für jede Kamera und jeden Computer zu Hause aufbereitet. Das Remake bewirkt − als *ein* Resultat − allgemeine Verfügbarkeit.

C.S.: Das ist sicher ein wichtiger Aspekt. Aber es stellt sich sofort wieder die Frage, was diese allgemeine Verfügbarkeit bedeutet. Das Sich-Verbergen hinter der Linse fand ich fast noch wichtiger, ein Sich-Verbergen hinter den Medien, um sich so vor dem, was irritiert, zu schützen.

S.W.: Das Nicht-Gesehen-Werden-Wollen beim Zuschauen gehört jedoch immer schon zum Phänomen des Voyeurismus, das hat ja auch VALIE EXPORT zum Beispiel im *Tapp und Tastkino* thematisiert.

C.S.: Eine andere Beobachtung war, dass sich die Bilder der Hunde-Performance plötzlich assoziativ überlagerten mit den Bildern der US-Soldatin Lynndie England, die in Abu Ghraib einige Zeit vorher irakische Kriegsgefangene gefoltert und gedemütigt hatte, unter anderem, in dem sie sie auf allen Vieren an einer Leine führte.

S.W.: Genau, das war in derselben Zeit. Das verweist noch einmal auf die Kontexte, die Bedeutungen einzelner Werke oder Aktionen verkehren können.

C.S.: Der dritte Aspekt war, dass es für breite Bevölkerungsschichten inzwischen sehr viel selbstverständlicher ist, mit Pornografie umzugehen, sich passiv oder aktiv mit SM-Praktiken zu beschäftigen. Handschellen und Halsbänder gibt es überall zu kaufen.

S.W.: Insofern sind, wie du es bereits angedeutet hast, deine »Wiederholungen« solcher frühen feministischen Aktionen auch Experimente, um deren mögliche »Sprengkraft« heute zu ermitteln. Wichtig ist dir dabei auch die Frage »weiblicher Aggression«. Inwiefern diese heute von Belang ist, ist eine Frage, die du in den Raum stellst.

Dass Lynndie England und VALIE EXPORT durch dein Auftreten in eine Verbindung gebracht werden, ist natürlich brisant. Wir haben Soldatinnen, von denen wir sehen, dass sie nicht »besser« sind als ihre männlichen Kollegen. Gleichzeitig ist dieses Bild von Lynndie England sehr aufgeladen. Meine These ist, dass dieses Bild eine ähnliche Funktion hatte wie das Bild der KZ-Aufseherin nach 1945, nämlich eine Entlastungsfunktion − ich verweise hier auf jüngere historische Analysen, die zum Beispiel in dem von Insa Eschebach, Sigrid Jacobeit und mir herausgegebenen Band *Gedächtnis und Geschlecht*[1] publiziert sind. Die Soldatin England wurde zu einer Figur, der man eine doppelte Entgleisung vorwerfen konnte: Nicht nur die der Überschreitung der Grenzen militärischer Gewalt zur Folter, sondern auch die der Regeln von »Weiblichkeit«, indem sie sich anmaßte, dasselbe tun zu können, was Männer tun.

C.S.: Damit haben wir jetzt einige Beispiele dafür gefunden, wie Wiederholungen produktiv werden können. Ich möchte aber deine oben geäußerte Beobachtung, dass Wiederholungen oft langweilig geraten, noch einmal aufgreifen. Ich finde, Enttäuschung ist ein wichtiger Teil der Wiederholung.

Egal, was wir wiederholen – etwas, das wir faszinierend, wichtig, cool, radikal etc. finden, oder etwas, das wir kritisieren wollen – das, was bei der Wiederholung entsteht, wird etwas anderes sein. Gerade beim Sujet der feministischen Kunst besteht ja eine hohe Identifikation bei Vielen – wie auch bei anderen radikalen Äußerungen dieser Zeit. Die damaligen Rebellinnen sind heute heroische Ikonen. Sie stehen für etwas, woran man Anteil haben möchte – vielleicht, indem man es wiederholt. Und genau das klappt offenbar nicht. Es wird deutlich, dass das Wiederholte Geschichte ist und genau deshalb nicht mehr dieselbe Wirkung haben kann. Das Publikum wird auf sich selbst zurück verwiesen, auf seine Erwartungen. Vielleicht geht dabei sogar die Identifikation verloren. Ist es nicht genau die Wiederholung, die uns von der Nostalgie und der verklärenden Rückwärtsgewandtheit kuriert?

S.W.: Ich würde sagen: kurieren *kann*. Um nicht in Resignation oder Passivität zu fallen, muss man die Herausforderung annehmen wollen, umzudenken und die experimentelle Anordnung weiter zu entwickeln.

C.S.: Wiederholung und Enttäuschung sind ein guter Anfang dafür. Du hast vorhin das Stichwort »weibliche Aggression« gebracht. Das ist das, was die von mir ausgesuchten Arbeiten verbindet: Sie inszenieren weibliche Aggressivität. Und eine weitere Arbeit, die ich noch geplant habe, ist eine Lesung des SCUM-Manifestos. Das ist mir noch wichtig, denn seine Verfasserin, Valerie Solanas, hat 1968 mehrmals auf Andy Warhol geschossen und ihn schwer verletzt. (Damit sollte dann auch geklärt sein, dass ich mich nicht seit Jahren mit den Warhol-Flowers beschäftige, weil ich eine ödipale oder fetischisierende Beziehung zu Warhol habe.) Der Text ist immer noch sehr aktuell, insbesondere der Teil, in dem sie über den Kunstbetrieb schreibt. Als Ort für die Lesung des Manifesto kann ich mir nichts Geeigneteres vorstellen als die Eröffnung einer Kunstmesse …

S.W.: Du möchtest also die Rolle der Missetäterin der Avantgarde der zweiten Hälfte des 20. Jahrhunderts, als die nicht wenige Solanas verstehen, auf- und durchspielen?

C.S.: Sicherlich sind die wiederholenden Aktionen dazu geeignet, auch Aussagen über ihren Gegenstand zu produzieren. Genauso sicher ist aber, dass sie nicht mehr das auslösen, was sie »zu ihrer Zeit« auslösten. Wenn es um weibliche Aggressivität heute geht, müssen wir nach ganz anderen Bildern, Formen und Aktionen suchen.

S.W.: Ich würde gern den Begriff der »weiblichen Aggressivität« etwas genauer fassen, denn es geht ja offenbar gar nicht darum, dass Frauen wirklich physische Gewalt ausüben, sondern dass per se ihre Existenz in bestimmten Bereichen nicht gerne gesehen wird oder eben gar als agressives Eindringen in ein Terrain wahrgenommen und gedeutet wird, in dem sie bislang keine aktive Rolle spielen sollten.

C.S.: Aggression bedeutet, die zugewiesene Rolle zurückzuweisen, sie zu erweitern oder zu überschreiten. Darstellungen von weiblicher Dominanz, gar durch Bewaffnung, oder einfach auch durch technische Kompetenz, stehen genau dafür.

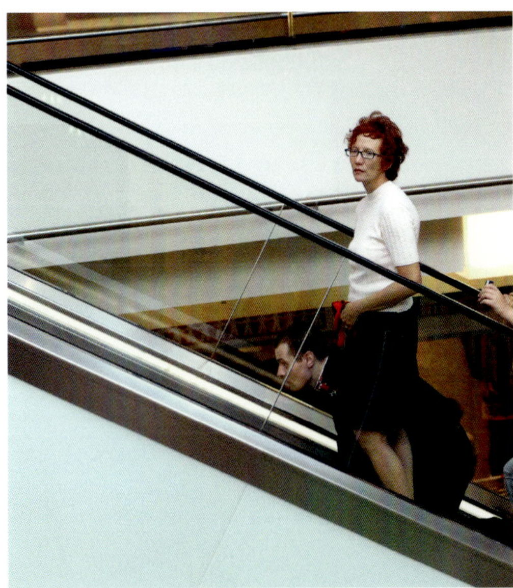

Le chien ne va plus, Aktionsfoto / Documentation, 2006

S.W.: Das Problem wäre damit nicht, dass eine Frau – gar im konkreten Sinne – handgreiflich wird, sondern dass sie sich das Recht herausnimmt, genau das zu tun, was ihre gleich qualifizierten männlichen Kollegen tun. Das scheint ja nicht selten selbst schon als Aggression empfunden zu werden, auch aus dem schlichten Grund, dass selbstverständliche und geschlechts-

bedingte Privilegien in Frage gestellt werden. So sollten wir hier vielleicht nicht von »weiblicher Aggressivität« sprechen, was ja auch die Gefahr einer Essentialisierung und Biologisierung enthält, sondern von Strukturen und den von und in diesen hervorgebrachten Projektionen.

C.S.: Befragt nicht die Wiederholung einer Aktion genau diese Strukturen daraufhin, ob und wie sie sich verändert haben in den letzten 40 Jahren? Die Grenzen haben sich sicherlich verschoben, aber sie sind noch da.

S.W.: So bleibt die Frage, wie über künstlerische Arbeit als Experiment oder auch als Probe-Handeln mit und in den Spielregeln, die den Kunstbetrieb am Laufen halten, diese weiter ausgetestet und zugleich unterlaufen werden können. Wiederholungen können die Regeln bestätigen – nur so behalten sie ja auch ihre Gültigkeit. Man kann ihre Gültigkeit, ihr scheinbar naturgesetzliches Wirken aber eben auch durch ihre radikale Offenlegung im ästhetischen Experiment in Frage stellen, indem man sich der Spielregeln zu bemächtigen versucht, sie bis an die Grenzen des Absurden durchexerziert – und sie damit auch der Lächerlichkeit überführen kann. Ein Lachen über Strukturen und die sie bestätigenden Regeln kann befreiend wirken, Distanz herstellen und auf diese Weise auch die Lust am nächsten Experiment freisetzen. In diesem Sinne bin ich gespannt auf deine nächsten Aktionen.

[1] Insa Eschebach, Sigrid Jacobeit, Silke Wenk (Hg.), *Gedächtnis und Geschlecht. Deutungsmuster in Darstellungen des nationalsozialistischen Genozids*, Frankfurt/M. / New York, 2002

ALWAYS THE SAME WITH REPETITION?

Conversation between Cornelia Sollfrank and Silke Wenk following the opening of the **re.act feminism exhibition,** *Academy of Arts Berlin, in December 2008*

S.W.: One of the fascinating principles in your various works—from the Warhol Flowers to the shooting performance after Niki de Saint Phalle at the opening of the *re.act feminism* exhibition last night—is that of repetition, or even a repetition of a repetition. You yourself once called it a "contemporary method of gaining recognition," and I still find that convincing.

C.S.: A repetition is certainly one possible "view" of an "object," an approach—or perhaps also a way of distancing oneself from it.
Why does one repeat exactly *that*, which one repeats, and why does one *repeat* it? In my *Revisiting feminist art* series, I limit the object of repetition to feminist artworks. So it is not only an abstract question of repetition as such, but rather always also a question of the object; I think the question of what the object has to do with the method is not insignificant.

S.W.: Of course it matters what you choose for repetition. In a different complex of works it is the Warhol Flowers. They are significant, since they are works by an artist who reproduced what had already been reproduced in the new media of his time. Using popular mass products, he not only provoked the established (American) high brow art business, but also made a name for himself as a unique artist and author at the same time with the critique of the idea of the original, art work bound to a unique signature. This paradox is an important starting point for your Warhol Flowers—the "Sollfrank-Warhol-Flowers"—in which you practically play through the question of the duplication or the reproduction of originals, which are not originals in a classic sense (such as the photographs by Patricia Caulfield, for instance, which Warhol used as models for his prints), at the next level of media development, of digital (re-)production. You include yourself as an "author" and question this position at the same time by taking Warhol's "I want to be a machine" seriously, or as a "smart artist," who lets the machine do the work, setting it to endless reproduction, in a sense.

C.S.: I wouldn't exactly call the method I use for the Warhol Flowers repetition. Unlike Elaine Sturtevant, for instance, I don't attempt to get as close as possible to the "original," but leave just enough of it still recognizable as a reference. I ultimately limit the pool of images by entering a search term; then a machine and the principle of chance enter in—in other words, certain automatisms that form a collage of images from existing ones. I also use the store of images from the Internet because the images I get for a certain search term are constantly changing and multiplying. I have been making collages with the net.art generator now since 2004, and there are constant aesthetic shifts which are not a result of the program, but the source material instead. In this way the net is also reflected on as a medium in the image series, but without me having any control over it. That is also a reason why I have worked so long with the same motif: to really be able to read these changes. In this sense, of course, it is also a repetition.

S.W.: This makes it clear that repetition or even reproduction is never just "repetition." In fact, I would like to call your method of repetition a subversive one, a re-staging of an already existent and highly effective system of rules and meaning which first produces "art" with its essential parameters of authorship, authenticity and original. Here I think you increasingly slip into the role—albeit in different ways, when I think of the exhibition *Originale und andere Fälschungen* (Originals and other Fakes)—of the various agents of this system, art history and critique, the museum and, not least of all, the law, probing and testing their common rules (certainly not always consciously) in this joint game.

I mean a subversive repetition in allusion to Judith Butler, which plays through the construc-

tion and its rules and regularities—in this case not of "gender," but rather of "art"—thus making it recognizable.

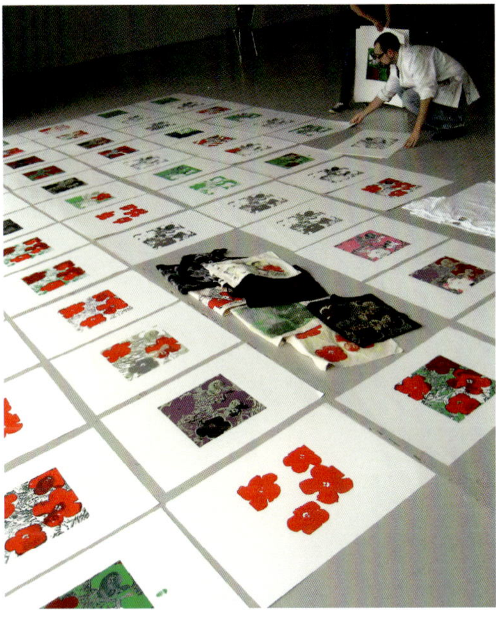

anonymous-warhol_flowers
Siebdrucke / Silkscreen prints, 2008

C.S.: I think this idea is very important, because it has often been suggested that art is simply there and not subject to any rules—especially "good" art. This vehement negation of an existence of rules for art, according to which it first appears as such, in other words its constructedness, is what makes it necessary for me to seek out these rules and visualize them with artistic means and as part of my work as an artist. Repetition is an obvious choice, because it directly causes the disruption of the mechanisms important to the art system.

And sometimes it is not even necessary to repeat, but simply to appropriate what has been repeated by others. The oil paintings of the Warhol Flowers manually produced in China are the pinnacle of this. Most painting factories have them in their standard repertoire; the motif is well suited for both the United States and the European market. And I can simply order them.

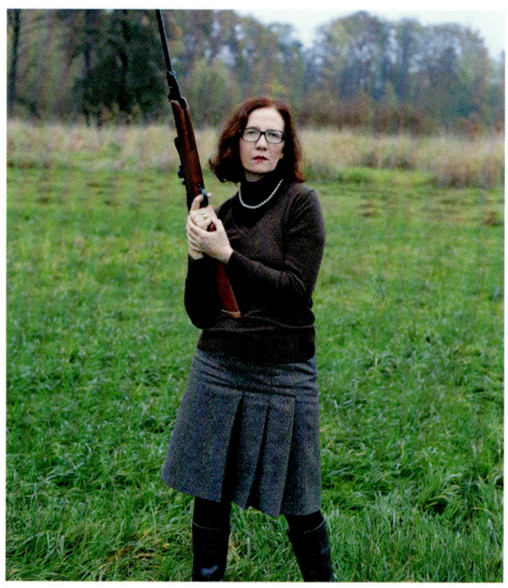

TroubleShooting, Schießtagebuch / Shooting diary, 2008

S.W.: Warhol in oil is exciting. Works by the pop artist who turned against traditional criteria of value like the originality and uniqueness of the work—which is what oil painting stands for—now return from a different part of the world "ennobled" or re-auratized. Is it something like an unintentionally subversive act that reflects the mechanisms of the western art business back to us?

C.S.: Or maybe just a gigantic art action: the endless repetitions of western art history, including all the modern and postmodern ap-

proaches—all hand-made and in oil … Even the entire Louvre is repeated: not only in Dubai, but also in Dafen (a suburb of Shenzhen and the center of Chinese painting factories). The fact that this will cause—presumably surprising— feedback to the western art system, especially in terms of questions of authorship and originality, seems "pre-programmed" to me.

A nice anecdote is that I additionally commissioned a flower motif generated by the net.art generator as an oil painting, which is much more difficult to paint due to its pixelated structure, so it was almost twice as expensive as the Rembrandt copy I had previously commissioned. The "material" certainly is rebellious! Fortunately there are already oil painters in the painting factory who specialize in pixels.

S.W.: The game of original and reproduction can be reopened with your form of a re-"originalization" of the Warhol Flowers—whether as an oil painting or a screen print. As we have already learned from Walter Benjamin, the one is unimaginable without the other. You make this explicit and demonstrate it to us as a game whose rules you are parodying at the same time.

*

S.W.: But what is the relationship between this work complex after and with Warhol and the *Re-visiting feminist art* performances? What are the similarities and what makes up the difference? First of all, one thing is obvious: here you are involved with your own body and act with it. When exactly did you start this series?

C.S.: I came up with the idea for this in 2005; the first performance took place in 2006. One day I got stuck on VALIE EXPORT's dog performance. I had often seen the photos, which are now almost iconic, and I imagined what would happen if I took her place. It is feminist art that was important to me as an artist; it involves the portrayal or exercise of female aggression and the question of the significance that these historical works still have, could have today. I didn't want to just think about it, but to really experiment practically with it, also to find out the extent to which EXPORT's intervention strategies can still be employed today—counter to their appropriation by the art business. Since we are from completely different generations of women artists, very different notions of art (including the concept of the work and the image of women artists) and feminism collided as well. This performance took place in a shopping mall in Hamburg-Harburg, by the way, while a Peter Weibel solo exhibition was being shown at the same time directly next door at the Falckenberg Collection. The video from the street performance from 1968 was also shown in the exhibition.

Surprisingly, this self-exposure also led to a series of personal experiences for me.

S.W.: What kind of experiences?

C.S.: For example, the experience of moving through a city as a voyeur and secretly taking pictures in the "Spring in Paris" performance.

That also means exposing myself to physical risk—which was also the case in the Harburg dog performance. And then there was also another kind of interaction, that with my "dog," with Monty Cantsin. No matter how theoretically or conceptually you approach it, something unforeseeable always takes place between the participants.

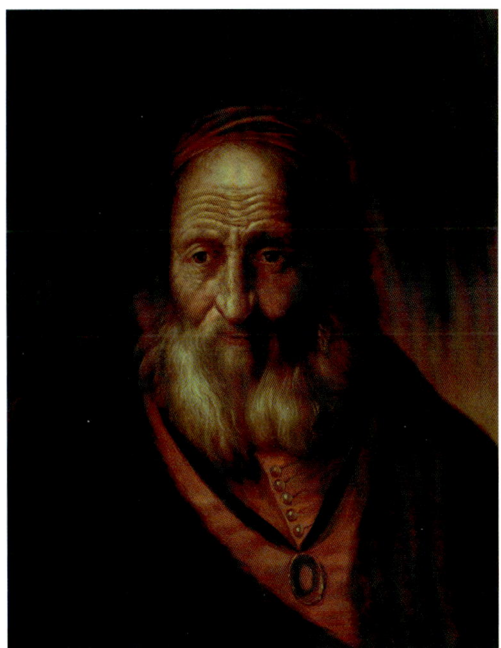

Huiquan Liu, *nach Friedrich Diedrichs, Rabbiner*, 2008

S.W.: But the performances amount to more than just your own experiences.

C.S.: They are public actions with an audience. However, I can't speak for the audience's experiences, only about what I observed of the audience. What do *you* think is happening there? What is happening for you?

S.W.: Unfortunately, I wasn't able to be there for the dog action. But what I find fascinating is that certain feminist art performances can be called to mind again, as for example in the *re.act feminism* exhibition. So it can come into view again, what significance the works by various women artists had for opening up seemingly natural gender positions—as well as for critically questioning traditional notions of the work and the artist-subject. I am happy that these works are being recalled into the "collective memory" again. At the same time, though, a possible danger of museumization is also recognizable here—especially when the works by women artists are de-contextualized, in other words presented separately from the social movements of those years. I find it problematic when these feminist interventions are assumed into an art historical canon as presumably closed works, merely supplementing the list of masters' names. But that is only the one hand.

On the other hand, I am also wondering: What is the other, the new that occurs when early feminist projects are re-enacted in the first decade of the twenty-first century? Surely it is also true for these kinds of re-enactments that something else is revealed with each repetition.

What is attempted here with *re.act feminism* can be seen as part of a broader movement: for some time now there have been recurrent attempts in different places to transfer art actions and methods, not only feminist ones, from the nineteen sixties and seventies to the present. I share this fascination and understand the wish that these kinds of art performances might have a similar impact today. However, some attempts at repetition or re-enactment seem to me to have more of a sobering effect, if not indeed a boring one. What is left is often a kind of nostalgia. I think it becomes clear that if a re-enactment wants to be subversive, it should also contain a strategic translation. What I mean is that it must also include a reflection on how the media environment or gender relations as well have changed since then, what shifts have taken place. After all, there have been tremendous developments over the last forty years, particularly as a result of the so-called "media revolutions" and the tremendously accelerated circulation of images resulting from them.

C.S.: First the question of audience experience: I wrote down several observations directly after the dog performance. For example, one is that the majority of the passers-by in the shopping mall where the performance took place immediately took out a mobile phone or even a digicam and filmed the performance. That means that the people no longer directly watched, didn't just expose themselves to the experience, but held a technical reproduction device between themselves and that what irritated them.

S.W.: VALIE EXPORT's action is now processed for every camera and every computer at home with these new media. The effect of the remake—as *one* result—is general availability.

C.S.: That is certainly an important aspect, but it then immediately raises the question of what this general availability means. I found this hiding behind a lens almost more important, hiding behind the media to protect yourself from what irritates you.

S.W.: But not wanting to be seen looking has always been part of the phenomenon of voyeurism. (VALIE EXPORT also already addressed this, for example, in *Tapp und Tastkino*.)

C.S.: Another observation was that the images of the dog performance suddenly overlapped associatively with pictures of the American soldier Lynndie England, who only a short time before had tortured and humiliated Iraqi prisoners of war in Abu Ghraib prison by leading them on all fours on a leash, among other things.

S.W.: Exactly, that was at the same time. And that indicates the contexts again, which can invert the meanings of single works or actions.

C.S.: The third aspect that very quickly became clear was that large sections of the population take dealing with pornography much more for granted, dealing actively or passively with SM practices. You can buy handcuffs and collars everywhere.

S.W.: To the extent, as you mentioned already, that your "repetitions" of these kinds of early feminist performances are also experiments to investigate their potential "explosive force" today. At the same time, the question of "female aggression" is also important to you. How much this matters today is the question you pose.

It is of course highly significant that a connection is made between Lynndie England and VALIE EXPORT through your appearance. We have women soldiers who we see are no better than their male colleagues. At the same time, this picture of Lynndie England is highly charged. My thesis is that this picture had a function similar to that of the picture of the woman concentration camp guard after 1945, namely an exonerating function (I'm referring here to more recent historical analyses, which are published, for example, in the book *Gedächtnis und Geschlecht* [Memory and Gender] edited by Insa Eschebach and myself): England the soldier became a figure who could be accused of a twofold breach, not only that of transgressing the limits of military force by torturing, but also the rules of "femininity" by presuming to be able to do what men do.

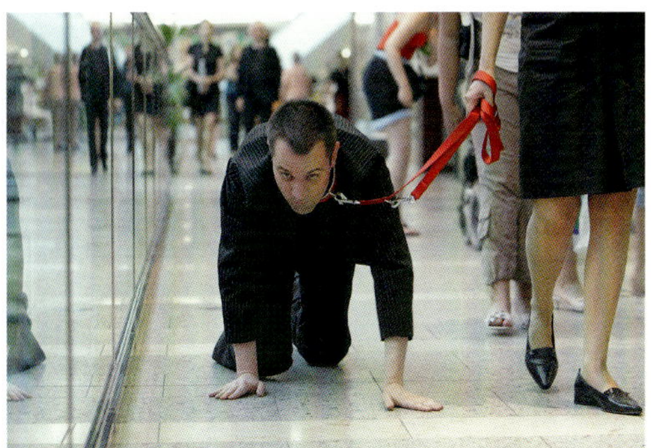

Le chien ne va plus, Aktionsfoto / Documentation, 2006

C.S.: With that we have now found several examples of how repetitions can become productive. But I want to go back to your earlier remark that repetitions often end up becoming boring. I think that disappointment is an important part of repetition.

Regardless of what we repeat—something that we find fascinating, important, cool, radical, etc., or something we want to criticize—what emerges in the repetition will be something different. Especially with the subject of feminist art, there is a high degree of identification among many—as with other radical expressions of that time. The rebels of past are the heroic icons of today. They stand for something that one wants to be part of—perhaps by repeating it. And precisely that obviously doesn't work. It becomes clear that history is being repeated and for that reason it cannot have the same effect. Perhaps some of the identification is even lost. Isn't it precisely repetition that cures us of nostalgia and reactionary glorification?

S.W.: I would say, *can* cure us. To avoid falling into resignation or passivity, you have to want to accept the challenge to rethink and further develop the experiment.

C.S.: Repetition and disappointment are a good starting point for that. You earlier mentioned the key word "female aggression." That is what the works that I have chosen have in common: they stage female aggressiveness. And another work I am still planning is a reading of the SCUM Manifesto. That is still important to me, because its author, Valerie Solanas, fired several shots at Andy Warhol in 1968, seriously wounded him. This should also make clear that I have not been dealing with the Warhol Flowers for years because I have an oedipal or fetishist relationship to Warhol. Apart from that, the text is still highly topical, especially the part where she writes about the art business. And I can't think of a more appropriate place for the reading of the Manifesto than the opening of an art fair …

S.W.: So you want to take up the role of the miscreant of the avant-garde of the latter half of the twentieth century, which is how Solanas is seen by quite a few people, and play it through?

C.S.: Repetitive actions are certainly well suited to produce statements about their object as well. It is just as certain, however, that they no longer trigger what they triggered "in their own time"; if female aggressiveness is the issue today, then we have to look for completely different images, forms and actions.

S.W.: I would like to phrase the term "female aggressiveness" more precisely, because it is obviously not about the fact that women in fact really exercise physical violence, but rather that their existence per se is not welcome in certain areas, or is even perceived and interpreted as an aggressive penetration into a territory where they were previously not supposed to play an active role …

C.S.: Aggression means rejecting the assigned role, expanding it or transgressing it. Depictions of female dominance, whether with weapons or simply even technical skills, stand for exactly this.

S.W.: So the problem would not be that a woman—especially in the concrete sense—turns violent, but rather that she presumes the right to do exactly the same as her equally qualified male colleagues do. It does not seem uncommon that this by itself is already perceived as aggression, also for the simple reason that the gendered privileges taken for granted are called into question. So perhaps we shouldn't speak here of "female aggressiveness", which also holds the danger of essentialism, but rather of structures and the projections produced through and in them.

C.S.: But doesn't the repetition of a performance address exactly these structures and question whether and how they have changed over the past forty years? The boundaries have certainly shifted, but they are still there.

S.W.: So the question remains how art—as an experiment or even as a trial action—is able to further test *and* undermine the game rules that keep the art business running. Repetitions can affirm the rules—indeed, this is the only way they retain their validity. But their validity, their effect that seems to stem from a natural law, can also be called into question by a radical disclosure in an aesthetic experiment, if one attempts to take over the game rules and play them through to the limits of absurdity—thus exposing them to ridicule. Laughing at structures and the rules that affirm them can have a liberating effect, establish distance and thus release pleasure in the next experiment. In this sense, I look forward to your next actions.

Translation: Aileen Derieg

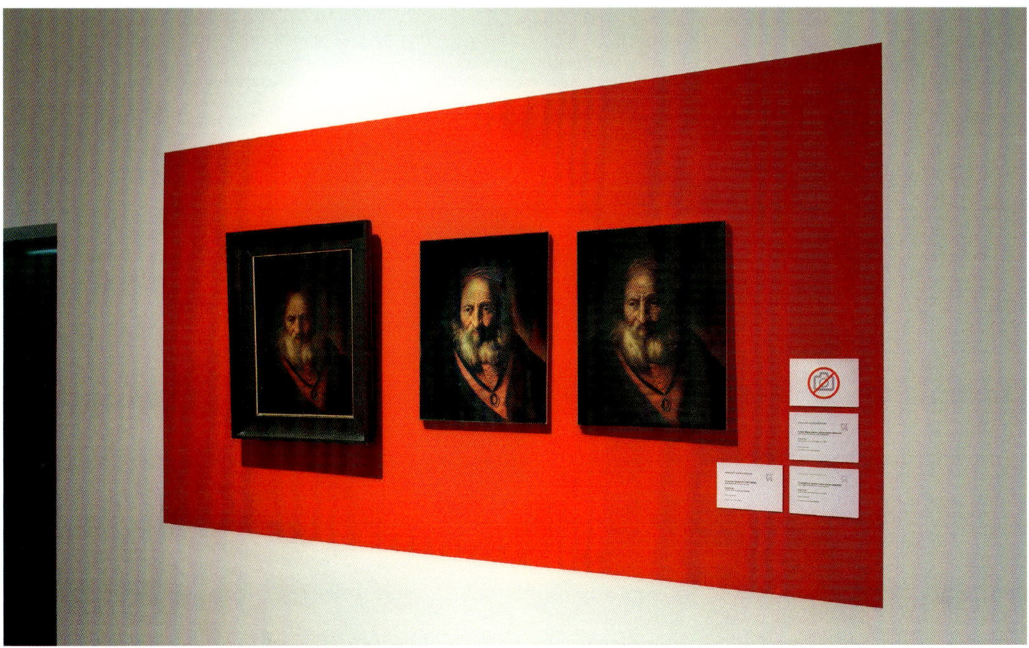

Installationsansicht / Installation view, Ausstellung / Exhibition *Originale und andere Fälschungen*
Edith-Ruß-Haus für Medienkunst, Oldenburg, 2009

RE-VISITING FEMINIST ART

In der Reihe *Re-visiting feminist art* setzt sich Cornelia Sollfrank mit frühen feministischen Arbeiten auseinander, indem sie diese wiederholt. Sollfrank wählt dafür Arbeiten aus, die für sie selbst als Künstlerin und Feministin einflussreich waren. Sie kennt diese mittlerweile »historischen« Arbeiten jedoch nur durch mediale Vermittlung. Durch den Akt der Wiederholung setzt sich Cornelia Sollfrank an die Stelle der von ihr ausgewählten Künstlerinnen und gestaltet eine komplexe Versuchsanordnung, in der sie dem Subjektbegriff dieser frühen feministischen Kunst das handlungstheoretische Konzept der Wiederholung entgegensetzt. Aus der durch mediale Vermittlung entstandenen Nähe wird eine kritische Distanz. Die Aktualität des wiederholten Gegenstandes und die durch ihn produzierte Aussage werden dadurch ebenso zur Diskussion gestellt wie die Unterschiedlichkeit der feministischen Verfahren.
http://artwarez.org/projects/refeministart/

In the *Re-visiting feminist art* series, Cornelia Sollfrank dealt with early feminist works by repeating them. The artist selected pieces that had influenced her as an artist and feminist. But she was only familiar with these works as conveyed in the media. Through the act of repetition, Cornelia Sollfrank took the place of the artists she selected and fashioned a complex test assembly by confronting the concept of the subject in these early feminist artworks with the action theoretical concept of repetition. Critical distance is achieved from the convergence produced by the media transfer. The relevance of the repeated object and the statement produced by it is put forward for discussion along with the dissimilarity of feminist practices.
http://artwarez.org/projects/refeministart/

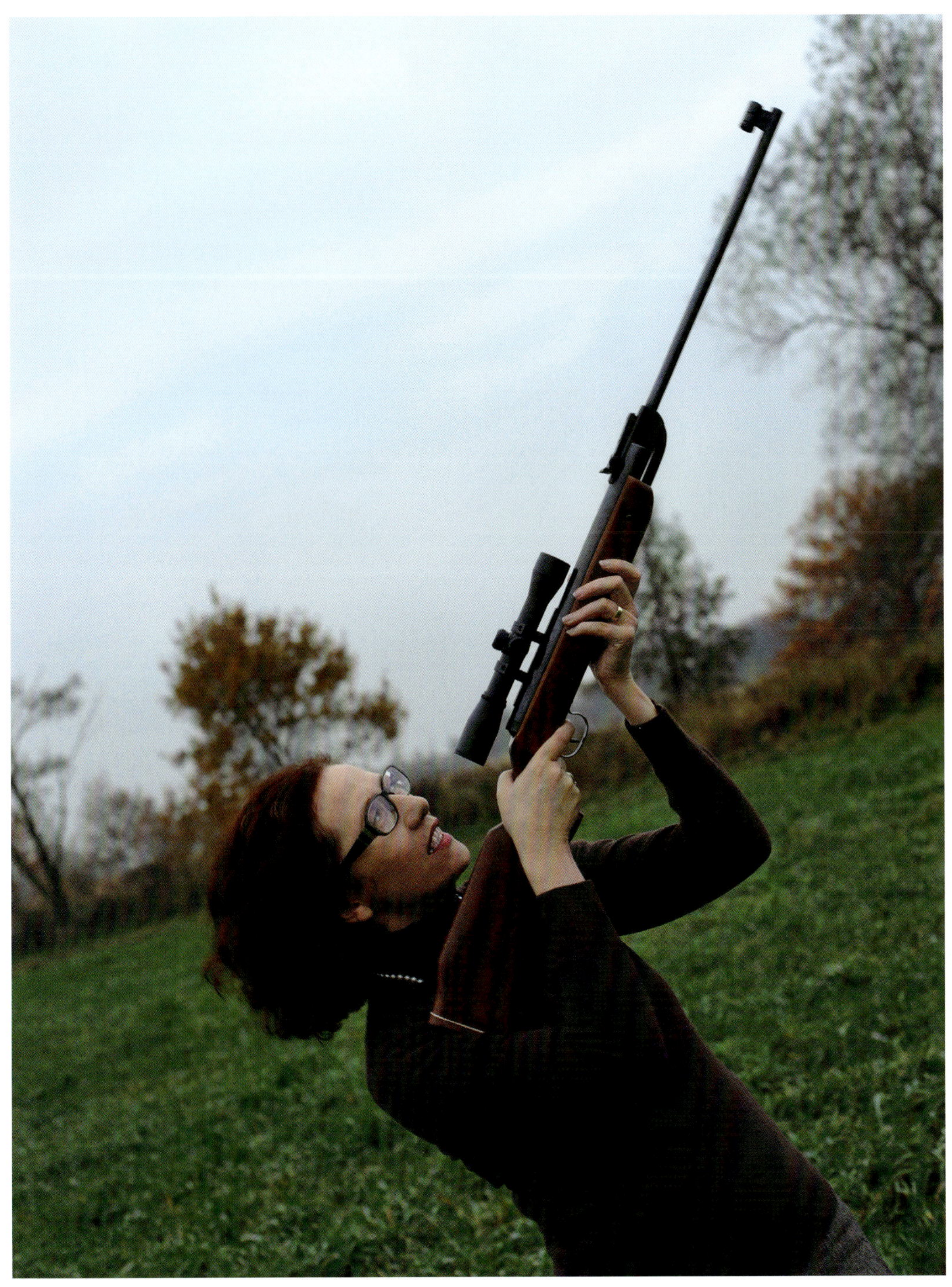

LE CHIEN NE VA PLUS

Performance (mit Monty Cantsin), 2006

Während der Straßenaktion *Aus der Mappe der Hundigkeit* spazierte die österreichische Künstlerin und Erfinderin des aktionistischen Feminismus VALIE EXPORT 1969 mit ihrem damaligen Partner und Kollegen Peter Weibel durch die Kärntnerstraße in Wien. Weibel wurde von der Künstlerin an der Leine geführt und ging auf allen Vieren. Nach Aussagen der Künstlerin löste die sexuelle Dimension der demonstrierten Macht- und Abhängigkeitsverhältnisse Beklemmung, Irritation und Aggressionen aus.

Im Juli 2006 wiederholte Cornelia Sollfrank diese weibliche Machtdemonstration und führte Monty Cantsin, eine multiple Identität des Neoismus, an einer Hundeleine durch das Phoenix-Einkaufscenter in Hamburg-Harburg spazieren.

»hündisch zu gehen bedeutet, sich dem gang der zeit zu beugen, den gang der zeit zu zeigen! bedeutet, die utopie des aufrechten ganges in unserer tierischen gemeinschaft als uneingelöstes versprechen zu proklamieren.« (VALIE EXPORT, 1970)

Performance (with Monty Cantsin), 2006

During the 1969 street performance "Aus der Mappe der Hundigkeit" (From the Portfolio of Doggedness), the Austrian artist and founder of Feminist Actionism VALIE EXPORT took a walk down Kärntnerstraße in Vienna with her colleague and then partner Peter Weibel. The artist led Weibel on a leash as he crawled on all fours. According to the artist, the sexual dimension of the demonstrated control and dependency relationships triggered anxiety, irritation and aggression.

Cornelia Sollfrank repeated this demonstration of female control in July 2006 and led Monty Cantsin (multiple identity of Neoism) on a leash through the Phoenix shopping mall in Hamburg-Harburg.

"Going like a dog means bowing down before the course of time, showing the course of time! It means proclaiming that the utopia of walking upright in our animalistic society is an unredeemed promise." (VALIE EXPORT, 1970)

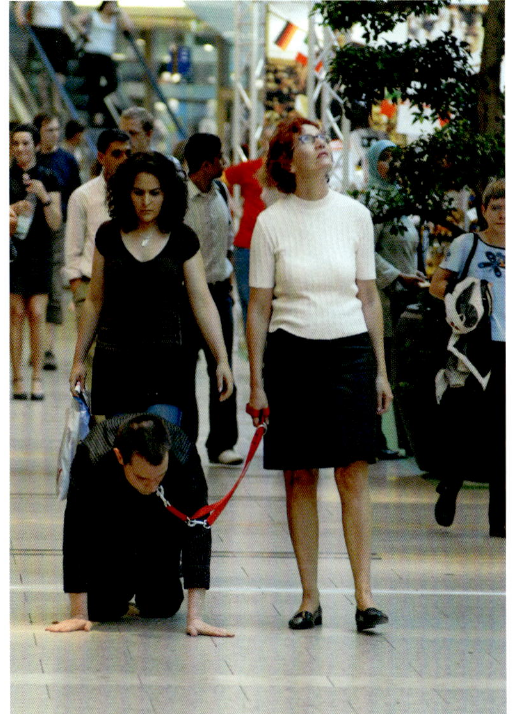
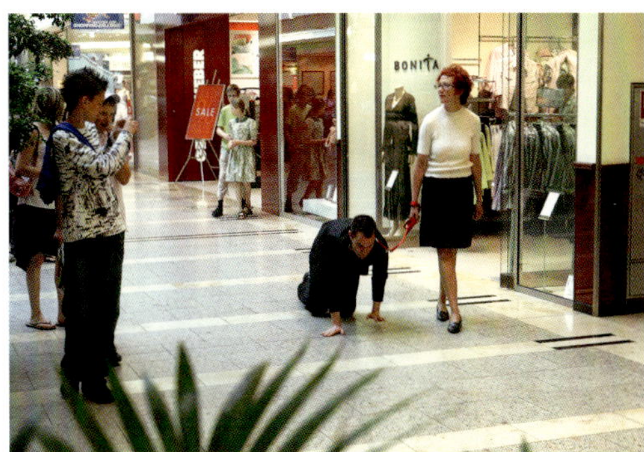
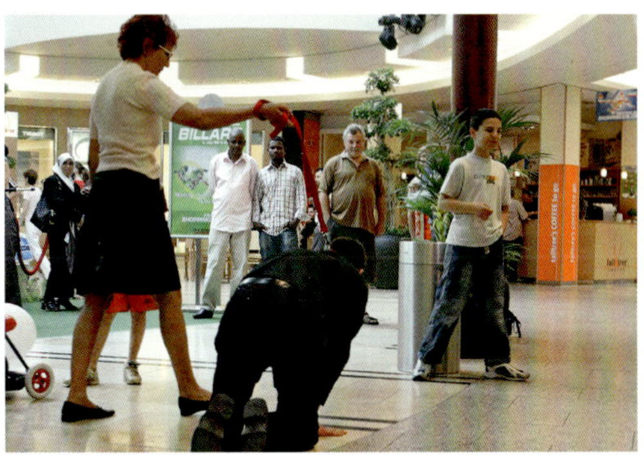
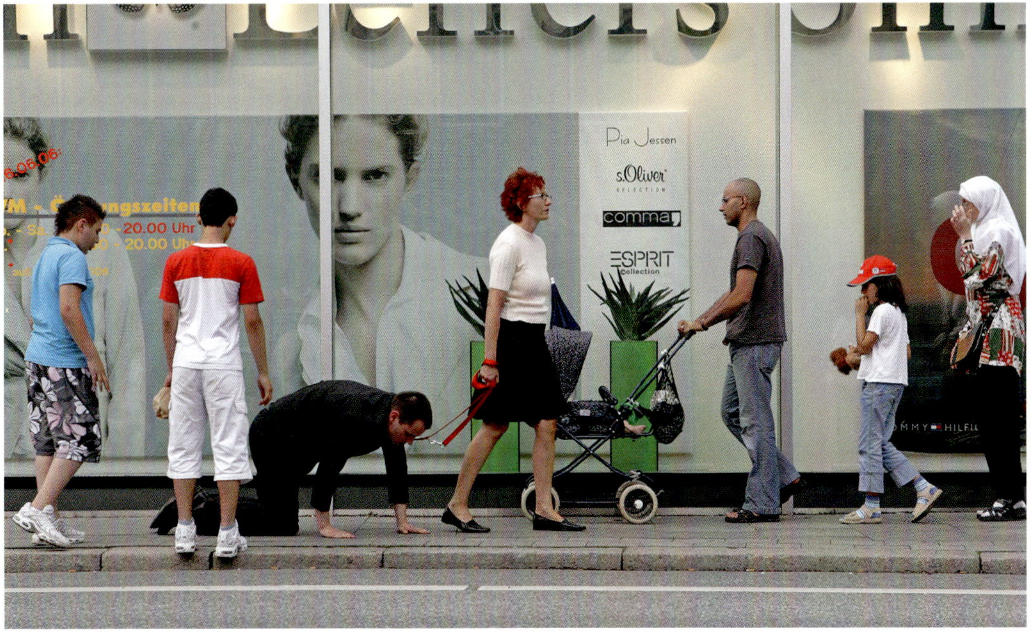

SPRING IN PARIS

Video, DVD Pal, 6 Minuten, 2007

Im Frühsommer 1973 verfolgt Annette Messager fremde Männer auf den Straßen von Paris und fotografiert sie heimlich. Die Fotografien zeigen die Männer vom Kopf abwärts, ohne Gesicht: Ins Zentrum der Aufmerksamkeit rücken die Hosenschlitze der Männer. Im Fotolabor arbeitet die Künstlerin ihre Version von Voyeurismus weiter aus, indem sie sich den betrachteten Objekten soweit nähert, bis nur noch abstrahierte Faltenwürfe übrig bleiben. Annette Messager selbst interpretiert ihre Arbeit *Les Approches* als Umkehrung des üblichen Subjekt-Objekt-Verhältnisses zwischen Mann und Frau.

Cornelia Sollfrank greift diese Arbeit 34 Jahre später auf. Als Touristin getarnt streift sie mit ihrer Videokamera durch Paris und filmt heimlich Männer, wobei sie sich besonders für deren Hosenschlitze interessiert. Digitale Schnitt- und Bildbearbeitungstechnik erlauben ihr neue Formen der Annäherung und Abstraktion.

Video, DVD Pal, 6 minutes, 2007

In the early summer of 1973, Annette Messager followed strangers on the streets of Paris and secretly photographed them. The photographs depict men from the neck down– without a face; the focus of attention is shifted to the flies on the men's trousers. The artist expanded on her version of voyeurism in the photo studio by approaching the observed objects so closely that solely abstracted folds remained. Annette Messager herself interpreted her work *Les Approches* as a reversal of the usual subject-object-relationship between men and women.

Cornelia Sollfrank seized upon this work 34 years later. Dressed as a tourist, she strolled through Paris with her video camera and secretly filmed men, whereby she was particularly interested in their trouser flies. Digital cutting and image processing technology enabled her to achieve new forms of convergence and abstraction.

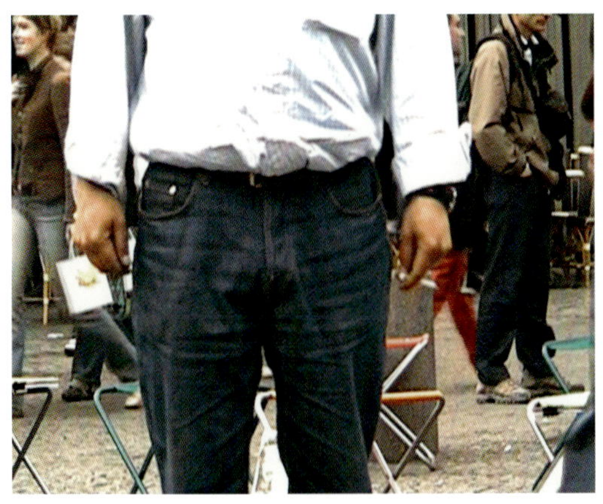
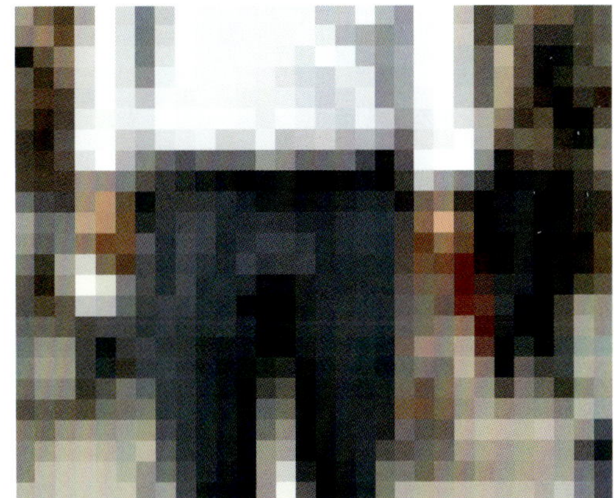

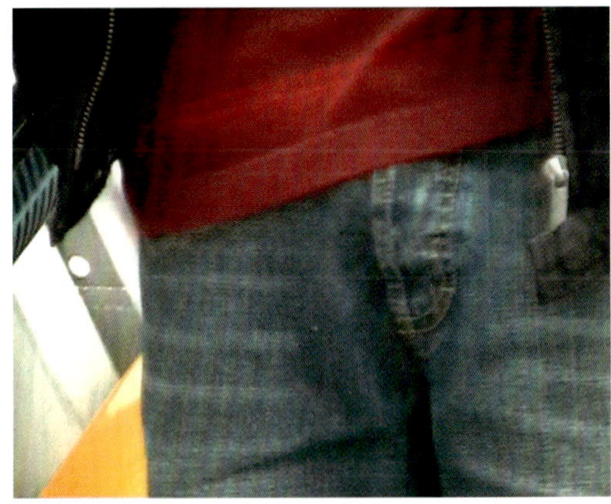
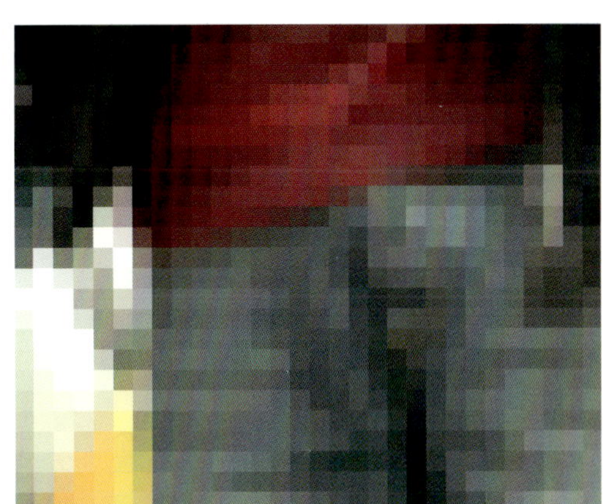

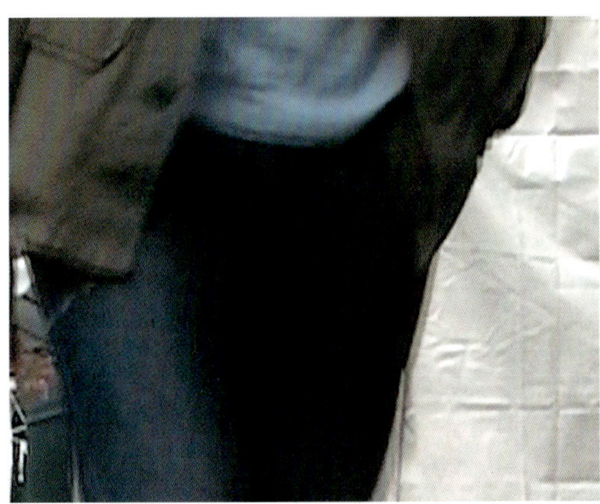
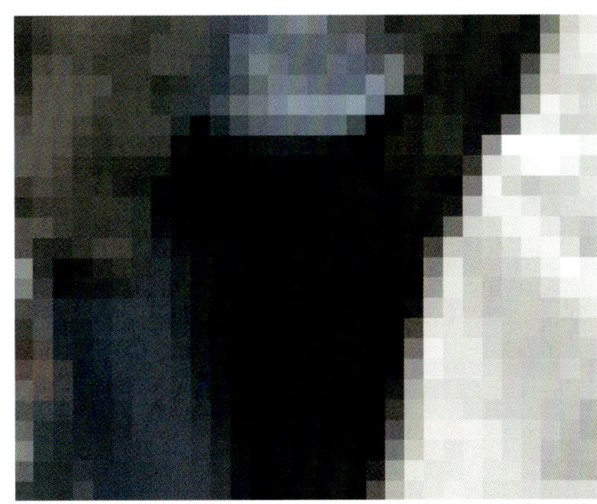

TroubleShooting

Performance, 2008

In den Jahren 1961/62 erregte die 30jährige Niki de Saint Phalle mit ihren Schieß-Performances weltweites Aufsehen. Sie präparierte Holzplatten mit Gips und Farbbeuteln und verteilte die Farben über das »Bild«, indem sie mit einem Gewehr darauf schoss. Neben den entstandenen »blutenden« Gemälden (»tirs«) beschäftigte das Bild der »Frau mit Waffe« sowie die von der Künstlerin zum Ausdruck gebrachte Aggressivität und Lust beim Schießen KritikerInnen und Öffentlichkeit. Eine Interpretationsmöglichkeit lieferte die Künstlerin selbst: »Ich schoss auf mich selbst. Die Gesellschaft mit ihrer Ungerechtigkeit. Auf meine eigene Gewalttätigkeit und die Gewalttätigkeit der Zeit.«[1]

In ihrer Aktion *TroubleShooting* greift Cornelia Sollfrank diese Arbeit auf und wiederholt sie. Sollfrank, die sich seit vielen Jahren für Schusswaffen interessiert und eine reichhaltige Sammlung von Bildern von Frauen mit Waffen zusammen getragen hat, nahm die Wiederholung der Performance zum Anlass, selbst schießen zu lernen und sich der Frage auszusetzen, auf wen oder was sie ihre Waffe richtet.

Nicht zuletzt geht es Sollfrank darum, mit Hilfe dieses Experiments eine Aussage darüber treffen zu können, ob heutige Weiblichkeitskonzepte offen ausgelebte Aggressivität beinhalten.

[1] Zitiert nach: Hulten, Pontus, *Méta*, Frankfurt/M., 1972.

Performance, 2008

In 1961/62, Niki de Saint Phalle's shooting performances caused an international sensation. She prepared wood boards with plaster and paint bombs, spreading the paint over the 'picture' by shooting at it with a rifle. But it was not only the bleeding paintings which bothered critics and audience alike, but the image of the armed woman as well as Saint Phalle's open aggressiveness and thrill while shooting. One of many possible interpretations of this work was offered by the artist herself: "I was shooting at myself, society with its injustices, I was shooting at my own violence, and the violences of the time."[1]

Cornelia Sollfrank seized on this work and repeated it in her performance *TroubleShooting*. Sollfrank, who has long been interested in firearms and has also assembled a vast collection of images of women with guns, used the repetition of the performance as an opportunity to learn how to shoot and to confront the question: who or what she would point her gun at?

In the end, Sollfrank's most important concern is to find an answer – with the help of this experiment – to the question: do contemporary concepts of femininity include openly expressed aggressiveness?

[1] Cited after: Hulten, Pontus, *Méta*, Frankfurt/M., 1972.

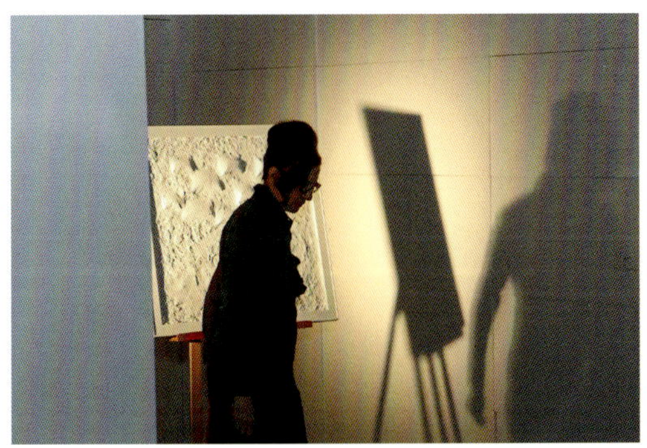
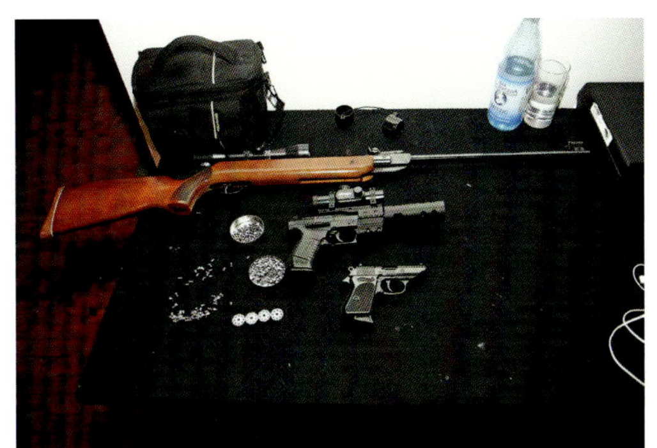
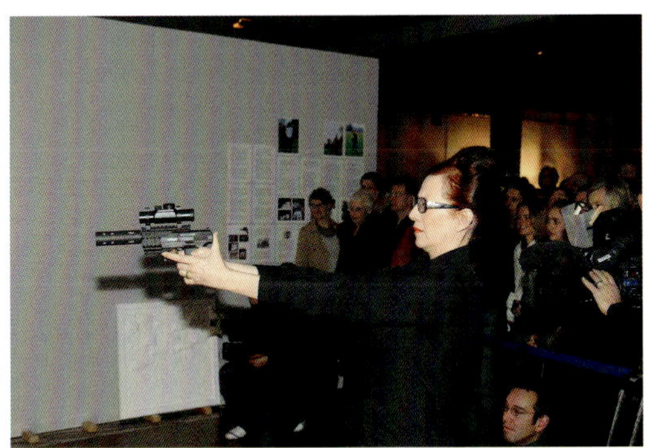
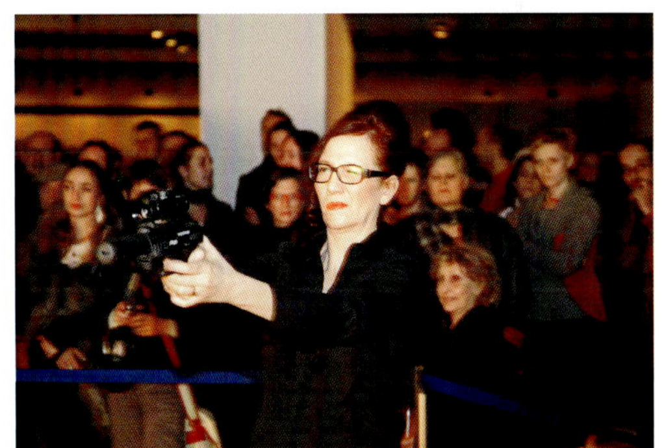
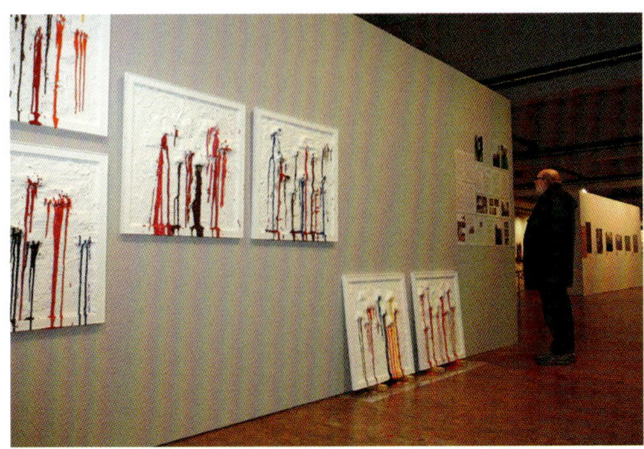
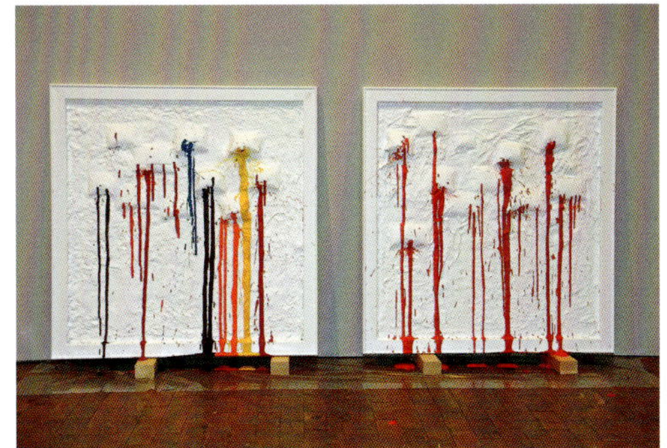

BETRIFFT NICHT CORNELIA SOLLFRANK ALLEIN:
DER DIALOG ALS BEDINGUNG ÄSTHETISCHER PRODUKTION

Rahel Puffert

Versucht man sich einen Überblick über Cornelia Sollfranks »Gesamtwerk« zu verschaffen, dann bieten sich verschiedene Arbeitsschwerpunkte an, welche wiederum die Zuordnung zu einem Bündel an Diskursen aktueller Kunstproduktion erlauben. Diverse und sich wandelnde künstlerische Strategien zu verwenden, Hybridität zu verkörpern, Vielfalt bei der Medienwahl einzusetzen und verschiedenste Felder und Präsentationsformen zu kombinieren – all das hat sich inzwischen als gangbare Möglichkeit durchgesetzt, um ein künstlerisches »Profil« zu erlangen und ist Teil des Image-Programms, welches das Betriebssystem Kunst verwaltet und reproduziert. Bei aller offensichtlichen Lust an den perfekten Oberflächen der Unternehmens- und Publikationskultur – der bis heute gern gelieferte Eindruck vom glatten, gefügigen Profil geht dennoch regelmäßig fehl, wagt man sich näher an Sollfranks Arbeitsweise heran.

»Programmierte Verführung« – so hat Ute Vorkoeper Sollfranks taktische Oberflächenarbeit und Rollenspiele treffend charakterisiert[1] und auf jene Risiken und Nebenwirkungen verwiesen, die entstehen, wenn man es mit einer Künstlerin aufnimmt, deren Arbeit sich der letztgültigen Fixierung konsequent und erfolgreich entzieht.

Das mag zum einen an Sollfranks vielschichtigem Spektrum an Arbeitsgebieten liegen, zum anderen an den diversen Rollen, die sie dabei jeweils einnimmt. Beides erschwert es, sich ein kohärentes Bild – eben ein Profil – der Künstlerin zu machen. Entscheidender noch scheint mir der Effekt zu sein, dass auch alle anderen Komponenten, die zur Entstehung ihrer Arbeiten beitragen (Material, NutzerInnen, Dienstleistungen, Rezeption, Verbreitung, Präsentation) neuen oder erweiterten Funktionen zugeführt werden. Konzeptuellen Ansätzen folgend rückt Sollfrank den jeweiligen Kontext, von dem sie ausgeht und in den sie hineinwirkt, in die Wahrnehmung. Die Gewichtungen der verschiedenen Parts für das Gesamtgeschehen werden dabei neu konfiguriert. Eigen- und Fremdanteile verlieren ihre Trennschärfe.

Anstatt die Konzentration auf Sollfranks Künstlerin-Identität oder ihr Selbstverständnis weiter zu treiben, wie es das hastige Auf-der-Stelle-Treten der Betriebslogik vielleicht nahe legt und ohnehin tut, möchte ich hier die für Sollfranks Arbeit wiederholt als »zentral« ausfindig gemachte Infragestellung von traditionellen AutorIn-Funktionen und Rollenverteilungen zum Ausgangspunkt nehmen. Welche anderen Möglichkeiten eröffnen sich, wenn die konventionellen Rollenverteilungen fraglich werden?

NET.ART GENERATOR – »WAS KANN ICH NOCH TUN? SOLL ICH NOCH WAS TUN?«[2]

Am Beispiel der *Netzkunstgeneratoren* (seit 1999) verwies Vorkoeper auf den Spaß, den man als UserIn einer Bildproduktion haben kann, die der »Maschine die Arbeit überlässt«. Und sie machte auf den damit einhergehenden, wenngleich nicht automatisch einsehbaren Effekt des lustvollen Spiels aufmerksam: Jede Beteiligung trage nolens volens zum symbolischen und auch ökonomischen Profit der Künstlerin bei.[3]

In ihrem Text »copyright © 2004, cornelia sollfrank« greift Cornelia Sollfrank diesen Aspekt auf und analysiert die verschiedenen »Instanzen«, die im Fall des *net.art generators* zur Kunstproduktion beitragen, nach urheberrechtlichen Gesichtspunkten: Computerprogramme, ProgrammiererInnen, UserInnen, OriginalurheberInnen, Ideengeberin. Das zweifach erstaunliche Fazit: Sollfrank stellt fest, dass sie sich aus juristischer Sicht zu Unrecht als Urheberin der generierten Bilder des von ihr konzipierten *net.art generators* bezeichnet, diese aber dennoch ausstellt und – so möglich – auch verkauft. Und sie schließt ihre Untersuchung mit einer für jede/n nachlesbaren Absichtserklärung: »Ich werde mich weiterhin bemühen, möglichst großen Gewinn zu erzielen und gleichzeitig daran arbeiten, bestehende Kategorien und Hierarchien des Kunstsystems zu unterwandern.«[4] Da es also offensichtlich nicht juristische Kriterien sind,

die für Sollfranks künstlerische Entscheidungen handlungsleitend sind – welche sind es dann? Und was lässt sich über jenen – offenbar tiefer liegenden – Möglichkeitsraum aussagen, auf den sich Sollfrank beruft, wenn sie davon spricht »bestehende Kategorien und Hierarchien des Kunstsystems zu unter-wandern.« Ist es vielleicht möglich, Cornelia Sollfrank dort »unten« zu treffen?

FEMALE EXTENSION – »THE CODE IS THE COLLECTIVE«[5]

»Das Ästhetische ist ebenso wie das Juridische oder das Kognitive eine Variante des Sozialen« hat der russische Sprachphilosoph Valentin N. Vološinov formuliert. Kunst sei »kein Fall von einem fremden Element, das auf ein anderes wirkt, sondern von einer sozialen Formation, die eine andere soziale Formation berührt.«[6] Tatsächlich zeichnen sich besonders Sollfranks aktivistische und institutionskritische Interventionen dadurch aus, dass sie verschiedene »soziale Formationen« des kulturellen Felds »in Berührung« bringen.

Im Falle von *female extension* (1997) erlaubte es die intimere Kenntnis einer bestimmten Netzkunst-»Praxis« Sollfrank, bei der Selbstüberschätzung der institutionellen Definitionsmacht anzusetzen, und den allgemein unterschätzten Potenzialen der Netzkunst zur Wirkung zu verhelfen. Mit der künstlichen und per Programmierung erstellten Vervielfältigung ihrer Autorschaft bewies sie den versierten Umgang mit dem Medium Internet. Dieser Trick war das logische Ergebnis, das sich aus der Notwendigkeit ergab, den Anforderungen und institutionellen Bedingungen für die Teilnahme zu entsprechen und dabei den Ethos und das Selbstverständnis einer Kunstauffassung nicht preiszugeben, auf die sie sich berief. An der Erfindung des taktischen Fakes hatte das vorgetäuschte Insiderwissen der institutionellen ExpertInnen insofern sogar Anteile, was es umso mehr ins Lächerliche zog.

Bemerkenswert bleibt, dass Sollfrank – genau um einen aufklärenden Effekt zu erreichen – doch noch ihren Namen an die Stelle der fingierten AutorInnen setzte. Gerade weil sie einem Feld von AkteurInnen zuspielte, deren Interesse sich weniger an der individuell gefundenen Form ausrichtet als an dem Wert, den eine gefundene Form für kollektive oder kommunikative Prozesse hat, war sie dazu autorisiert. Nicht umsonst betont Sollfrank, dass sie *female extension* ohne die praktische Mithilfe und das Empowerment zahlreicher KoproduzentInnen gar nicht hätte durchführen können. Und nur indem Cornelia Sollfrank diese Aktion mit ihrem Namen zeichnete, konnte sie über die Regeln ihres Spiels aufklären. Nur so konnte es auch für alle anderen freiwilligen und unfreiwilligen TeilnehmerInnen von Erkenntnisgewinn sein.

Manifest wurde der Gesamtverlauf des Wettbewerbs schließlich durch eine Reihe von Pressemeldungen. Damit übernahm selbst die Presse die für sie eher unübliche Rolle, zur Dokumentation eines künstlerischen Prozesses beizutragen. Und: Das desavouierende Versagen des Expertentums wurde einer Öffentlichkeit einsichtig gemacht, auf deren Ausbildung von Urteilskraft in Sachen Kunst in der Regel verzichtet wird.

TAMMTAMM – KÜNSTLERINNEN INFORMIEREN POLITIKER (KIP)

Auch bei der Aktion *TammTamm – KünstlerInnen informieren Politiker* (2005–08) bildete die konfrontierende Zusammenführung zweier sozialer Gruppierungen das bestimmende Prinzip der von Sollfrank erdachten Organisierungsform. Ausgangspunkt war hier ein Beschluss des Hamburger Senats, mit dem die Stadt dem ehemaligen Vorstandsmitglied des Axel Springer-Verlags Peter Tamm nicht nur ein städtisches Gebäude für seine kriegsverharmlosende Sammlung von Militär- und Modellschiffen überließ, sondern auch 30 Millionen Euro für dessen Renovierung und die Präsentation zur Verfügung stellte. Diese Entscheidung hatte bei einer großen Zahl von Kulturschaffenden heftigen Unmut erregt.

Sollfrank moderierte ihre Idee, die 121 Abgeordneten der Hamburger Bürgerschaft, die den Beschluss zu verantworten hatten, in Einzelgesprächen mit jeweils einem/r Kulturschaffenden der Stadt zusammenzubringen. Die inhaltliche Ausgestaltung der Aktion war den teilnehmenden KünstlerInnen selbst überlassen; die Dokumentation der 121 Kontakte bzw. Kontaktversuche wurde auf einer von Sollfrank ins Leben gerufenen gemeinsamen Internet-Plattform[7] veröffentlicht.

KiP operierte mit der Unterstellung, dass durch demokratische Wahl legitimierte politische RepräsentantInnen mit Kulturschaffenden in einen kritischen Dialog treten müssten. Wie bei *female extension* wurde auch hier ein demokratischer Anspruch und seine Schlagworte beim Wort genommen: »Bürgernähe«, »Dialogbereitschaft«, »Partizipation«. Vorausgesetzt wurde die grundsätzliche Bereitschaft von PolitikerInnen, ihre jeweiligen Entscheidungen, wenn schon nicht mit ExpertInnen zu beraten, so doch immerhin auf Nachfrage hin zu erläutern. Die Praxis erwies sich insofern als Korrektur dieser Unterstellung, als sich nur ein Teil der Abgeordneten gesprächsbereit zeigte. Ausflüchte oder Absagen waren die Regel; das Eingeständnis in die fehlende Sachkennt-

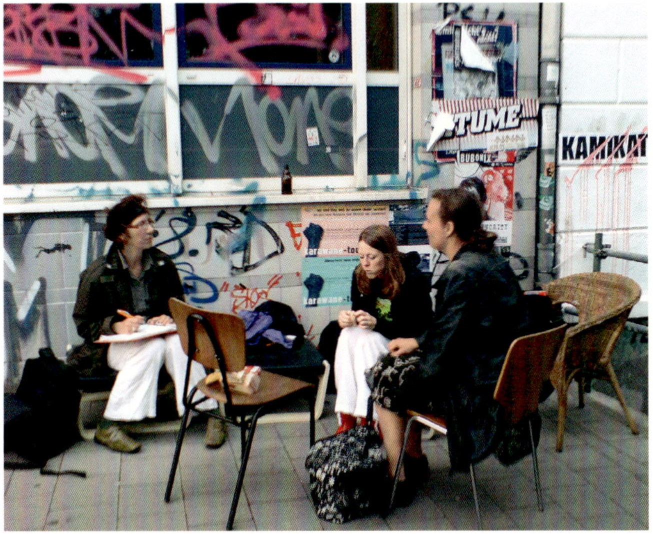

THE THING Hamburg, Redaktionssitzung / Editorial team, 2007

nis und zeitliche Überforderung die am häufigsten herausgestellte Erklärung. KiP konnte aber auch zeigen, dass Dialogbereitschaft für KünstlerInnen keine Leerformel darstellt und kollektiver kulturpolitischer Einsatz trotz Individualitäts- und Konkurrenzdruck des Kunstbusiness möglich ist.

female extension und KiP sind exemplarisch für Sollfranks Strategien der Überführung. Im All-

tag verborgene Entscheidungsprozesse sowie Bewertungsgrundlagen, die für das Kunst- oder Kulturverständnis in einem bestimmten Feld charakteristisch sind, dringen an die Oberfläche. Zielgenau setzt Sollfrank ihre operativen Eingriffe dabei so ein, dass sie die Aufdeckung jener »Geschäftsgrundlagen«, mit denen jeweils gearbeitet wird, quasi von den AkteurInnen selbst ausführen lässt. Erst die Konfrontation verschiedener »sozialer Formationen« (Vološinov) schafft die Möglichkeit, Vergleiche anzustellen: zwischen dem, was als sprachlich artikulierter Anspruch kursiert, und dem, was sich im Dialog manifestiert. Verwandt mit soziologischen Testcases, stellen Sollfranks Interventionen Ergebnisse zur Verfügung. Sie liefern denjenigen empirisches Material, die sich mit reiner Spekulation oder dem »immer schon Gewussten« nicht zufrieden geben.

THE THING HAMBURG / [ECHO]-LISTE – »THE MODE IST THE MESSAGE«

Eine der vielleicht wichtigsten Botschaften von Cornelia Sollfranks Arbeit ist, dass der Austausch von Informationen und Argumenten und die kontroverse Diskussion über künstlerische Haltungen und Projekte, gesellschaftliche sowie kulturpolitische Nachrichten notwendig ist, um jene kritische Grundlage auszubilden, die zu den unabdingbaren Vorraussetzungen künstlerischer Produktion gehört. Die konsequente Untersuchung und Erprobung von Formen, die solche Dialoge in Gang setzen, ist wichtigstes Kennzeichen ihrer Arbeit.

Mit der Einrichtung von [echo], einer Mailingliste zu »Kunst, Kritik und Kulturpolitik in Hamburg«

begann Cornelia Sollfrank das künstlerische Experiment eines lokalen und gleichzeitig virtuellen Netzwerks für KulturproduzentInnen in Hamburg. Die seit Mai 2004 bestehende Liste gehört inzwischen ganz selbstverständlich zum Alltag ihrer derzeit ca. 850 Mitglieder.

Die [echo]-Liste sowie die seit 2006 existierende »Internet-Plattform für Kunst und Kritik« THE THING Hamburg sind zwei Beispiele für den Aufbau von Internet-Formaten, die auf Dialog, Streit, Kontroverse, Kritik und Analyse setzen. Mit THE THING Hamburg knüpfte Sollfrank an die in den 1990er Jahren aufkommende Idee an, das neue Medium Internet für einen Austausch unter KünstlerInnen zu nutzen und eigene Formen des Schreibens über Kunst und der Kritik zu entwickeln. Das ursprünglich auf globale Vernetzung angelegte Konzept wandte Sollfrank auf die lokale Kunstszene Hamburgs an. Gemeinsam mit einer Gruppe von RedakteurInnen, die verschiedenen kulturellen und politischen Szenen Hamburgs angehören und gleichzeitig überregional engagiert sind, ging es darum, eine Struktur zu bauen, die eine konzentrierte Reflexion ebenso erlaubt wie die spontane Berichterstattung und kontroverse Diskussion.

Beide Projekte können zum einen als Alternative zu einer Presselandschaft verstanden werden, die die aktuellen lokalen Kunstentwicklungen in der Regel ignoriert und ihre hypegesteuerte Aufmerksamkeit auch ansonsten nicht durch unabgesicherte Positionen verunsichern lässt. Aber auch die Unzufriedenheit mit den kulturpolitischen Rahmenbedingungen und einer von Lobbyismus und Seilschaften geprägten Ent-

scheidungspolitik in den kunstpolitischen Gremien machte den eigenmächtigen Aufbau von Strukturen mehr als notwendig.

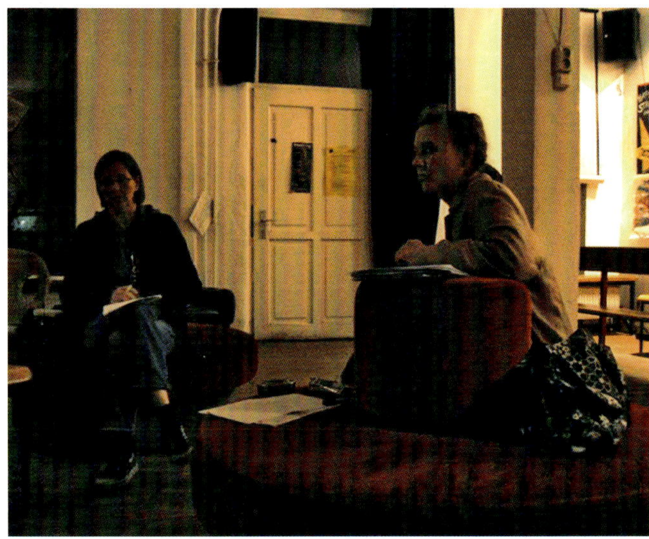

THE THING Hamburg, Redaktionssitzung / Editorial team, 2007

Der permanente Rollenwechsel, mit dem Sollfrank selbst zu dem kommunikativen Geschehen auf der Liste und der Plattform beiträgt, ist auch hier Bestandteil der Formgebung und rahmendes Konzept zugleich. Für die [echo]-Liste wären an Rollen aufzuzählen: die an Diskussionen teilnehmende streitbare Sollfrank, die ihre »Gemeinde« mit den von ihr ausgewählten Beiträgen aus den Feuilletons der Tages- und Wochenpresse versorgende Contentlieferantin, die Kommentatorin, die mal schlichtende, dann wieder Fakten liefernde Moderatorin und die – teils durch Decknamen geschützte – Verunsichererin, die durch Falschmeldungen Szenarien entwirft und die Gutgläubigkeit ihrer LeserInnen überprüft. Weitere Funktionen lassen sich in Kenntnis der

Gewitztheit Sollfranks imaginieren, schwerer jedoch nachweisen.

Charakteristisch für Sollfranks Vorgehen ist allemal ihr fortwährender Wechsel zwischen Außen- und Innenperspektive: Mal reiht sie sich in die Reihe der NutzerInnen ein, dann wieder betrachtet sie das Geschehen aus analytischer Distanz. Der im Alltag eingeübte Identifizierungsversuch eines jeden Gegenübers muss angesichts dieser Ebenenwechsel notwendig scheitern. Das Verhältnis zu Cornelia Sollfrank als Gegenüber bietet keine feststellbare Sicherheit, trifft zumindest aber solange auf etwas Unbestimmbares oder Unsicheres, als man den Fokus auf ein fixierbares Gegenüber richtet und dabei Kohärenz unterstellt. Diese Kohärenz bietet Sollfrank nicht.

»I ALWAYS CONSIDERED OUR *FORM OF ORGANISATION AS A KIND OF AESTHETICS.*«[8]

»Der Mensch fällt niemals mit sich selbst zusammen. Die Identitätsformel A=A ist auf ihn nicht anwendbar.«[9] Sollfranks virtuelle Identitätsvervielfachung, aber auch ihre Forschung an den Strukturen und Effekten von Sozialzusammenhängen, deren Teil sie selber ist, scheinen wie eine nachträgliche Vorführung von Michail Bachtins Analyse des Dialogischen. In Absetzung von der russischen Formalismusschule und traditionellen Ästhetiken war Bachtin zu der Überzeugung gelangt, dass es einer neuen philosophischen Fundierung der Ästhetik bedürfe, bei der die Interdependenzen zwischen Kunstwerk und kulturellem Kontext eine systematische Analyse und Begründung erfahren sollten.

Sein Ausgangspunkt war das aus heutiger Sicht vielleicht bereits simpel anmutende, dabei aber doch weit reichende Vorhaben: »Das Wort nicht im Medium der Sprache und nicht im Rahmen eines aus dem dialogischen Verkehr gezogenen Textes erforschen, sondern gerade im Medium des Dialogischen, im Bereich des eigentlichen Wortlebens.«[10]

Über einen längeren Zeitraum gesehen lässt die [echo]-Liste den Gedanken zu, den Widerhall von Artikulationen und Nicht-Artikulationen der beteiligten NutzerInnen als konkrete Manifestationen kunst- und kulturpolitischer Entwicklungen zu verstehen. So wichtig und notwendig die Wortbeiträge jedes/r Einzelnen sind, es geht bei Sollfranks Projekten eher um das Geschehen zwischen den Beteiligten. Also um das, was sich nach Bachtin »im Medium des Dialogs« an Bedeutungen entziffern lässt. Bachtins Auffassung des Dialogs entsprach keinesfalls der Idee einer vom Subjekt der Äußerung vollständig kontrollierbaren Bedeutung, vielmehr ist davon auszugehen, dass er die Ansicht seines Kollegen Valentin N. Vološinovs teilte – von dem sich die Forschung bis heute nicht einig ist, ob es sich nicht um ein Pseudonym des Literaturwissenschaftlers selbst handele. Vološinov hatte für die sich anwendende Sprache eine durch das jeweilige soziale Bezugssystem der Sprechenden mitgeschleifte »Ideologie der Alltagssprache« geltend gemacht. Die im Dialog entzifferten Bedeutungen seien im Wesentlichen auf den Abgleich oder die Konfrontation der aufeinander treffenden Wertsysteme rückführbar.

Im Unterschied zur Alltagsprache seien Kunstwerke oder die Wissenschaft gestaltete Systeme und daher von der unregulierten, unfixierten inneren und äußeren Rede zu trennen. Auch sie seien nicht vollständig von den Ideologien des Alltagslebens isolierbar: So wie Werke aus der Alltagssprache hervorgehen, wirken sie auf diese zurück. Vološinov geht sogar soweit, zu sagen, dass die Werke außerhalb der lebendigen wertenden Wahrnehmung aufhören zu existieren. Entscheidend sei, dass Werke immer nur im Rahmen ihres wahrgenommenen Kontextes ihre Wirkung entfalten.[11] Das heißt im Umkehrschluss aber auch, dass die Reaktionen und die Wahrnehmung durch die Konfrontation mit den bearbeiteten Sprachsystemen ihre Verortung im Ideologischen enthüllen. Vielleicht besteht darin die Parallele zu Sollfranks Unterfangen: Ihre rahmenden Formgebungen böten dann jenes Relais, mit dessen Hilfe die aufeinander treffenden Äußerungen in ihrer Dialogizität wahrnehmbar werden. Die scheinbar neutralen Formate ermöglichen die Sichtbarkeit Einzelner immer nur als Beitrag und in Relation zu den anderen Stimmen und Äußerungen. Die Relationen werden als Reibung, Reaktion, Allianz, Ignoranz etc. zu den anderen Äußerungen interpretier- und bewertbar. Das bietet auch die Möglichkeit, ideologische, also unreflektierte, Verankerungen des jeweiligen Sprechens besser durchschauen zu lernen. Im günstigsten Fall nicht nur die der anderen, sondern auch die eigenen.

Die dialogischen Projekte bilden damit die konstruktive Seite von Sollfranks Beitrag zur Tradition der künstlerischen Institutionskritik. Gerade künstlerische Arbeiten mit dekonstruktivem Anspruch wie die »institutional critique« hatten paradoxerweise durch ihren Erfolg vorführen können, wie schnell ihre Praxis zur »l'art pour l'institution«[12] umcodiert wird und sich in den Dienst der kosmetischen Imageverbesserung begibt. VertreterInnen mit explizit politischem Anspruch versuchen dieser Paradoxie zu entgehen, indem sie ihr Arbeitsfeld vorwiegend in einen anderen »öffentlichen Raum« verlagern. Auf institutionelle Resonanzverstärkungen verzichtend stellen sie ihre spezifischen Kompetenzen in Selbstorganisationsprozessen außerhalb des offiziellen Kunstkontextes zur Verfügung. Sollfranks Wahl der Kontexte zeichnet sich hingegen durch den Wechsel und die Reibung erzeugende Verschränkung von institutionellen und selbstorganisierten Arbeitszusammenhängen aus. Die Arbeit an den Formen für die Organisierung geht hier mit der Kritik an den bestehenden Strukturen einher. So augenfällig die realpolitischen und juristischen Beschränkungen künstlerischer Freiheit dabei regelmäßig werden – es sind nicht die Register des Juristischen oder des Politischen, die Sollfranks Entscheidungen tragen. Es sind die Register einer Kunst, die die Ästhetik als eine mögliche »Variante des Sozialen« (Vološinov) entdeckt hat und von daher schützt, behauptet, in Frage stellt, überprüft, verteidigt, pflegt und so attraktiv, lustvoll aber auch praktikabel zu gestalten versucht, wie es die Bedingungen erlauben. Und da dieses Unternehmen keinesfalls von einer Person allein bewerkstelligt werden kann, ist es von der ständigen Suche nach Verbündeten, WeggefährtInnen und MitspielerInnen begleitet, die zwischenzeitlich damit rechnen müssen, auf ihre mitgeschleiften und unhinterfragten Bewertungsgrundlagen verwiesen zu werden. Nicht schlimm, so lange man die entstehende Peinlichkeit nicht als Gesichtsverlust interpretiert, sondern als Zeichen dafür versteht, dass dieses schwer durchschaubare Ding – die Kunst – einen eben (nicht alleine) betrifft.

[1] Vgl. Ute Vorkoeper, »Programmierte Verführung. Cornelia Sollfranks *Netzkunstgeneratoren* testen das Autorenmodell«, in: *net.art generator. Programmierte Verführung*, Nürnberg, 2004, S. 8–13.

[2] Cornelia Sollfrank: »copyright © 2004, cornelia sollfrank«, in: *net.art generator. Progammierte Verführung*, Nürnberg, 2004, S. 55.

[3] Vgl. Ute Vorkoeper, »Programmierte Verführung. Cornelia Sollfranks Netzkunstgeneratoren testen das Autorenmodell«, in: *net.art generator. Programmierte Verführung*, Nürnberg, 2004, S.12.

[4] Cornelia Sollfrank: »copyright © 2004, cornelia sollfrank«, in: *net.art generator. Programmierte Verführung*, Nürnberg, 2004, S. 56.

[5] »The mode is the message, the code is the collective« war der Slogan von Old Boys Network (OBN) und zugleich das Arbeitsprinzip des Netzwerks. OBN war die erste internationale Allianz von Cyberfeministinnen, die Cornelia Sollfrank 1997 mitbegründete und die sie fünf Jahre lang maßgeblich prägte.

[6] Valentin N. Vološinov, »Discourse in Life and Discourse in Art«, in: I.R. Titunik, Neal H. Brunss (Hg.), *Freudianism: A Critical Sketch*, Indiana, 1987, S. 95 [Übersetzung, RP].

[7] http://news.web-hh.de/tamm.php, Stand: 5.2.2009.

[8] Cornelia Sollfrank im Interview mit Maider Zilbeti über ihre Arbeit mit OBN, in: *Zehar* #63 (August 2008), S. 9.

[9] Michail M. Bachtin, »Der Held im polyphonen Roman«, in: Ders., *Literatur und Karneval. Zur Romantheorie und Lachkultur*, Frankfurt/M., 1996, S. 129.

[10] Ebd., S. 100.

[11] Vgl. Valentin N. Vološinov, »Discourse in Life and Discourse in Art«, in: I.R. Titunik, Neal H. Brunss (Hg.), *Freudianism: A Critical Sketch*, Indiana, 1987, S. 93–116.

[12] Vgl. Jochen Becker, »L'art pour l'institution. Die bezahlte Kritik«, in: *Kunstforum International* 125, 1994, S. 217ff.

DOES NOT CONCERN CORNELIA SOLLFRANK ALONE:
DIALOGUE AS A CONDITION OF AESTHETIC PRODUCTION

Rahel Puffert

There are several focus points in Cornelia Sollfrank's artistic activities which help provide an overview of her "complete works" and which in turn can be arrange in a package of discourses dealing with contemporary art production. The use of diverse and changing artistic strategies, epitomizing hybridity, employing variety in the choice of media and combining a wide range of artistic areas and forms of presentation—all of these have become practicable possibilities in the attempt to achieve an artistic "profile" and is part of the image program that administers and reproduces the operating system of art. Despite the obvious lust for the perfect surface displayed by the culture of corporations and publishing, the now much favored impression of a slick and submissive profile nevertheless still goes astray whenever one risks a closer examination of Sollfrank's working method.

"Programmed seduction"—this is how Ute Vorkoeper aptly characterized Sollfrank's tactical work with surfaces and role playing,[1] referencing the risks and side effects that come about when one takes on an artist whose work consequently and successfully defies definitive specifications. This might be due to Sollfrank's complex range of diverse activities on the one hand, but also due to the diverse roles she takes on in the process on the other. Both make it difficult to put together a coherent picture—a profile to be precise—of the artist. But it seems to me that the new or expanded functions realized by all the other components (material, users, services, reception, distribution, presentation) contributing to the production of her work is even more decisive. In accordance with conceptual approaches, Sollfrank shifts the content of the respective starting point in which she tries to have an effect, to perception. The focuses of the various parts are reconfigured in terms of the overall situation. The sharp separation between her own share in the process, and those made by others, is negated.

Instead of further concentrating on Sollfrank's artistic identity or her self-conception, as the hurried stand-at-attention business logic perhaps advises and in any case does, I prefer to take the questioning of traditional functions of authorship and role playing, which have repeatedly been seen as central aspects of Sollfrank's work, as a starting point. What other possibilities are there when the conventional distribution of roles has become questionable?

NET.ART GENERATOR— "WHAT CAN I STILL DO? SHOULD I STILL DO SOMETHING?" [2]

Using the example of the *net.art generators* (since 1999), Vorkoeper pointed out the fun that one could have as the user of an image production process that "leaves the work to the machines." And she also calls attention to the accompanying, albeit not automatically visible effect of the playful game: Like it or not, each participant contributes to the artist's symbolic as well as economic gain.[3]

In her text "copyright © 2004, cornelia sollfrank," Cornelia Sollfrank takes up this aspect and analyzes the various "authorities" who contribute to the production of art in accordance with copyright regulations in the case of the *net. art generator*: computer programs, programmers, users, original authors and artists as the sources of ideas. The doubly amazing upshot: Sollfrank comes to the conclusion that, from a legal point of view, she wrongfully designates herself as the author of the images generated by the *net.art.generators* she conceived. Despite this, she nevertheless exhibits them and—as far as possible—also sells them. And she concludes her investigation with a declaration of intent that is available for all to read: "I will continue to strive to gain as much profit as possible and to work at undercutting the art system's existing categories and hierarchies at the same time."[4] But as legal criteria are presumably not vital to Sollfrank's artistic decisions, which ones are?

And what can be said about those—apparently deeper underlying—realms of possibility invoked by Sollfrank when she speaks of *under*cutting "the art system's existing categories and hierarchies." Is it possible to meet Cornelia Sollfrank down there?

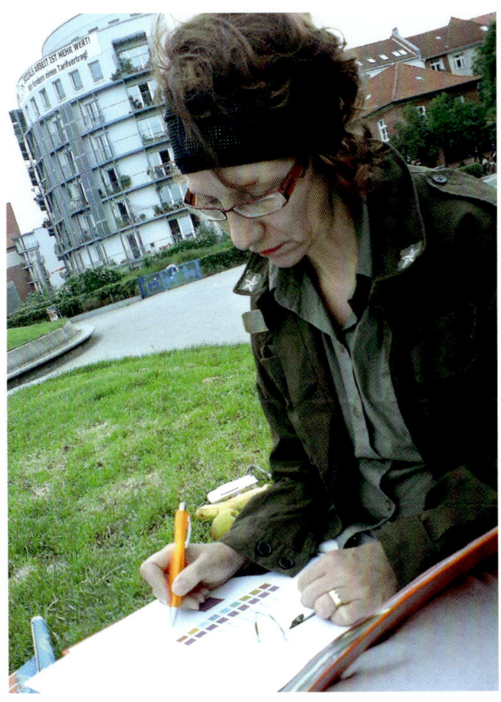

THE THING Hamburg, Redaktionssitzung / Editorial team, 2007

FEMALE EXTENSION— "THE CODE IS THE COLLECTIVE" [5]

"The *aesthetic*, just as the juridical or the cognitive, is only *one variety of the social*," wrote the Russian linguist Valentin N. Vološinov. Art is "not a case of one foreign element affecting another, but of one social formation affecting another social formation."[6] Particularly Sollfrank's activist and anti-institutional interventions have in fact the distinction of bringing diverse "social formations" in the cultural field "in contact" with each other.

In the case of *female extension* (1997), an intimate knowledge of a certain net art practice enabled Sollfrank to start with the hubris of the institutional power of defining and to assist the effectiveness of net art's generally underestimated potential. With the artificial multiplication of her authorship produced by way of programming, she proved her skillful dealings with the Internet as a medium. This trick was the logical consequence resulting from the necessity of participational requirements as well as their institutional conditions while simultaneously abandoning the ethics and self-image of the artistic approach she invoked. The pretended insider knowledge of the institutional experts had their share in the invention of the tactical face insofar as it was stultified even further.

However, it is remarkable that Sollfrank nevertheless inserted her name in the place of the fictitious authors precisely to achieve an enlightening effect. She was authorized to do so particularly because she played into the hands of a field of players who were less interested in the individually found form itself than in the value a found form can have in collective or communicative processes. Not for nothing Sollfrank stressed that she could not have had realized *female extension* without the practical assistance and empowerment of numerous co-producers. And it was only possible for Cornelia Sollfrank to shed light on the rules of this action's game because she did put her name to it. This was the only way for the other voluntary or involuntary participants to have benefited from it in terms of gained insights.

The entire course of the competition finally became manifest in a series of press releases. In doing so, the press itself assume the rather uncommon part of contributing to the documentation of an artistic process. In addition, the disavowing failure of the experts became comprehensible to a public whose education in matters of judging art is usually dispensed with.

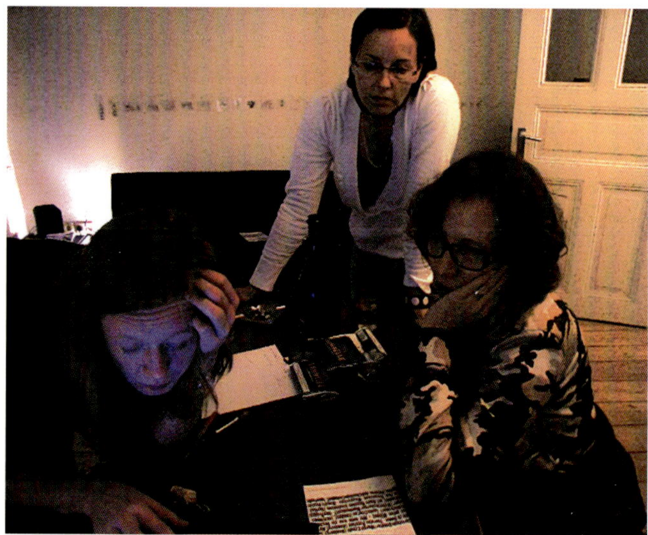

THE THING Hamburg, Redaktionssitzung / Editorial team, 2007

TAMMTAMM—ARTISTS INFORM POLITICIANS (KIP)

The confrontational encounter between two social groups is also the defining principle behind the organizational form conceived by Sollfrank in the *TammTamm—KünstlerInnen informieren Politiker* (Artists inform politicians, 2005–08) action. The starting point here was a decision by the Hamburg Senate not only to provide a municipally owned building to the former Axel Springer-Verlag board member Peter Tamm for his collection of militaria and model ships, but also 30 million Euros for the renovation of the building and the presentation of his war-glorifying collection. This decision caused a great deal of discontent among a large number of creative artists in the city.

Sollfrank moderated her idea of bringing each of the 121 representatives of the Hamburg city council responsible for the decision together with a creative artist from the city for a private conversation. The contents of the action were left to the participating artists; the documentation of the 121 contacts, or attempts at contact, was published in a joint Internet platform founded by Sollfrank.[7]

KiP operated under the assumption that the political representatives legitimized by democratic election must enter into a critical dialogue with the creative artists. As in *female extension*, a democratic claim and its catchphrases were taken literally: "closeness to the citizens," "readiness to engage in dialogue," "participation." The prerequisite was the basic readiness of the politicians to at least discuss their respective decisions upon request, if not to consult with experts. Practice showed that the assumption had to be revised to the extent that only some of the representatives were willing to talk. Excuses or cancelations were common; admitting a lack of expertise and time constraints were the most common justifications. But KiP was also able to show that a readiness to engage in dialogue was not an empty phrase for artists and that collective cultural policy commitment is possible despite the pressures applied by the art business as regards individuality and rivalry.

female extension and *KiP* are model examples of Sollfrank's conveyance strategies. Decision processes hidden in everyday life as well as evaluation foundations characteristic for the understanding of art and culture in a certain field break through to the surface. Sollfrank carefully targets her operative interventions so that the uncovering of the "business condition" which is operated with in each case is left to the participants themselves, as it were. The confrontation between diverse "social formations" (Vološinov) first makes comparisons possible: between that which circulates as a verbally articulated claim and that which manifests itself in the dialogue. Related to sociological test cases, Sollfrank's interventions make the results available. They provide empirical material to those who are not satisfied with pure speculation or an "I knew it all the time" mentality.

THE THING HAMBURG / [ECHO] LIST—"THE MODE IS THE MESSAGE"

Perhaps one of the most significant messages of Cornelia Sollfrank's work is that an exchange of information and arguments in addition to a controversial discussion on artistic positions and projects, social as well as cultural policy news is necessary to form the critical foundation that is an indispensible prerequisite of artistic production. The consequential examination and testing of forms that trigger such dialogues is the most important characteristic of her work.

With the founding of [echo], a mailing list on "art, criticism and cultural policy in Hamburg," Cornelia Sollfrank began the artistic experiment of a local and simultaneously virtual network for creative artists in Hamburg. The list existing since May 2004 now belongs to an natural part of the daily routine of its circa 850 members.

The [echo] List as well as the "Internet Platform for Art and Criticism" THE THING Hamburg, which has been in existence since 2006, are two examples of the construction of Internet formats that rely on dialogue, disagreement, controversies, criticism and analysis. THE THING Hamburg drew upon the new idea from the nineteen nineties to use the incipient medium of the Internet for an exchange among artists and to develop separate forums for their own writings about art and criticism. Sollfrank applied the concept originally planned as a global network to the local Hamburg art scene. Along with a group of editors belonging to various cultural and political scenes in Hamburg and nevertheless active nationally at the same time, the plan concerned building a structure that enables a concentrated reflection as well as spontaneous news reports and controversial discussions.

Both projects can be seen on the one hand as an alternative to a media landscape that usually ignores local developments in the art field and does not allow its otherwise hype-oriented attention to be irritated by unhedged positions. But the dissatisfaction with the determining cultural policy conditions and a decision-making process defined by lobbyists and insiders in art political committees on the other hand made the independent formation of structures more than necessary.

The permanent role change with which Sollfrank herself contributes to the communicative occurrences on the list and the platform is simultaneously a component of the shaping and framing concept. The roles can be enumerated in the case of the [echo] List: the disputatious Sollfrank who participates in discussions and supplies content to her "community" taken from the arts pages of the daily and weekly newspapers, the commentator, sometimes a mediator or a fact supplying moderator, and the irritator—sometimes protected by aliases—who designs scenarios by means of hoaxes to test the credulity of her readers. Further functions can be imaged in the face of Sollfrank's cunningness, but are more difficult to prove …

But her continuous changing sides between internal and external perspectives is characteristic for Sollfrank's method: she sometimes joins the rows of users, at other times she observes the situation from an analytical distance. The identification attempt regarding each and every counterpart practiced in everyday life must necessarily be doomed to failure in the face of these varying levels. The relationship to Cornelia Sollfrank as a counterpart offers no ascertainable security, but meets up at least with something indefinable or insecure for at least as long as the focus is directed at a fixed counterpart, implying coherence in the process. Sollfrank does not offer this coherence.

"I ALWAYS CONSIDERED OUR *FORM* OF ORGANIZATION AS A KIND OF AESTHETICS." [8]

"Man is never coextensive with himself. The identity formula A=A is not applicable to him." [9] Sollfrank's virtual identity multiplication, but also her research on the structures and effects of social contexts, of which she is a part, seems like a retroactive presentation of Michail Bachtin's analysis of the dialogical. To offset the Russian formalist school and traditional aesthetics, Bachtin came to the conviction that a new philosophical foundation of aesthetic is required in

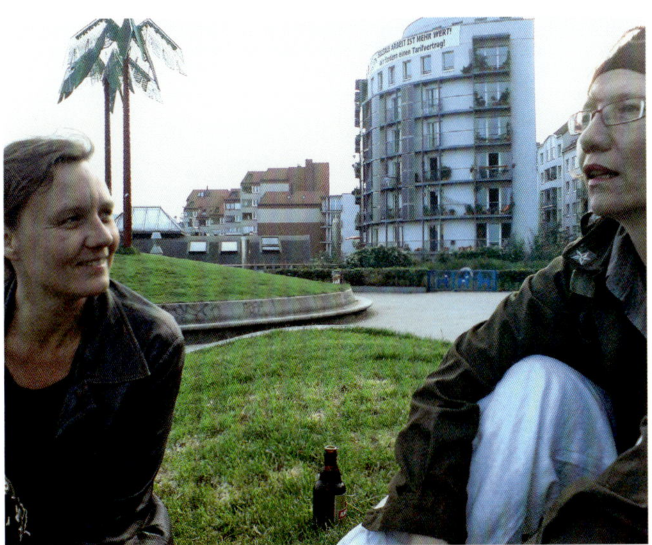

THE THING Hamburg, Redaktionssitzung / Editorial team, 2007

which the interdependencies between the artwork and the cultural context are to experience a systematic analysis and explanation. Seen in retrospect, his starting point was perhaps the seemingly simple, but nevertheless far-reaching plan "not to research the word in the medium

of language or in the context of a text removed from the dialogical context, but particularly in the dialogical medium instead, in the field of the true life of the word." [10]

Seen over an extended period of time, the [*echo*] List allows one to understand the repercussions of the participating users' articulations and non-articulations as concrete manifestations of cultural policy developments. Regardless how important and necessary the verbal contributions of each and every participant are, Sollfrank's projects are concerned with the occurrences between the participants instead, the meanings of which, according to Bachtin, can be deciphered "in the medium of the dialogue." Bachtin's understanding of dialogue was by no means compatible with the idea of a meaning that can be completely controlled by the subject of the statement; one assumes, rather, that he shared the opinion of his colleague Valentin N. Vološinov—about whom research is to this very day still unsure if it is fact a pseudonym for the literary scholar himself. Vološinov had insisted on an "ideology of everyday speech" for the language deployed based on the respective social reference system of the speaker. The meanings deciphered in the dialogue are essentially traceable to the comparison or confrontation of converging value systems.

Unlike everyday language, artworks or scientifically fashioned systems are therefore to be separated from unregulated, unfixed internal and external speech. They are also not completely separable from the ideologies of everyday life: just as works emerge from everyday language, they also have an effect on it. Vološinov even goes as far as saying that the works cease to exist outside lively evaluative perception. The fact that works can only unfold their effect within the framework of the perceived context is crucial.[11] This also means conversely that the reactions and the perception disclose their ideological location through the confrontation with the processed language systems. Therein lay perhaps the parallels to Sollfrank's endeavors: Her framing formations would then offer that relay with the help of which the converging statements become perceivable in its dialogicity. The seemingly neutral formats always only enable the visibility of the individual as a contribution and in relation to the other voices and statements. The relations can be interpreted and evaluated as friction, reaction, alliance, ignorance and so forth as regards the other statements. This also offers the possibility, ideological, i.e. unreflected anchorings of the respective speaking to be learned better. At best, not only that of the other, but also one's own.

The dialogical projects thus form the constructive side of Sollfrank's contribution to the tradition of artistic institutional criticism. Paradoxically, particularly the success of artistic works with a deconstructive claim such as "institutional critique" show how quickly their practice on "l'art pour l'institution"[12] can be recoded and placed in the service of cosmetic image improvement. Representatives with an explicitly political claim attempt to avoid this paradox by largely transferring their field of activities to a different "public space." Foregoing the benefits offered by institutional resonance, they make their specific competences available in self-help organizations outside the official art context. Sollfrank's choice of contexts is characterized, on the other hand, by the change and irritation-producing entanglement of institutional and self-organized work contexts. Working on organizational forms goes hand in hand with criticizing existing structures. As obvious the real political and legal limitations of artist freedom regularly become in the process—it is not the register of the juristic or the political that carries Sollfrank's decisions. It is the register of an art that discovered aesthetics as a possible "variant of the social" and thus protects, contends, questions, examines, defends, maintains and attempts to shape it as attractively, lustfully, but also as practically as conditions allow. And because this endeavor can by no means be achieved by a single person, it is accompanied by the constant search for allies, companions and teammates who must intermittently reckon with being directed towards their traditional and unquestioned evaluation foundations. This is not so terrible as long as one does not interpret the resulting embarrassment as a loss of face, but understands it instead as a sign, that this elusive thing—art—really concerns more than just one's own self."

Translation: Michael Wolfson

[1] See Ute Vorkoeper, "Programmierte Verführung. Cornelia Sollfranks *Netzkunstgeneratoren* testen das Autorenmodell," in: *net.art generator. Programmierte Verführung*, Nuremberg 2004, pp. 8–13.

[2] Cornelia Sollfrank, "copyright © 2004, cornelia sollfrank," in: *net.art generator. Progammierte Verführung*, Nuremberg 2004, p. 55.

[3] See Ute Vorkoeper, "Programmierte Verführung. Cornelia Sollfranks *Netzkunstgeneratoren* testen das Autorenmodell," in: *net.art generator. Programmierte Verführung*, Nuremberg 2004, p.12.

[4] Cornelia Sollfrank, "copyright © 2004, cornelia sollfrank," in: *net.art generator. Programmierte Verführung*, Nuremberg 2004, p. 56.

[5] "The mode is the message, the code is the collective" was the motto of the Old Boys Network (OBN) and the networks working principle at the same time. OBN was the first international alliance of cyber feminists which Cornelia Sollfrank co-founded in 1967 and which she decisively influenced for five years.

[6] Valentin N. Vološinov, "Discourse in Life and Discourse in Art," in: I.R. Titunik and Neal H. Brunss (eds.), *Freudianism: A Critical Sketch*, Indiana 1987, p. 95.

[7] http://news.web-hh.de/tamm.php (accessed February, 5, 2009).

[8] Cornelia Sollfrank, interview by Maider Zilbeti about her work with OBN, in: *Zehar* # 63 (August 2008), p. 9.

[9] Translated from Michail M. Bachtin, "Der Held im polyphonen Roman," in: *Literatur und Karneval. Zur Romantheorie und Lachkultur*, Frankfurt 1996, p. 129.

[10] Translated from Michail M. Bachtin, "Typen des Prosaworts," in: *Literatur und Karneval* (note 9), p. 100.

[11] See Valentin N. Vološinov, "Discourse in Life and Discourse in Art," in: I.R. Titunik and Neal H. Brunss (eds.), *Freudianism: A Critical Sketch*, Indiana 1987, pp. 93–116.

[12] See Jochen Becker, "L'art pour l'institution. Die bezahlte Kritik," in: *Kunstforum International* 125, 1994, pp. 217ff.

THE THING HAMBURG

Internetplattform für Kunst und Kritik, seit 2006
THE THING Hamburg knüpft an die Tradition des 1992 in New York von Wolfgang Staehle gegründeten unabhängigen Kommunikations- und Informationsnetzwerkes *THE THING* an. Zu
den Grundideen von *THE THING Hamburg* gehört ein von KünstlerInnen initiiertes und betrie-
benes Sprechen und Schreiben über Kunst und Kultur. Damit verkörpert *THE THING Hamburg*
ein Kunstverständnis, demgemäß KünstlerInnen soziale, politische und gesellschaftliche Prozesse nicht nur reflexiv begleiten und im Rahmen traditioneller Kunstwerke bearbeiten, sondern
selbst gestaltend und initiativ an diesen Prozessen mitwirken. Cornelia Sollfrank initiierte das
Projekt 2005 und war Gründungsmitglied des Vereins »THE THING Hamburg – Verein zur Förde-
rung von Kunst und Kritik e.V.«, der nun das Projekt betreibt (http://thing-hamburg.de).
Vorläufer von *THE THING Hamburg* ist die von Sollfrank immer noch betriebene Mailingliste
[echo] für Kunst, Kritik und Kulturpolitik in Hamburg, die mit ihren ca. 850 Mitgliedern einen
wesentlichen Bestandteil der Infrastruktur für künstlerisch organisierten und unabhängigen In-
formationsaustausch darstellt.

Internet platform for art and criticism, since 2006
THE THING Hamburg draws of the tradition of the independent communication and information network *THE THING* founded in New York in 1992 by Wolfgang Staehle. The basic concept of the *THE THING Hamburg* includes artist-initiated and operated speaking and writing
about art and culture. *THE THING Hamburg* thus embodies an understanding of art according
to which artists not only reflexively accompany social, political, and societal processes and address them within the framework of traditional artworks, but also creatively and actively participate in them. Cornelia Sollfrank initiated the project in 2005 and was the founding member of
"THE THING, Association for the Advancement of Art and Criticism" that now runs the project
(http://thing-hamburg.de).
The forerunner of *THE THING Hamburg* is the mailing list *[echo]* for Art, Criticism and Cultural
Politics in Hamburg, which is still operated by Sollfrank and represents the essential component
of an artistically organized, independent information structure with its circa 850 subscribers.

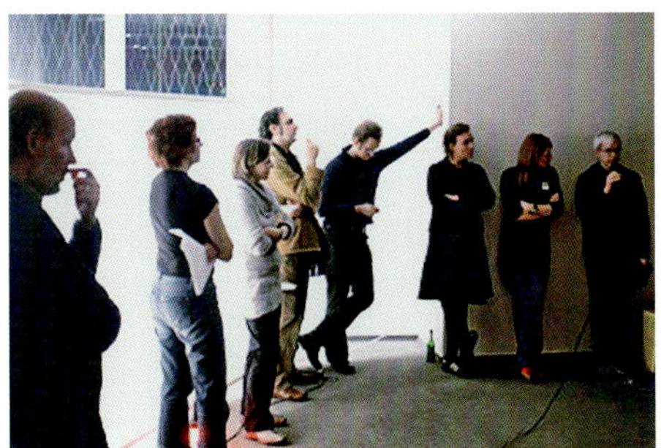

THEMEN
AKTUELLES
BILDER
KULTURPOLITIK
REISETHING
ARCHIVE
THE THING
SERVICE
A–Z

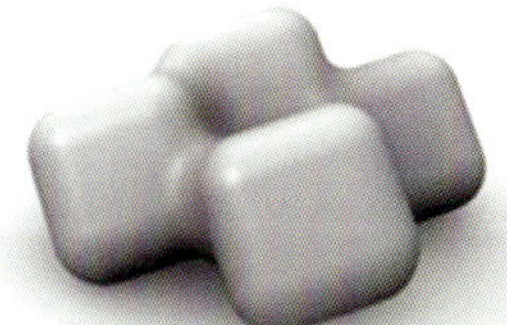

PLATTFORM FÜR KUNST UND KRITIK **THE THING** HAMBURG

SUCHE

THE THING HAMBURG / START

EDITORIAL

20. Oktober 2008

Rahel Puffert
Inofficial histories of (local) art practices

THE THING freut sich seine LeserInnen heute mit einem dreiteiligen Beitrag in ein bisher ungeschriebens Stück Hamburger Kunstgeschichte einweihen zu dürfen. 2004 begleiteten Herbert Hossman, Nana Petzet und Cornelia Sollfrank den Abbruch des Schimmelmuseums von Dieter Roth. Mit einer Pressekampagne versuchten sie damals die gewaltsame Zerstörung des Kunstwerks publik zu machen, dessen Prinzip die organische Selbstauflösung war. Eindringlich dokumentiert Nana Petzets Bildbeitrag den Abriss des Schimmelmuseums und macht so auf die Verletzbarkeit von und Differenz zu Dieter Roths Kunst des Verfalls aufmerksam. In dem aktuellen Interview, das Herbert Hossman, langjähriger Freund des 1998 verstorbenen Künstlers, mit dem Leiter der Dieter-Roth-Foundation Dirk Dobke führte, wird Roths künstlerischer Ansatz in seiner gesamten Reichweite verstehbar. Aus der Perspektive persönlicher Zeugenschaft wird erläutert, wie zielgenau Dieter Roth über die Umkehr der Bewahrlogik des Museums das Wertesystem des Kunstmarktes zu unterwandern und in seiner Agressivität hervorzukehren verstand. Cornelia Sollfrank folgte dieser Spur auf der Ebene der Veröffentlichung. Die von ihr initiierte Pressekampagne lancierte das Thema u.a. dorthin, wo es aus einer kulturkonservativen Sicht heraus nicht hingehört und doch seinen Platz gefunden hat: In den Katalog gefährdeter Kulturgüter, herausgegeben von ICOMOS, dem internationalen Organ für die Bewahrung von historischem Kulturerbe. Die Reste dieser Geschichte wahrnehmbar zu machen und die Erinnerung an sie wach zu halten, scheint weiterhin die Aufgabe jener zu sein, die sich mit der oft unrühmlichen Rolle lokaler Kulturpolitik nicht abfinden wollen. [mehr]

BILDER

Nana Petzet
Wenn die Katze fort ist, tanzen die Mäuse

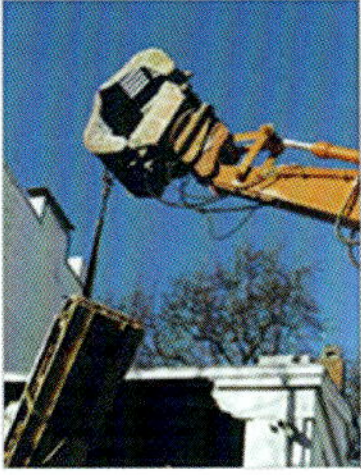

Im Winter 2004 wurde eines der wichtigsten Werke von Dieter Roth in Hamburg zerstört: Das Schimmelmuseum an der Alsterchaussee.
Vom 28. Januar bis zum 19. Februar 2004 beobachtete Nana Petzet mit einer Gruppe von Freunden den Abriss.
[mehr]

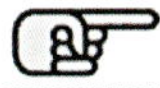

DO THE **THING!**

SPECIAL **THINGS**

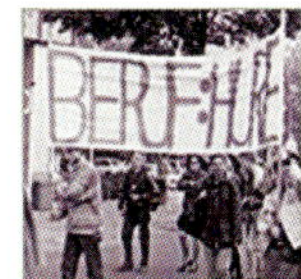

SZENISCHE LESUNG: SEXARBEIT
Eine besondere Empfehlung von der THE THING Hamburg Redaktion
[mehr]

FORUM **UNEDITED**

FORUM UNEDITED ist ein offenes Forum. Hier sind BesucherInnen eingeladen, eigene Beiträge zu Kunst und Kultur zu verfassen und mit Bildern zu ergänzen.

Spontane Meinungsäußerungen zu Veranstaltungen und Ausstellungen können gepostet, Entwicklungen im kulturellen Bereich (auch kulturpolitische) kritisch

USER:

PASSWORT:

LOGIN

Um im **FORUM UNEDITED** Artikel zu schreiben oder zu diskutieren müssen Sie sich zunächst

NEU REGISTRIEREN

TAMMTAMM – KÜNSTLERINNEN INFORMIEREN POLITIKER (KIP)
121 HAMBURGER KÜNSTLERINNEN UND KULTURSCHAFFENDE ÜBERNEHMEN EINE »PATENSCHAFT« FÜR EINEN DER 121 ABGEORDNETEN DER HAMBURGER BÜRGERSCHAFT UND BITTEN UM EIN PERSÖNLICHES GESPRÄCH ÜBER DAS GEPLANTE »MARITIME MUSEUM«

Kulturpolitische Intervention und Internetplattform, 2005–08

Im Februar 2004 beschloss die Hamburger Bürgerschaft die Errichtung des »Internationalen Schifffahrts- und Meeresmuseums Peter Tamm«. Für die »maritime« Privatsammlung des ehemaligen Vorstandsvorsitzenden des Axel-Springer-Medienkonzerns, Peter Tamm, stellte die Stadt Hamburg den historischen Kaispeicher B mietfrei zur Verfügung und verpflichtete sich, 30 Millionen Euro für den Ausbau des Museums und die Aufbereitung der Sammlung bereit zu stellen. Obwohl die Sammlung als wissenschaftlich fragwürdig und kriegsverherrlichend gilt und der Sammler für seine Nähe zu deutsch-nationalem Gedankengut bekannt ist, erfolgte die Zuwendung ohne Abforderung eines Konzepts. Senat und Bürgerschaft verzichteten auf jede Kontrollmöglichkeit über die inhaltliche Gestaltung des Museums. Dies veranlasste Cornelia Sollfrank, die Initiative *KünstlerInnen informieren Politiker (KiP)* ins Leben zu rufen. Die persönlichen Begegnungen zwischen KünstlerInnen und Abgeordneten und Ergebnisse der Gespräche sind auf einer Website dokumentiert (http://tamm-tamm.info).

TAMMTAMM—ARTISTS INFORM POLITICIANS (KIP)
121 HAMBURG ARTISTS ADOPT ONE OF THE 121 REPRESENTATIVES IN THE HAMBURG CITY COUNCIL AND REQUEST A DIALOGUE ABOUT THE PLANNED "MARITIME MUSEUM"

Cultural policy intervention and Internet platform, 2005–08

In February 2004, the Hamburg city council agreed to the erection of Peter Tamm's International Maritime Museum. The city has made the historic "Quayside Warehouse B" available rent-free for the private "maritime" collection of Peter Tamm, the former chairman of the board of the Axel Springer media concern and agreed to pay 30 million Euros to build the museum and ready the collection for exhibition. Although the collection is considered scientifically questionable and as a glorification of war, and the collector himself is known for his proximity to nationalistic German ideology, the appropriation was made without demanding a concept in advance; the senate and the city council waived any means of overseeing the museum's contents. This occasioned Cornelia Sollfrank to form the "Artists inform politicians initiative" (Kip). The personal encounters between the artists and representatives as well as the results of the talks are documented at: http://tamm-tamm.info.

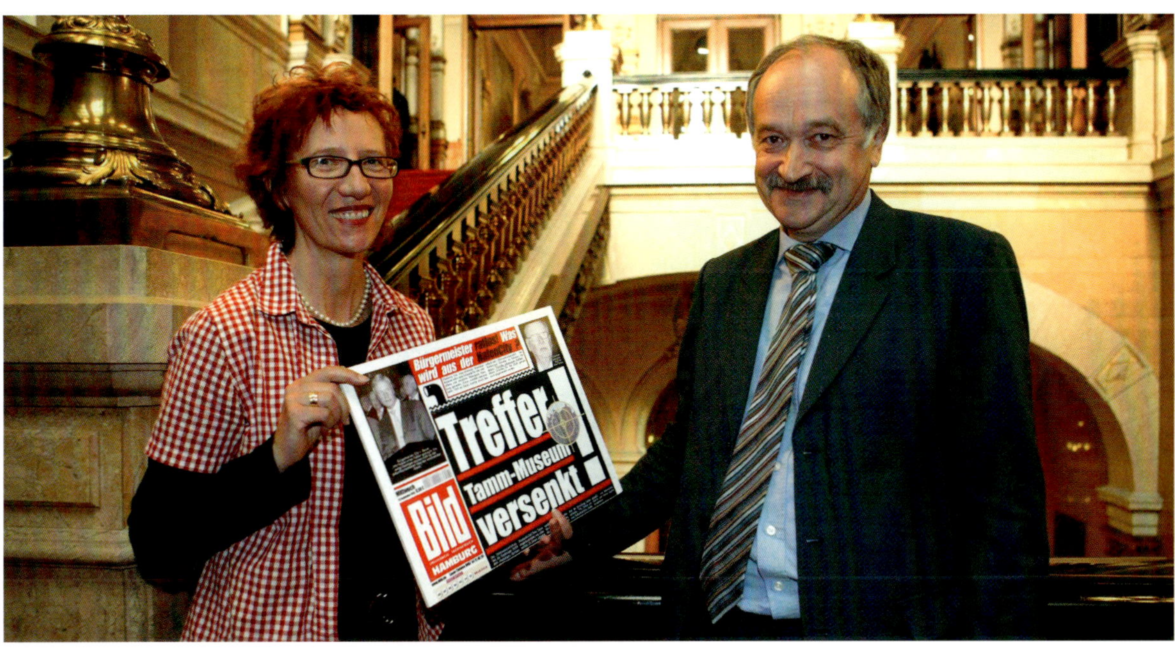

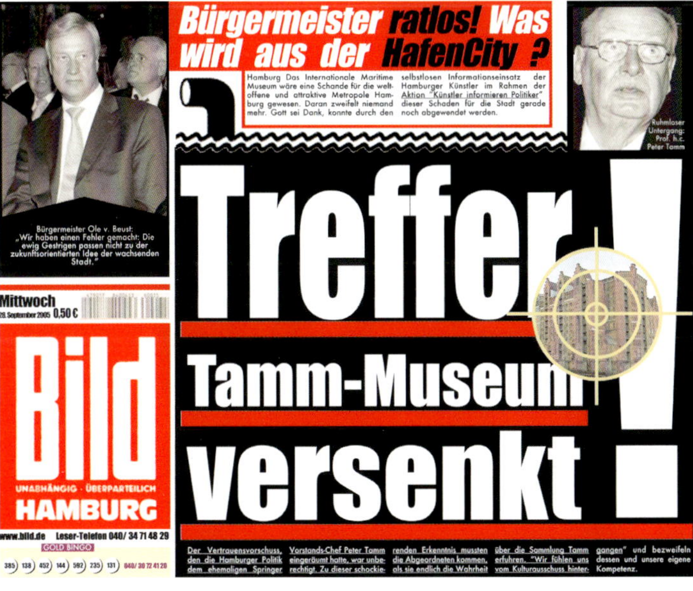

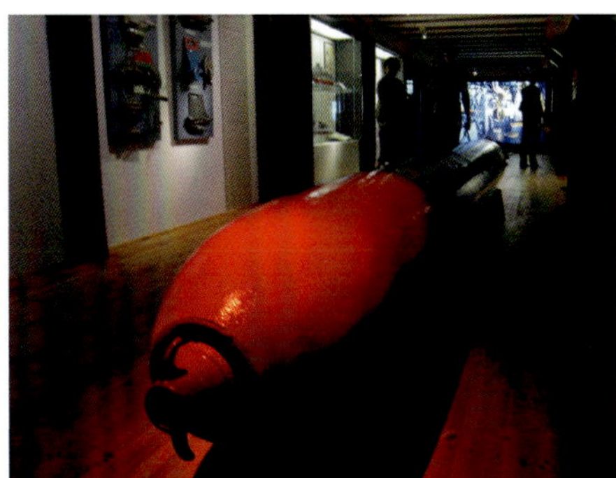

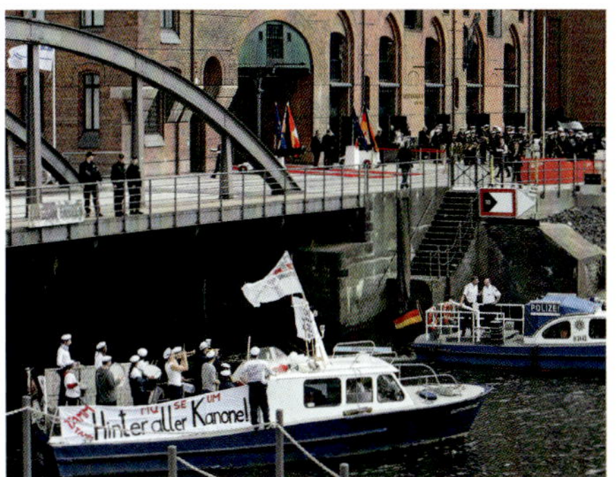

oben / top: Cornelia Sollfrank und ihr Patenkind / and her godson Walter Zuckerer (SPD), 2005
rechts / right: Ansicht Museum innen, View museum inside; Protestaktion während der Eröffnung / Protest action at opening

EXPERIMENTELLE ÜBERNAHME DES KUNSTVEREINS IN HAMBURG

Organisierungsmodell, praktizierte Institutionskritik, künstlerische Intervention, 2005
Bei der alle drei Jahre stattfindenden Vorstandswahl des Kunstvereins in Hamburg gelang es 2005 einer lose organisierten Gruppe, in der Mehrheit KünstlerInnen, die seit über zehn Jahren unveränderte Konstellation der Vorstandsmitglieder aus wohlhabenden BürgerInnen, Galerist-Innen und SammlerInnen zu kippen. Obwohl das »Übernahmexperiment« konkreter Kritik an der Kunst- und Ausstellungspolitik des gemeinnützigen Vereins entsprungen war, war die Gruppe weniger an einer tatsächlichen »Übernahme« interessiert, als vielmehr am Aufzeigen der dem – hauptsächlich aus öffentlichen Geldern bestrittenen – Vereinsbetrieb zugrunde liegenden privaten und kommerziellen Interessen. Ein inszenierter Formfehler provozierte schließlich das Kunstestablishment nach wenigen Wochen der »Anarchie«, eine »Säuberung« »ihres« Vereins durchzuführen und die unliebsamen QuerulantInnen wieder loszuwerden.

EXPERIMENTAL TAKEOVER OF THE KUNSTVEREIN IN HAMBURG

Organizational model, applied institutional critique, artistic intervention, 2005
At the 2005 tri-annual election to the board of directors of the Kunstverein in Hamburg, a loosely organized group composed mainly of artists succeeded in overthrowing the constellation of wealthy citizens, art dealers and collectors that had gone unchanged in over ten years. Although the experimental takeover arose from concrete criticism of the institution's art and exhibition policies, the group was in fact less interested in an actual takeover than in publicizing the underlying private and commercial interests of the non-profit association which is publically financed for the most part. After only a few weeks of "anarchy," a simulated error in form provoked the art establishment to carry out the cleansing of "their" association.

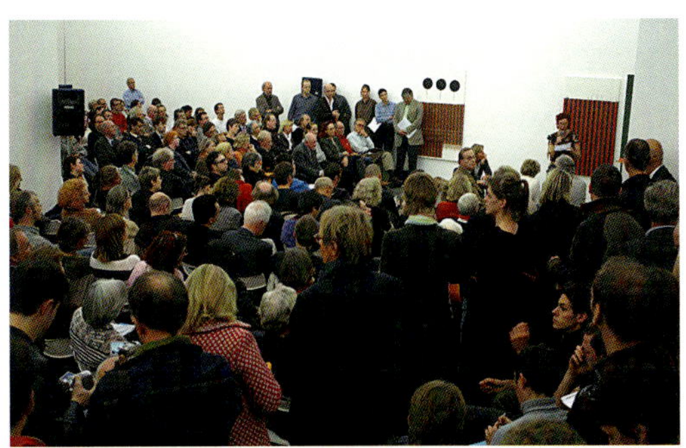

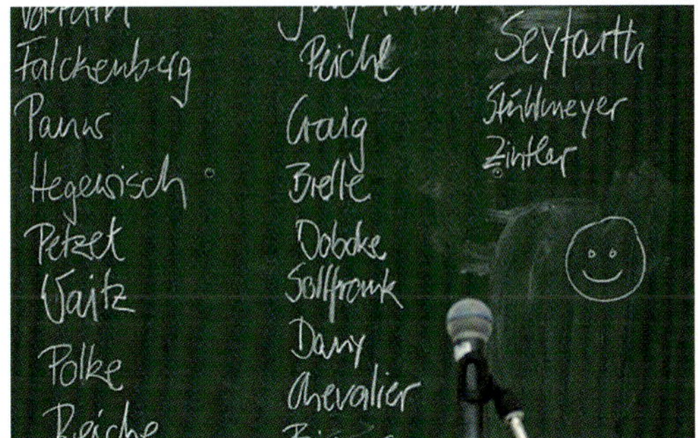

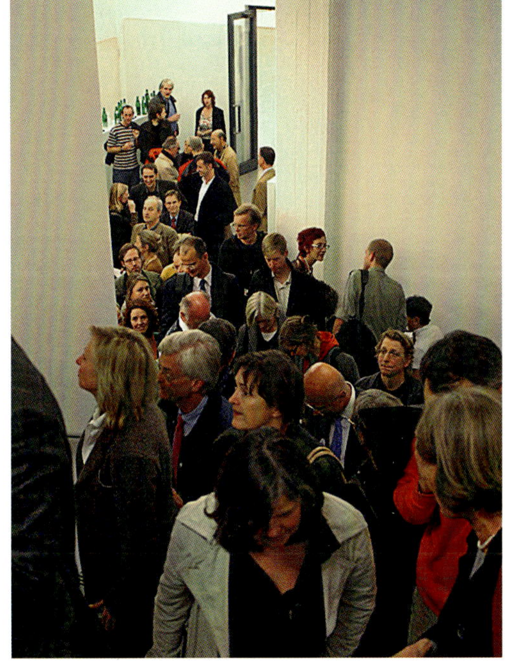

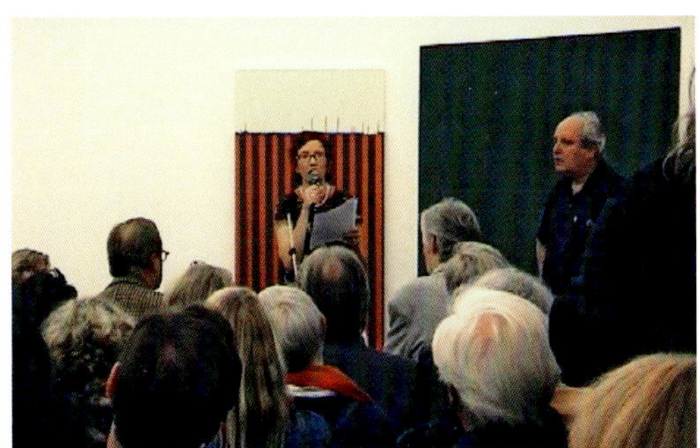

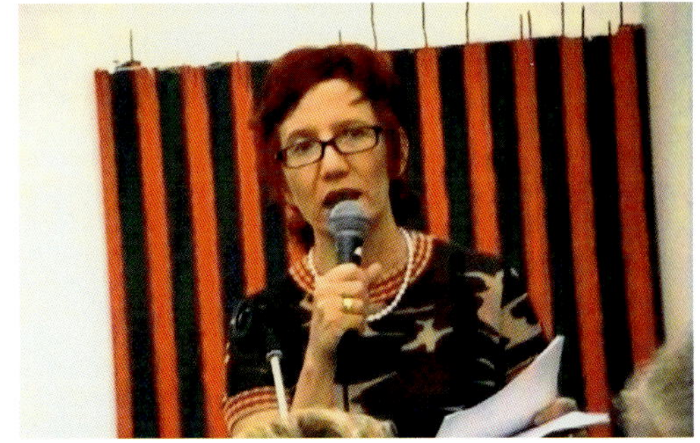

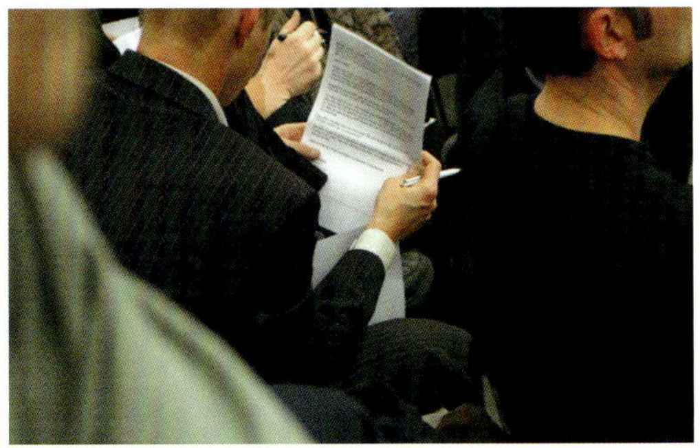

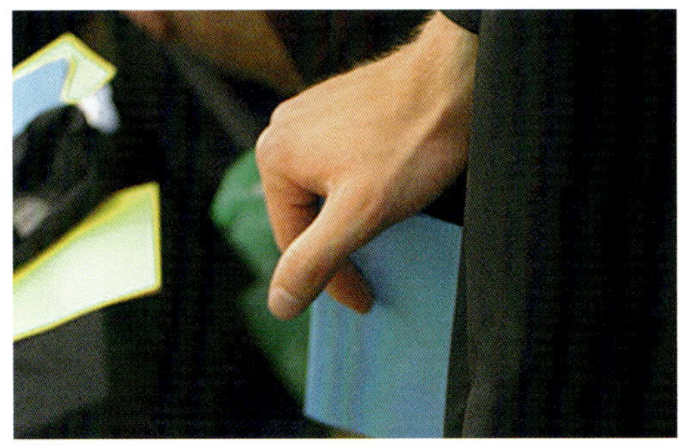

Am Wahlabend 3.11. 2005 / during the election night, November 3rd, 2005

MASCHINISCHE VIRTUOSITÄT

Gerald Raunig

»In den Produktionsprozeß des Kapitals aufgenommen, durchläuft das Arbeitsmittel aber verschiedne Metamorphosen, deren letzte die *Maschine* ist oder vielmehr *ein automatisches System der Maschinerie* (System der Maschinerie; das *automatische* ist nur die vollendetste adäquateste Form derselben und verwandelt die Maschinerie erst in ein System), in Bewegung gesetzt durch einen Automaten, bewegende Kraft, die sich selbst bewegt; dieser Automat bestehend aus zahlreichen mechanischen und intellektuellen Organen, so daß die Arbeiter selbst nur als bewußte Glieder desselben bestimmt sind.«

(KARL MARX, MASCHINENFRAGMENT, 1957/58)[1]

Und noch einmal: »A smart artist makes the machine do the work.« Cornelia Sollfranks viel zitierter Marketingspruch für den *net.art generator* – wie auch für sie selbst – ist zunächst Bezugnahme auf die und Anwendungsfall der teils lustvoll, teils verbissen geführten Kämpfe um die Frage nach dem Ursprung des Neuen im Kunstfeld des 20. Jahrhunderts. Einen späten Höhepunkt dieser Kämpfe stellten die neoistischen Anti-Originalitäts-Programme und ihre beißenden Persiflagen gängiger KünstlerInnenbilder dar, in denen dem/r müßigen KünstlerIn als komplementäre Position jene emsig-drögen Originalitätsansprüche beigesellt wurden, die inzwischen die Mitte der kapitalistischen Produktionsweisen erreicht haben: »Originality is for losers. Don't waste time on researching and developing new ideas: let others do it for you«[2] lautet daher eine der wichtigsten neoistischen Strategien. Wenn es einen Sinn im Namen der randständigsten aller Postavantgarden des späten 20. Jahrhunderts, des Neoismus, gibt, ist es die Infragestellung einer reinen Produktion des Neuen ex nihilo, die Kritik der Idee einer Erfindung jenseits von Nachahmung, des Neuen jenseits von Aneignung, der Differenz jenseits von Wiederholung.

Natürlich, da gibt es diesen gewissen Bruch in der neoistischen Praxis: Während der Angriff auf die Ideologien von Originalität und Kreativität nicht zuletzt auch eine Attacke auf die heteronormative Ordnung des kulturellen Felds darstellt, auf die für sie zentrale Konstruktion der ewigen Schöpferkraft des männlichen Genius, sind die exzessiv sich selbst historisierenden Neoisten(-Gangs) um Stewart Home oder Istvan Kantor auch nicht viel mehr als rivalisierende Boy Groups und Einzelkämpfer. Cornelia Sollfrank verknüpft nun die Linie der anti-originalen Avantgarden, Postavantgarden und Neoavantgarden mit dem um ähnliche Aspekte angeordneten Gefüge der feministischen Kunstgeschichtsschreibung. »Es geht«, so Sollfrank selbst, »um Machtverhältnisse, abbildende Repräsentation und die Kritik daran, aber auch um eine Entwertung des

›originalen‹ und einmaligen Werkes, dessen Warenförmigkeit dadurch verdeutlicht werden soll. Für die Institution Kunst erschütternder als die kapitalismuskritische Decodierung des Warenfetischs ist jedoch die Ablehnung der für die Moderne zentralen Begriffe Kreativität, Expressivität und Originalität.«[3] Mit der Perspektive darauf, dass Schöpfungsphantasmen sich immer schon als absichtsvolles Konstrukt der Auf- und Abwertungen im Kunstfeld erwiesen haben, schreibt sich Sollfrank vor allem in jene *künstlerische* Kunstgeschichte ein, die der hegemonial-männlichen Geschichtsschreibung aus Erfahrung misstraut und deswegen vorsorglich andere Geschichten zu konstruieren beginnt.

DIE TECHNISCHE MASCHINE

Diese feministisch-institutionskritische Zielscheibe ist klar und deutlich zu erkennen und durchgehender Bestandteil von Sollfranks Arbeiten. Doch es geht zugleich um weniger und um mehr. Das Motto des *net.art generator* scheint zunächst die Frage der Arbeitsteilung ein für allemal zu beantworten: Auf der einen Seite die smarte Künstlerin, auf der anderen die technische Maschine, die die Arbeit für sie verrichtet. Aber beruht eine solche Vorstellung nicht nach wie vor auf der deutlich abgegrenzten Unterscheidung eines KünstlerInsubjekts, das in diesem Fall seine konzeptkünstlerische Smartheit beiträgt, die immaterielle Seite sozusagen, und von der Maschine als materiellem Objekt, mechanischem Befehlsempfänger und Arbeitssklave? Schön, wenn es so wäre, und die Maschinen die Arbeit für uns übernehmen würden, aber wahr-

scheinlich ist diese Hoffnung ebenso naiv wie die gegenläufige kulturpessimistische Position der Maschinenstürmer der letzten zweihundert Jahre. Karl Marx hat derartige Propagandismen in seinem Maschinenfragment in der Mitte des 19. Jahrhunderts bereits dekonstruiert: »Es ist also eine höchst absurde bürgerliche Phrase, daß der Arbeiter mit dem Kapitalisten teilt, weil dieser durch das Capital fixe […] ihm seine Arbeit erleichtert […] oder seine Arbeit abkürzt. Das Kapital wendet die Maschine vielmehr nur an, soweit sie den Arbeiter befähigt einen größren Teil seiner Zeit für das Kapital zu arbeiten, zu einem größren Teil seiner Zeit als ihm nicht angehöriger sich zu verhalten, länger für einen andren zu arbeiten.«[4]

Es ist keineswegs mein Anliegen, die Figur des Fabrikarbeiters im 19. Jahrhundert mit der des/r Künstlers/in am Beginn des 21. Jahrhunderts in ein Verhältnis der Analogie zu setzen. Doch das Problem, das Marx formuliert, bleibt uns bei näherem Besehen auch im Zusammenhang des postfordistisch-neoliberalen Kapitalismus erhalten: Es wäre zu einfach, zu glauben, dass sich mit der Abgabe gewisser – mehr oder weniger – materieller Komponenten der Arbeit an die Maschine das fremdbestimmte menschliche Abrackern in Luft auflösen würde.

Ute Vorkoeper beschreibt in ihrem Text »Programmierte Verführung«[5], dass die Sache auch in Sollfranks Arbeit nicht so einfach ist, wie das Marketing uns glauben machen will. Nicht eine seelenlose Maschine vollführt die Arbeit, sondern ein ganzes Netz von AkteurInnen auf verschiedensten Ebenen. Die konzeptkünstlerische Ausgangsidee Sollfranks wird zunächst von unterschiedlichen ProgrammiererInnen in Programme umgesetzt, um dann im Netz von deren UserInnen in endlosen Variationen aktualisiert zu werden. Und bezieht man die Figur des Arbeiters in Marx' Argumentation auf dieses komplexere Bild der Tätigkeiten am und um den Netzkunstgenerator, oder gar nur auf dessen UserInnen, dann ergibt sich ein erstaunliches Verhältnis zwischen einer zunehmend gar nicht mehr seelenlosen, sondern im Gegenteil *virtuosen* Maschine und den Menschen als Maschinen-Komponenten: »Die Maschine erscheint in keiner Beziehung als Arbeitsmittel des einzelnen Arbeiters«. Im Gegensatz zum Werkzeug, das noch durch die Virtuosität der ArbeiterInnen »beseelt« wird, hängt sie nicht mehr als Objekt von der Subjektivität der sie bedienenden Menschen ab: »[…] die Maschine, die für den Arbeiter Geschick und Kraft besitzt, ist selbst der Virtuose, die ihre eigne Seele besitzt in den in ihr wirkenden mechanischen Gesetzen und zu ihrer beständigen Selbstbewegung, wie der Arbeiter Nahrungsmittel, so Kohlen, Öl etc. konsumiert«[6]. Keine Transformation der *Arbeit* findet hier also statt, aber sehr wohl eine Verschiebung der *Virtuosität*, der *Kreativität*. In den Worten Cornelia Sollfranks heißt das: »… it is about shifting the creative process away from a human to a machine.«[7]

DIE KÖRPER-MASCHINE

Die Behauptung der virtuosen Maschine erscheint – bleibt man bei Marx' Gegenstandsbereich der Fabrik und der Maschine als technischer – zu-

nächst einfach nur als metaphorische Übertreibung, als Übertragung menschlicher Attribute auf technische Apparate. Und umgekehrt wuchern schon seit Anbeginn der Moderne die Mensch-Maschine-Metaphern, die den menschlichen Organismus als kleine Maschine beschreiben. Im Folgenden möchte ich jedoch weder derartige organizistische Metaphern anklingen lassen noch deren scheinbares Gegenteil, das konkrete Eindringen der technischen Maschine in den menschlichen Körper und das Verlängern des menschlichen Körpers durch Maschinen, wie es in der Performance-Kunst seit den 1980ern KünstlerInnen wie Stelarc vertreten. Doch schon bei diesen technoiden Ansätzen lässt sich über die technischen Aspekte hinaus auch eine den menschlichen Organismus betreffende maschinische Komponente finden, die ich hier der Einfachheit halber die Körper-Maschine nennen möchte.

Den eigenen Körper zu involvieren hat in der feministischen Kunst seit den 1960er Jahren genauso Tradition wie den männlichen Blick und den männlichen Körper als das unmarkierte Andere sichtbar zu machen. In einer neueren Reihe von hauptsächlich performativen Arbeiten unter dem Titel *Re-visiting feminist art* greift Sollfrank seit 2006 klassische feministische Performances auf: *Aus der Mappe der Hundigkeit* von VALIE EXPORT, *Les Approches* von Annette Messager und die *Tirs* (Schießbilder) von Niki de Saint Phalle haben bisher eine Wiederholung in Restagings und Re-Enactments, Adaptierungen und Aktualisierungen erfahren. Was oberflächlich wie eine Rückkehr aus den cyberfeministischen Projekten in den realen Raum erscheint, ist zugleich die Rückgewinnung eines anderen virtuellen Raums, jenes der feministischen Kunstpraxis und -geschichte.

Im ersten diesbezüglichen Projekt, in dem es um die Adaptierung einer Performance von VALIE EXPORT aus dem Jahr 1969 mit Peter Weibel als Hund ging, führte Sollfrank einen Mann namens Monty Cantsin an einer Leine durch eine Shopping Mall in Hamburg-Harburg. Hier kreuzen sich ganz konkret die Wege der feministischen Performance-Praxis mit denen des neoistischen Open-Popstar-Prinzips: Monty Cantsin ist einer der gebräuchlichen multiplen Namen im Neoismus, und es ist keineswegs zufällig, dass gerade diese Linie der Post-Avantgarde die Nachfolge von Peter Weibel, des manischen Königs der Selbsthistorisierung und Selbstinszenierung, antritt und zu Sollfranks Kettenhund mutiert. Der Neoismus muss an die Leine gelegt werden, denn in der Negation des Künstlernamens, in der Negation der Identität knüpft noch die gescheiteste Version des multiplen Namens an eben diese Identität an, an ihre patriarchalen Konnotationen und an den ihr inhärenten Narzissmus. Die Körper-Maschine Sollfrank/Cantsin ist zwar nur durch eine Leine zusammengefügt, doch diese Leine verspricht die Aussetzung der Dialektik des Namens, sie verspricht ein maschinisches, ein virtuoses Austauschverhältnis: Der Verkettung der Körper von Cantsin und Sollfrank entspricht das Band zwischen den neoistischen Plagiarismus-Strategien und der feministischen Appropriation feministischer Performances.

DIE ORGISCHE MASCHINE

»[Maschinen] sind *von der menschlichen Hand geschaffne Organe des menschlichen Hirns; vergegenständlichte Wissenskraft.* Die Entwicklung des *Capital fixe* zeigt an, bis zu welchem Grad das allgemeine gesellschaftliche Wissen, knowledge, *zur unmittelbaren Produktivkraft geworden ist* und daher die Bedingungen des gesellschaftlichen Lebensprozesses selbst unter die Kontrolle des General Intellect gekommen und ihm gemäß umgeschaffen sind.«[8] Die berühmteste Stelle aus dem Maschinenfragment, in der Marx die Maschine, das gesellschaftliche Wissen und den General Intellect als gesellschaftliche Praxis zusammen führt, wird von der heutigen postmarxistischen Theorie um Paolo Virno gern aufgenommen, um die Transformationen der Produktionsweisen vor allem vom fordistischen Paradigma der Fabrik auf das postfordistische Paradigma der Kreativität in der *fabbrica diffusa* zu beschreiben. Der italienische Philosoph hat in dieser Linie einen Begriff der Virtuosität entwickelt, der sich auch als maschinisch verstehen lässt. Virtuosität bedeutet hier, nicht mehr ausgehend von der Tätigkeit des Marx'schen Fabrikarbeiters, sondern von der Tätigkeit ausführender KünstlerInnen, vor allem die grundlegende Qualität von Arbeit im postfordistischen Kapitalismus, die Virno gemäß in sprachlichem Austausch, Kooperation und Kommunikation liegt.[9]

Vor diesem Hintergrund macht es wenig Sinn, die kollektiven, »politischen« Projekte Cornelia Sollfranks von den klassischeren »künstlerischen« Arbeiten zu trennen. Auch wenn sich in den einzelnen Projekten wohl einigermaßen verschiedene Ausmaße von Kunstfeldimmanenz ausmachen lassen, ist diese Frage eher eine von subtilen Abstufungen. Interessanter gerät es wahrscheinlich, gerade die Ähnlichkeiten ihrer virtuosen Arbeit an der technischen, der organischen und der orgischen Maschine zu thematisieren. Als allgemeinster Ausgangspunkt für eine derartige Analyse der strategischen Überschneidungen kann die Perspektive auf das Formale gelten. Verhältnisse zwischen ProduzentInnen und UserInnen, Verkettungen von Singularitäten oder soziale Organisationsformen bedürfen in gewisser Weise eben genauso formaler Überlegungen wie ästhetische Formen. Oder wie es Sollfrank selbst mit Bezug auf *old boys network* formuliert hat: »political resistance starts with how you get organised, and I always considered our form of organisation as a kind of aesthetics.« [10]

Und hier gibt es fließende Übergänge zwischen den mit dem Autorin-Namen Sollfrank belegten Projekten und solchen, in denen die Künstlerin im Kollektiv mit anderen arbeitet. Der »unerkannt gebliebene Überschuss an Nicht-AutorInnen« [11] im Projekt *female extension*, die unendlichen UserIn-Kreationen im *net.art generator*, die cyberfeministischen Verkettungen des *old boys network* sind soziale Maschinen, wie auch die kollektiven Projekte *TammTamm*, *THE THING Hamburg* oder das Übernahmeexperiment *Kunstverein in Hamburg*. Was hier jeweils Organisation heißt, pendelt zwischen organischen und organlosen Formen der Organisierung, zwischen organischen und orgischen Maschinen. In letzteren ist es immer weniger die ubiquitäre Metapher des Netzes,

der Netzwerke, der Vernetzung von vorgängig existierenden Punkten, die als relevante Orientierung gelten kann, als vielmehr die Erfindung singulärer Ströme, in denen die Dichotomie des Individuellen und des Kollektiven sich auf Zeit ebenso auflöst wie jene des Politischen und des Künstlerischen.

In den maschinischen Gefügen, denen Cornelia Sollfrank anhängt, ist das treffendste Beispiel einer orgischen Maschine jenes des Aufstands im Kunstverein Hamburg. Chaos in die Ordnung der Perlenketten, Unruhe in den gleichmäßigen Lauf des Paternalismus, Aufstand in die ebenso verschlafene wie ordentliche Welt eines altehrwürdigen deutschen Kunstvereins zu bringen, das machte die virtuose Qualität dieser Maschine aus. Im September 2005 erreichten einige Mitglieder des Hamburger Kunstvereins in einem Überraschungscoup das Kippen des Vorstands, der nun nicht mehr nur wie seit einem Jahrzehnt aus den immergleichen ehrenwerten Hamburger BürgerInnen, GaleristInnen und KunstsammlerInnen bestand, sondern aus einer eher wilden Truppe von KünstlerInnen, VermittlerInnen und Überbleibseln des alten Vorstands. [12] Die Aufregung war groß. Jahreshauptversammlung, Vorstandswahl, Stimmendelegation, Vereinssatzung, Tagesordnung und andere lustige Verregelungen im (Hof-)Staatsapparat um den regionalen Kunstmultifunktionär Falckenberg und den Kunstmanager Dziewior hielten die orgische Maschine fürs Erste nicht ab, ihre heiteren Spielchen mit den Organen der Ordnung zu treiben. Prompt ließ sich das Establishment auch dazu provozieren, Kostproben seines höfischen Herrschaftsverständnisses in Form von juristischen Tricks, Drohgebärden und der massenweisen Rekrutierung braver Handlanger zu demonstrieren. Nach einem Monat war der orgische Spuk schon wieder vorbei. Die spontanen UsurpatorInnen wurden in einer erzwungenen Wahl-Wiederholung scheinbar »demokratisch« wieder abgewählt. Der Hofstaatsapparat kehrte stimmgestärkt wieder, die Kinder hatten Demokratie gelernt, Reterritorialisierung breitete ihre Decke über das unartige Spiel. Und doch bleibt die Erinnerung an eine kurze Zeit, in der die orgische Maschine den Staatsapparat übercodiert hatte. ... Und wer weiß, wann sie wieder zurückkehrt.

[1] Marx Engels Werke (MEW) 42, S. 592.

[2] Stewart Home, hier zitiert nach: Oliver Marchart, *Neoismus. Avantgarde und Selbsthistorisierung*, Klagenfurt / Wien, 1997, S. 40.

[3] Cornelia Sollfrank, „Originale ... und andere unethische AutorInnenschaften in der Kunst", in: *Kulturrisse* 01/07, S. 25.

[4] MEW 42, S. 597.

[5] Ute Vorkoeper, „Programmierte Verführung. Cornelia Sollfranks *Netzkunstgeneratoren* testen das Autorenmodell", in: *net.art generator. Programmierte Verführung*, Nürnberg, 2004, S. 8–13. vgl. auch Cornelia Sollfanks Projektbeschreibungen, ebd., S. 17–21.

[6] MEW 42, S. 592f.

[7] Cornelia Sollfrank im Interview mit Alessandro Ludovico, in: *neural* 27, S. 43.

[8] MEW 42, S. 602.

[9] vgl. Paolo Virno, *Grammatik der Multitude*, Wien, 2005, vor allem S. 65–91; sowie – zum Verhältnis der Virtuositätsbegriffe bei Hannah Arendt und Virno – Isabell Lorey, „VirtuosInnen der Freiheit. Zur Implosion von politischer Virtuosität und produktiver Arbeit", in: *transversal* 02/07, „creativity hypes", http://eip-cp.net/transversal/0207/lorey/de, Stand: 6.2.2009.

[10] Cornelia Sollfrank, Interview mit Maider Zilbeti, in: *Zehar* # 63 (August 2008), S. 9.

[11] Ute Vorkoeper, „Programmierte Verführung. Cornelia Sollfranks *Netzkunstgeneratoren* testen das Autorenmodell", in: *net.art generator. Programmierte Verführung*, Nürnberg, 2004, S. 11.

[12] vgl. Michel Chevalier, Cornelia Sollfrank, Nana Petzet, Frank Stühlmeyer, Claudia Reiche, Rahel Puffert, „Praktizierte Kritik an der Institution. Der Fall Kunstverein in Hamburg", in: *Kulturrisse* 01/06, S. 62–65.

MACHINIC VIRTUOSITY

Gerald Raunig

"But, once adopted into the production process of capital, the means of labor passes through different metamorphoses, whose culmination is the *machine*, or rather, an *automatic system of machinery* (system of machinery: the *automatic* one is merely its most complete, most adequate form, and alone transforms machinery into a system), set in motion by an automaton, a moving power that moves itself; this automaton consisting of numerous mechanical and intellectual organs, so that the workers themselves are cast merely as its conscious linkages."

(KARL MARX, MACHINE FRAGMENT, 1957/58)[1]

And once again: "A smart artist makes the machine do the work." To start with, Cornelia Sollfrank's frequently quoted marketing slogan for the *net.art generator*—as well as for herself—is a reference to and a test case of the partially enjoyable, partially bitter battles fought over the question concerning the origin of the new in the field of twentieth century art. A late highlight of these battles were the neoist anti-originality programs and their biting satires regarding conventional notions of the artist, in which dully diligent claims to originality, which have meanwhile reached the middle of capitalist modes of production, are placed next to the idle artist as a complementary position: "Originality is for losers. Don't waste time on researching and developing new ideas: let others do it for you,"[2] says one of the most important neoist strategies. If the name of one of the most peripheral of all post-avant-gardes of the twentieth century, *neoism*, means anything, then it means questioning a pure production of the new ex nihilo, the criticism of the idea of an

invention beyond imitation, the new beyond appropriation, difference beyond repetition.

Of course, there is a certain break in neoist praxis: whereas the assault on the ideologies of originality and creativity is not least of all also an attack on the heteronormative order of the cultural sector as well as on the construction of the eternal creativity of the male genius that is central to it, the excessively self-historicizing neoists (gangs) affiliated with Stewart Home or Istvan Kantor are also not much more than rival boy groups or lone wolves. Cornelia Sollfrank links the line of the anti-original avant-gardes, post-avant-gardes and neo-avant-gardes with feminist historiography that is arranged in a cluster around similar aspects. As Sollfrank says, "It has to do with power relations, pictorial representation and the critique of it, but also with a devaluation of the 'original' and unique work, the commodification of which is to be demonstrated in this way. For the institution art, however, the rejection of the concepts of creativity, expressivity and originality central to modernism is even more traumatic than the anti-capitalist decoding of the commodity fetish."[3] With the perspective that phantasms of creation have always proved to be an intentional construct of valuations and devaluations in the art sector, Sollfrank inscribes herself particularly in an *artistic* history of art that has always had reason to distrust hegemonic male historiography and therefore takes the precaution of beginning to construct other histories.

THE TECHNICAL MACHINE

This feminist and anti-institutional target is clearly and obviously recognizable and a consistent component of Sollfrank's work. Yet the point is both less and more. The motto of the *net. art generator* seems at first to answer the question regarding the distribution of labor once and for all: the smart artist on the one hand, the technical machine on the other that does the work for her. Yet is not an idea like this still based on a clear distinction between an artist subject, who in this case contributes their conceptual art smartness, the immaterial side, so to speak, and the machine as material object, mechanical subordinate and slave-worker? It would be nice if it were so and the machines would take over the work for us, but this hope is probably just as naive as the contrasting cultural pessimism of the Luddites of the past two-hundred years. Karl Marx already deconstructed propagandisms of this kind in the mid-nineteenth century in his Machine Fragment: "It is therefore a highly absurd bourgeois assertion that the worker shares with the capitalist, because the latter, with fixed capital …

makes labor easier for him …, or makes his labor shorter. Capital employs machinery, rather, only to the extent that it enables the worker to work a larger part of his time for capital, to relate to a larger part of his time as time which does not belong to him, to work longer for another."[4]

It is by no means my intention to equate the figure of the nineteenth-century factory worker to that of the artist in the early twenty-first century. Upon closer examination, however, the problem formulated by Marx still exists for us today in the context of post-Fordist neo-liberal capitalism as well. It would be too simple to think that by handing over certain—more or less—material components of labor to the machine, human toil determined by others would just evaporate.

In her essay "Programmed Seduction,"[5] Ute Vorkoeper describes that things are not as simple in Sollfrank's work as marketing would have us believe. It is not a soulless machine that carries out the work, but rather a whole network of actors at the most diverse levels. Sollfrank's initial conceptual art idea is first implemented by various programmers in programs, then updated on the net by their users in endless variations. And if one relates the figure of the worker in Marx's argumentation to this more complex image of activities on and around the *net.art generator*, or even to its users, then the results is an astonishing relationship between the machine, which is indeed less and less a soulless machine, but rather a *virtuoso* machine, and the people as machine components: "In no way does the machine appear as the individual worker's means of labor"; unlike the instrument that the workers "animate" through their virtuosity, as an object it is no longer de-pendent on the subjectivity of the humans op-erating it: "… it is the machine which possesses skill and strength in place of the worker, is itself the virtuoso, with a soul of its own in the me-chanical laws acting through it; and it consumes coal, oil etc."[6] There is hence no transformation of *labor* that takes place here, but there is cer-tainly a shift of *virtuosity*, of *creativity*. As Cornelia Sollfrank says: "… it is about shifting the creative process away from a human being to a machine."[7]

THE BODY-MACHINE

If we stay with Marx's investigation of the factory and the machine as a technical one, the asser-tion of the virtuoso machine seems at first to be simply a metaphorical exaggeration, a transposi-tion of human attributes to technical apparatus-es. And conversely, human-machine metaphors have been proliferating since the beginning of modernism, describing the human organism as a small machine. In the following, however, I want to allude neither to these kinds of organistic met-aphors, nor to their apparent opposite, the con-crete penetration of the technical machine into the human body and the extension of the human body with machines, as it has been presented in performance art since the nineteen eighties by artists like Stelarc. Yet even with these technoid approaches, a machinic component that also ap-plies to the human body can be found over and above the technical aspects. For the sake of sim-plicity, I will call it the body-machine here.

The involvement of one's own body has as much of a tradition in feminist art since the nineteen sixties as the male gaze and visualizing the male body as the unmarked other. In a more recent series of mostly performative works under the title *Re-visiting feminist art*, Sollfrank has been re-visiting classic feminist performances since 2006: *Aus der Mappe der Hundigkeit* (From the Portfolio of Doggedness) by VALIE EXPORT, *Les Approches* by Annette Messager, and the *Tirs* (shooting paint-ings) by Niki de Saint Phalle have so far been repeated in restagings, re-enactments, adapta-tions and updates. What superficially looks like a return from cyberfeminist projects into real space is simultaneously a *reclaiming* of a different virtual space, that of feminist art practice and history.

In the first of these projects, which involved the adaptation of a 1969 performance by VALIE EXPORT with Peter Weibel as a dog, Sollfrank led a man named Monty Cantsin on a leash through a shopping mall in Hamburg-Harburg. The path of feminist performance practice tangibly crossed that of the neoist open pop star principle here: Monty Cantsin is one of the standard multiple names in neoism, and it is surely not coincidental that particularly this line of the post-avant-garde appears as the successor to Peter Weibel, the king of self-historicization and self-staging, mutating into Sollfrank's dog on a leash. Neoism has to be leashed because in the negation of the artist's name, in the negation of identity, even the clever-est version of the multiple name ties into precisely this identity, into its patriarchal connotations and the narcissism inherent to it. Although the body-machine Sollfrank/Cantsin is only conjoined by a leash, this leash promises the suspension of the dialectic of the name: the concatenation of the bodies of Cantsin and Sollfrank corresponds to the tie between neoist plagiarism strategies and the feminist appropriation of feminist performances.

THE ORGIASTIC MACHINE

"[Machines] are *organs of the human brain, created by the human hand*; the power of knowledge, objectified. The development of fixed capital indicates to what degree general social knowledge has become a *direct force of production*, and to what degree, hence, the conditions of the process of social life itself have come under the control of the general intellect and been transformed in accordance with it." [8] The most famous passage from the Machine Fragment, in which Marx conjoins the machine, social knowledge and the general intellect as social praxis, is taken up in the post-Marxist theory now affiliated with Paolo Virno to describe the transformations of modes of production, especially from the Fordist paradigm of the factory to the post-Fordist paradigm of creativity in the *fabbrica diffusa*. The Italian philosopher has developed a concept of virtuosity along this line that can also be understood as machinic. No longer starting from the activity of the Marxian factory worker, but rather from the activity of acting artists, virtuosity here means primarily the fundamental quality of labor in post-Fordist capitalism, which, according to Virno, is found in verbal exchange, cooperation and communication. [9]

Against this background, it makes little sense to separate Cornelia Sollfrank's collective, 'political' projects from the more classic 'artistic' works.

Even if somewhat different degrees of art sector immanence can be distinguished in the individual projects, this question is more a question of subtle nuances. It would probably be more interesting to especially discuss the similarities between her virtuoso work on the technical, the organic and the orgiastic machine. The perspective of formal aspects can be regarded as the most general point of departure for this kind of analysis of strategic overlaps. In a sense, relationships between producers and users, concatenations of singularities, forms of social organization equally require both formal considerations and aesthetic forms. Or as Sollfrank put it herself referring to the old boys network: "Political resistance starts with how you get organized, and I always considered our form of organization as a kind of aesthetics." [10]

And there are smooth transitions here between the projects in which the name Sollfrank is given as the author and those in which the artist works in a collective with others. The "unnoticed surplus of non-authors" [11] in the project *female extension*, the endless creation of users in *net. art generator*, the cyberfeminist concatenations of the *old boys network* are social machines, as are the collective projects *TammTamm*, *THE THING Hamburg*, or the *Experimental Takeover of the Kunstverein in Hamburg*. What is respectively called organization here oscillates between organic and inorganic forms of organizing, between organic and orgiastic machines. In the latter it is less and less the ubiquitous metaphor of the net, the networks, the networking of previously existent points that can be regarded as relevant orientation, but rather the invention of singular currents, in which the dichotomy of the individual and the collective temporarily dissolves, as does that of the political and the artistic.

In the machinic assemblages that Cornelia Sollfrank is affiliated with, the most fitting example of an orgiastic machine is that of the uprising at the Kunstverein in Hamburg. Creating chaos in the order of the strings of pearls, unrest in the even course of paternalism, uprising in the drowsy, orderly world of a venerable German art institution, this is what distinguishes the virtuoso quality of this machine. In a surprise coup in September 2005, several members of the Kunstverein in Hamburg managed to overthrow the board of directors, so that it no longer consisted the same respectable members of the Hamburg bourgeoisie, art dealers and art collectors as it had for the past decade, but of a wild troop of artists, art educators and remnants of the old board instead.[12] The commotion was substantial. The annual general meeting, election of board members, delegation of votes, constitution of the association, agenda and other entertaining attempts overrule the decision made by the court apparatus affiliated with the regional art multi-functionary Harald Falckenberg and the art manager Yilmaz Dziewior were at first unable to keep the orgiastic machine from carrying out its blithe pranks with the organs of order. The establishment was thus promptly provoked into demonstrating examples of its regal understanding of authority in the form of legal tricks, threatening gestures and the massive recruitment of obedient henchmen. The orgiastic turbulence was calmed only one month

later. The spontaneous usurpers were apparently 'democratically' defeated in a forced re-election. The apparatus of the royal household, as it were, returned with additional votes, the children had learned democracy, and reterritorialization spread its mantel over the unruly game. Yet there remains the memory of a brief period in which the orgiastic machine recoded the state apparatus … And who knows when it might return.

Translation: Michael Wolfson

[1] MEW (Marx Engels Werke), vol. 42, p. 592 [http://www.marxists.org/archive/marx/works/1857/grundrisse/ch13.htm, accessed February 9, 2009].

[2] Stewart Home, quoted here from: Oliver Machart, *Neoismus. Avantgarde und Selbsthistorisierung*, Klagenfurt/Vienna 1997, p. 40.

[3] Translated from Cornelia Sollfrank, "Originale … und andere unethische AutorInnenschaften in der Kunst", in: *Kulturrisse* 01/07, p. 25.

[4] MEW 42, p. 597 [http://www.marxists.org/archive/marx/works/1857/grundrisse/ch13.htm, accessed February 9, 2009].

[5] Ute Vorkoeper, "Programmed Seduction. Cornelia Sollfrank tests new models of authorship on the Net", in: *net.art generator. Programmed Seduction*, Nuremberg 2004, pp. 128-31; see also Cornelia Sollfrank's project descriptions, ibid., pp. 132-7.

[6] MEW 42, 592f. [http://www.marxists.org/archive/marx/works/1857/grundrisse/ch13.htm, accessed February 9, 2009].
[7] Cornelia Sollfrank, interview by Alessandro Ludovico, in: *neural* 27, p. 43.

[8] MEW, vol. 42, p. 602 [http://www.marxists.org/archive/marx/works/1857/grundrisse/ch14.htm, accessed February 9, 2009]

[9] See Paolo Virno, *A Grammar of the Multitude. For an Analysis of Contemporary Forms of Life*, Los Angeles 2004 and – especially on the relationship of concepts of virtuosity between Hannah Arendt and Virno – Isabell Lorey, "Virtuosos of Freedom", in *transversal* 02/07, "creativity hypes", [http://eipcp.net/transversal/0207/lorey/en, accessed February 9, 2009].

[10] Cornelia Sollfrank, interview by Maider Zilbeti, in: *Zehar* 63 (August 2008), p. 9.

[11] Vorkoeper, "Programmed Seduction," p. 130.

[12] See Michel Chevalier, Cornelia Sollfrank, Nana Petzet, Frank Stühlmeyer, Claudia Reiche, Rahel Puffert, "Praktizierte Kritik an der Institution. Der Fall Kunstverein in Hamburg," in: *Kulturrisse* 01/06, pp. 62-5.

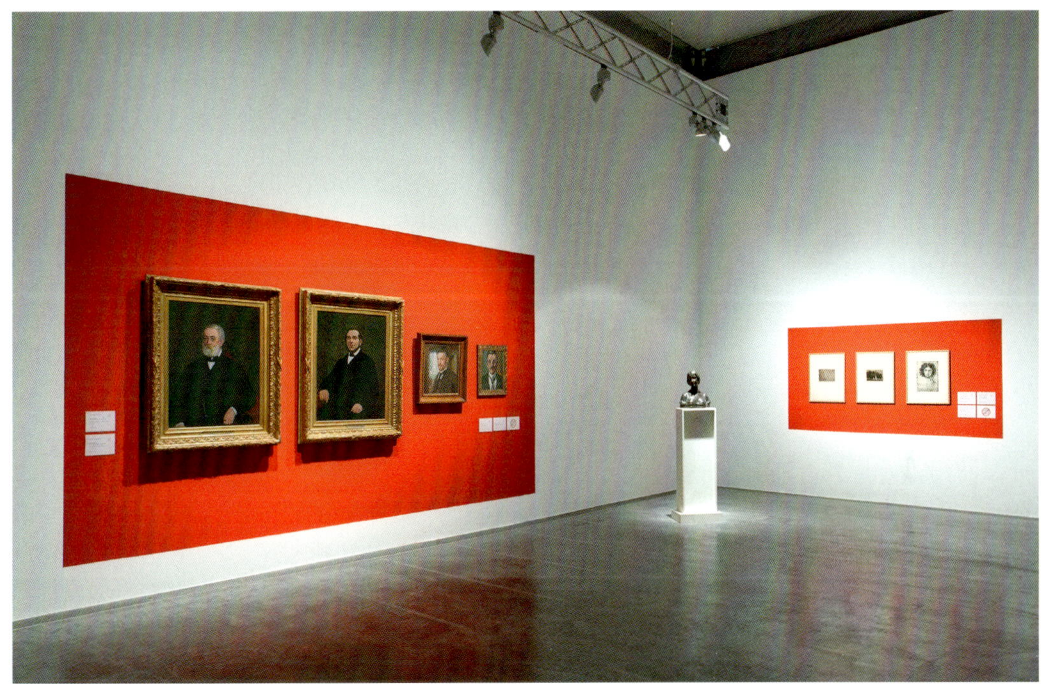

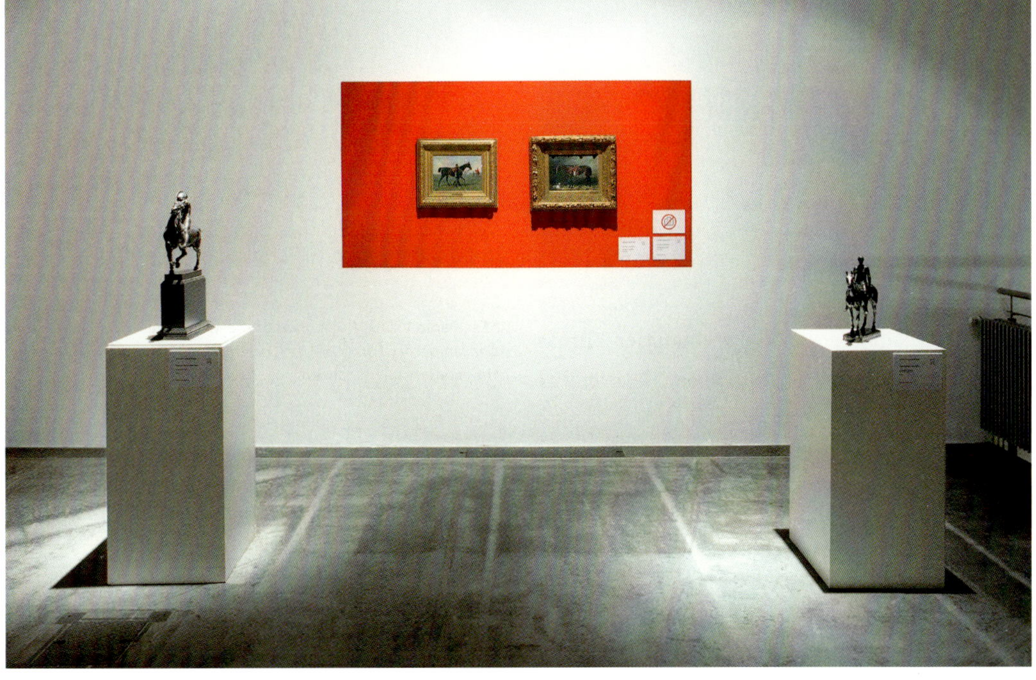

Installationsansichten / Installation views, Ausstellung / Exhibition *Originale und andere Fälschungen*
Edith-Ruß-Haus für Medienkunst, Oldenburg, 2009

FRÜHE EINFLÜSSE, SPÄTE FOLGEN
ODER: WARUM ES AUTOMATEN FÜR MICH TATEN

Cornelia Sollfrank

**Fragmente einer Rekonstruktion der Lebensgeschichte
als Textgeneration unter besonderer Berücksichtigung der Frage:
»Sind KünstlerInnen automatisch genial oder sind Automaten geniale KünstlerInnen?«**

Die Tatsache meiner Geburt wäre ansonsten unerheblich für mein weiteres Schaffen, wenn ich nicht in Feilershammer das Licht der Welt erblickt hätte. Genialität kündigt sich bekanntlich beizeiten in einschlägigen Vorzeichen an – und so wies bereits diese Konstellation weit voraus. Ganz automatisch waren mir mit Feile und Hammer zwei Werkzeuge ins Stammbuch eingetragen, die in meinem späteren Schaffen so große Bedeutung gewannen.

Es gehört noch heute zu meinen leidvollen Erinnerungen, wie sich an langen Sommertagen links und rechts der Landstraße die Sportwagen der Ausflügler reihten, um welche der Kreis der Geschwister freudig erregt zusammenrückte. Da, wo die Finger meiner Brüder von verzückten Ru-

fen begleitet hinwiesen, sah ich nur die Schlösser an Tür, Lenkrad und Zündung, die mich vorerst noch von der Auto-Mobilität trennten. Den Schlüssel hatten andere, die mich auch noch verständnislos anfuhren, bevor sie losfuhren, ich solle die Finger von dem lassen, was mir nicht gehört. Überhaupt, Frauen und Technik, da sei ich eh ganz verkehrt. Das war hart für das Mädel, das ich war, aber es lernte. Ich lernte, dass es die richtigen Schlüssel braucht, um Dinge zum Laufen zu bringen. Und ich machte mich beizeiten schlau in Sachen Auto-Mobilität. Fortan war es mein innigster Wunsch, zu zeigen, was geht.
Aber auch Freudiges kannte die Kindheit und davon zu berichten, heißt von einer weiteren Prägung zu berichten. Meine Mutter liebte es, sich mit Blumen zu umgeben. Nicht allein mit Blumen im Garten und Blumen in Vasen. Bunte Blu-

men-Drucke zierten Kacheln und Küchentücher, Töpfe und Kannen, Kleider und Schürzen. Hier, in diesen Bildwerken, erfuhr mein Weltbild tiefste Prägung – und auch meine anderen Bilder sind nicht ohne sie zu denken.

Gerade den Blumen-Drucken verdanke ich so ungemein viel, sie inspirierten einerseits jene bildwissenschaftlichen Studien, die in meinen späteren Schaffen zunehmend an Bedeutung gewannen (von ihnen wird hier noch die Rede sein), aber vor allem anderen war es eine Blüte, der eine besondere Vorliebe meiner Mutter galt, und mit der sie sich und uns deshalb bevorzugt umgab und die sich dem empfänglichen Gemüt der Heranwachsenden unauslöschlich einprägte: die Hibiskus-Blüte.

Die Hibiskus-Blüte – ihre ins Bild gebannte Gestalt – sie schien mir etwas in sich zu vereinen, ein Bild zu sein für – ich weiß nicht was. Erst sehr viel später enthüllte sich mir das tiefe Geheimnis, das in der schicksalhaften Begegnung mit der Blüte lag. In einem einschlägigen Werk zur modernen Kunst sollte sie mir – ich ihr – erneut begegnen. Dort dreifach, vierfach – bald schon dutzendfach, hundertfach, tausendfach. Gedruckt auf Leinwand, gedruckt auf Papier, reproduziert, multipliziert – digitalisiert im Netz. Ein ideales Markenzeichen – ganz automatisch genial!

Alles rief in mir nach ihr. Aber ach, noch war ich nicht in der Lage, die Verführung zu programmieren. Noch nicht. Denn ich hatte ja längst gelernt: Frauen und Technik? Kein Widerspruch, sondern Programm! Um mehr darüber zu ler-

nen, wie solche abgefahrenen, ganz automatisch genialen Bilder generiert werden, besuchte ich eine Kunstakademie – was sich allerdings nur als mäßig nutzbringend erwies. Malen lernte man dort und von Genialität war ebenfalls die Rede. Den einen oder anderen Computer gab es ebenfalls. Aber vor allem gab es Old Boys Networks, die sagten, ich solle die Finger von dem lassen, was mir nicht gehört. Überhaupt, Frauen und Kunst, da sei ich eh ganz verkehrt.

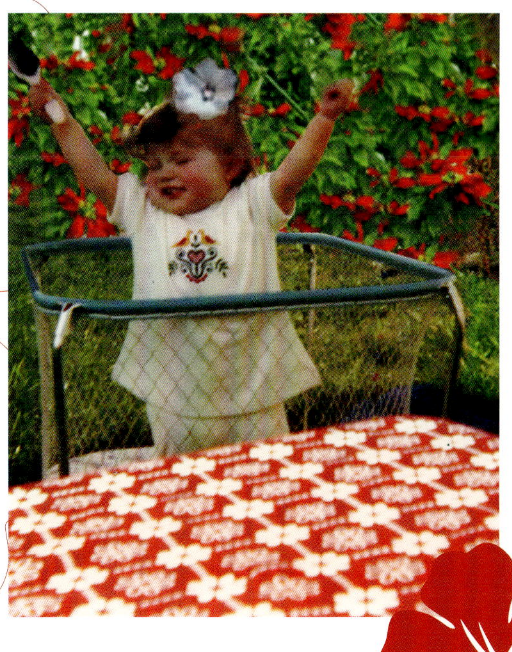

Hier kam nun wieder mein Schlüssel-Erlebnis ins Spiel. Erstens war klar, dass ich weder das Blumen-Bild noch andere Bilder selbst malen muss, weil sie schon massenhaft vorhanden waren. Zweitens, die Lektion der Auto-mation: The smart artist makes the machine do the work. Das ist mir dann ja auch wiederholt gelungen, wie mein Werk belegt. Hammer und Feile haben sich dabei, um es durch die Blume zu sagen, als Werkzeuge bestens bewährt.

Und hier darf wohl gesagt werden, dass dank meiner unermüdlichen wissenschaftlichen Bemühungen, von denen mein Schaffen ja beredt Zeugnis ablegt, endlich wieder Licht in die Welt eben dieser metakausalen Beziehungen zwischen den Bildern gedrungen ist, in denen erst der wahre Sinn und die wahre Ordnung der Bilder zu finden ist – frei von irgendwelchen Kausalitäten oder Konsekutionen, in denen sich doch nichts anderes beweist als das tiefe ornamentale Bedürfnis ansonsten haltloser Kunstschriftsteller.

So sehr ich auch das Gesagte gern an Beispielen aus meiner forscherischen Tätigkeit weiter ausführen und belegen würde – die einzelnen Untersuchungen und ihre Sujets (*Female Extension, Women Hackers, Warhol Flowers, Museumshop, This is not by me*) wären derart delikat, dass ihre adäquate Darstellung den Rahmen dieses Textes sprengen würden.

Zum Abschluss möchte ich nur noch kurz auf deren methodologische Grundlagen eingehen. Das erscheint mir unbedingt notwendig, da die allgemeine Einschätzung meines Werkes (als ausgesprochen phantasielos und an eigenen Einfällen arm, »Das ist doch gar nicht von ihr – das kommt doch alles aus dem Computer!«) eine völlige Blindheit für methodologische Probleme verrät und seiner ebenso strengen wie subtilen Methodik überhaupt nicht gerecht wird.

Denn genau darum geht es ja: Das, was nicht so aussieht, als sei es von mir, ist von mir. Das ist nicht von mir ist von mir. Und alles, was von mir ist, ist nicht von mir. Dieses strenge Gesetz der Komplementfunktion von Autorschaft und Reproduktion, die einander ebenso produzieren wie aufheben, bildet die Grundlage der automatischen Genialität und als methodo-

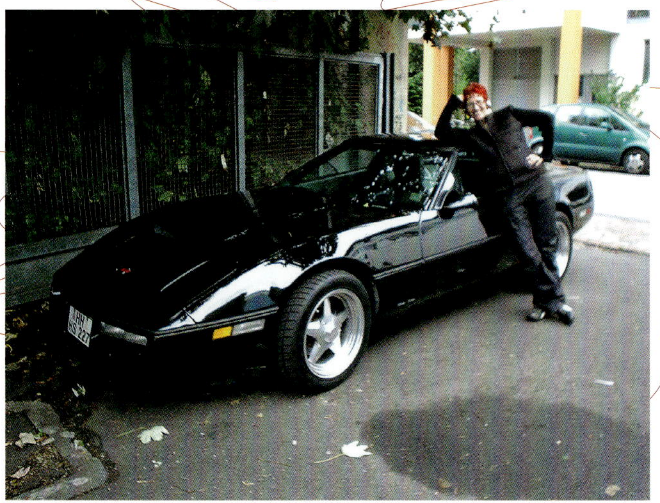

logisches Problem, das zugleich seine eigene Lösung ist, die Grundlage all meiner Arbeiten und hebt sie weit über die krausen Pseudologien der Kunstschriftsteller hinaus, die immer noch mit derart diluvialen Erklärungsformen wie Phantasie, Originalität, Kreativität usw. operieren.

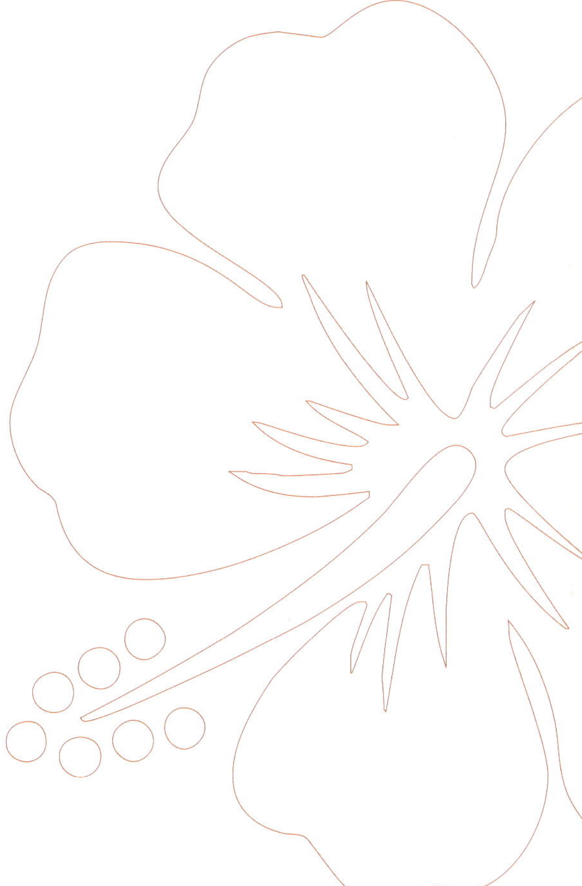

Damit möchte ich meine Ausführungen zu Werk und Leben abschließen. Es konnten beileibe nicht alle Fragen geklärt werden, insbesondere nicht solche die Autorschaft dieses Textes betreffende.

Doch hoffe ich, mit meinen Ausführungen dazu beigetragen zu haben, dass sich in unserer von borniertesten Ikonoklasten anschauungslos gemachten Zeit wieder etwas von der alten Ikonodulie regen möge.

Das im Voranstehenden verwandte autobiografische Material wurde mit Hilfe eines Reprografen[1] und einer Textgeneratorin[2] erstellt, für deren Programmierung ich Frau Prof. Dr. Kuni hiermit meinen Dank ausspreche.

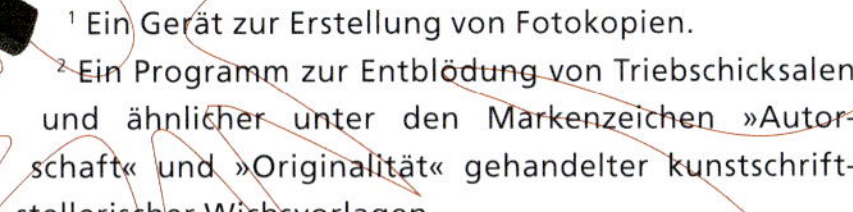

[1] Ein Gerät zur Erstellung von Fotokopien.
[2] Ein Programm zur Entblödung von Triebschicksalen und ähnlicher unter den Markenzeichen »Autorschaft« und »Originalität« gehandelter kunstschriftstellerischer Wichsvorlagen.

EARLY INFLUENCES, LATE CONSEQUENCES
OR: WHY MACHINES DID IT FOR ME

Cornelia Sollfrank

Fragments of a biographical reconstruction as text generation with particular consideration to the question: Are artists automatically ingenious or are automats ingenious artists?

The fact of my birth would otherwise be completely insignificant for my further work had I not seen the light of day for the first time in Feilershammer. Ingeniousness announces itself on occasion under appro- priate auspices—and so this constellation was foreshadowed long in advance. As if to the manner born, I was very automatically given file and hammer, two instruments that would take on great significance in my later work.

Even today, one of my most painful memories is how sports cars belonging to day-trippers lined up to the left and right of the country road, around which the circle of siblings elatedly closed ranks. There, where my brothers' fingers pointed accompanied by ecstatic calls, I only saw the locks on the door, steering wheel and ignition that separated me for the time being from automotive mobility. The keys were in the possession of others who even uncomprehendingly snarled at me before driving away saying that I should keep my fingers to myself.

Anyway, women and technology, I am somewhat mixed-up in this regard. That was difficult for the little girl that I was, but she learned. She learned that the correct key is required to make things run. And with time she came up to par in matter concerning automotive mobility. From then on it was my most ardent wish to show how things work.

But my childhood also knew joy, and speaking of them means reporting on a further influence. My mother loved to be surrounded by flowers. Not only by flowers in the garden or flowers in vases. Colorful floral prints adorned the tiling and the kitchen towels, the pots and pitchers, dresses and aprons. Here, in these sculptures, my world view was most deeply influenced—and my other pictures are unimaginable without them.

I particularly owe much to the floral prints; on the one hand they inspired the iconographical studies that would play an increasingly significant role in my later work (of which we will speak more of later), but it was especially one blossom in particular, on the other hand, that my mother had a special love for and which she therefore surrounded herself and us with more than any other; one that would deeply ingrain itself into the minds of the impressionable adolescents: the hibiscus blossom. The hibiscus blossom—its visualized form—it seemed to me to unite something, was a symbol for—I do not know what. Only much later was the deep secret that lay in the fateful encounter with the blossom revealed to me. I would encounter it again in a standard work on modern art. In triplicate, in quadruplicate, soon even by the dozens, by the hundreds, by the thousands. Printed on canvas, printed on paper, reproduced, multiplied, digitalized on the Web. An ideal trademark—quite automatically ingenious! Everything in me called out to it. But alas, I was as yet unable to program the allurement. Not

yet. Because I had learned long ago: Woman and technology? Not a contradiction, but programmatic instead! In order to learn more about how to generate such way-out, automatically very ingenious pictures, I attended an art academy—which, however, did not prove very useful. One learned to paint there and one also spoke about ingeniousness. There was also the one or other computer there. But there was mainly the Old Boys Network there that told me I should keep my fingers to myself. Anyway, women and art, I am somewhat going for the wrong thing.

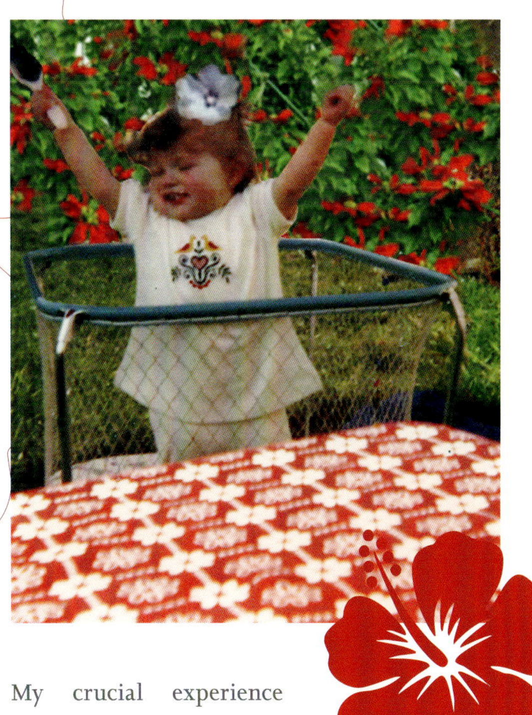

My crucial experience with the key entered into play here. It became immediately clear that I didn't have to paint the flower picture or any other picture myself because they already existed in abundance. Secondly, the lessons of automation: The smart artist makes the machine do the work. As my work proves, I have been repeatedly successful in this. Hammer and file have, to put it rather floridly, shown themselves to be extremely reliable instruments.

And at this point it can be said that, thanks to my tireless research efforts, to which my work elegantly testifies, daylight has again penetrated this metacausal relationship between the images in which the real meaning and the true order of the pictures can first be found—free of any and all causalities or consecutions, in which nothing else is proven other than the deep ornamental desires of otherwise disoriented writers on art.

Although I would gladly provide further examples documenting my research—the individual investigations and their subjects (*Female Extension, Women Hackers, Warhol Flowers, Museumshop, This is not by me*) this would of necessity be so delicate that an adequate representation would go beyond the scope of this text.

In conclusion, I would briefly like to address their methodological foundations. This seems very necessary to me because the general assessment of my work is exceedingly unimaginative and lacking in original ideas ("That is not by her at all—everything comes out of the computer!"), revealing a complete blindness for methodological problems totally unsuited to its strict but also subtle methods. Because this is precisely what it is all about: That which does not look like I made it is by me. That which I didn't make is by me. And everything that I made is not by me. This strict law of complementary functions between authorship and reproduction that mutually produces each other as well as negating it, forms the foundation of automatic ingeniousness in addition to, as a methodological problem that

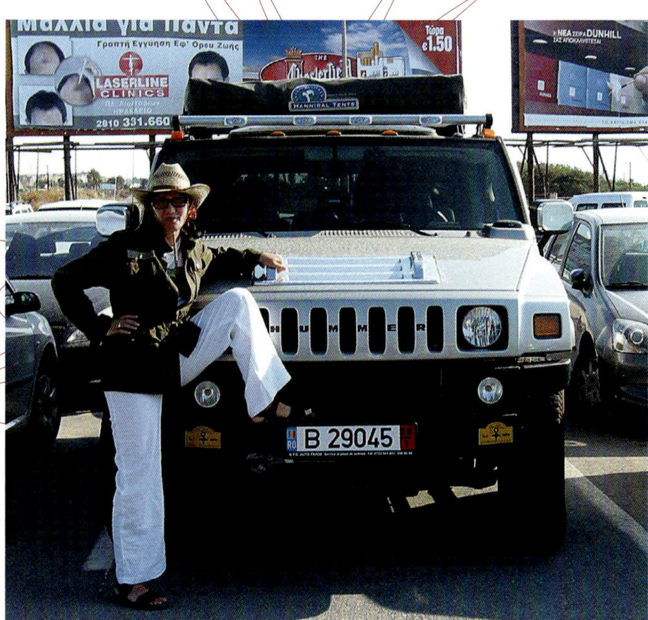

is simultaneously its own solution, the foundation of all my works, raising them above all the odd pseudologies of the writers on art who still operate with such antiquated terms as fantasy, originality, and creativity etc.

I herewith wish to end my comments on my life and work; not all questions could be dealt with—particularly those concerning the authorship of this text.

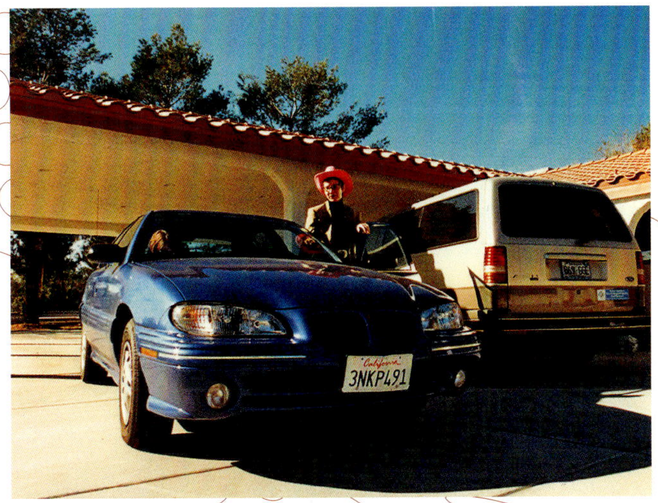

But I hope that my comments serve to stir some of the old iconodulism in our times that have been prejudiced by narrow-minded iconoclasts.

The autobiographical material used above was made with the assistance of a reprographer[1] and a text generator,[2] the programming of which I am very grateful to Prof. Dr. Kuni.

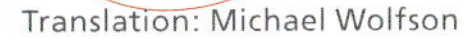

Translation: Michael Wolfson

[1] A device used to produce photocopies.
[2] A program to destupidify instincts and their vicissitudes of one-handed reading material about art marketed for example under the trademark of "authorship" and "originality".

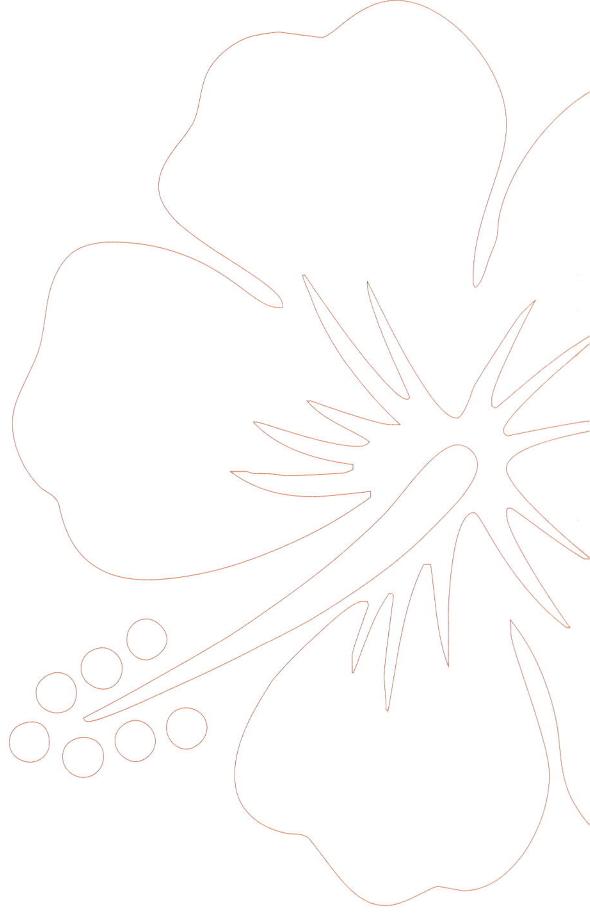

WERKVERZEICHNIS AUSSTELLUNG /
LIST OF WORKS IN THE EXHIBITION

Die Ausstellung »Originale und andere Fälschungen« besteht aus den folgenden Werkkomplexen / The exhibition "Originals and other Fakes" consists of the following works

Gemälden, Skulpturen und Grafiken aus dem Stadtmuseum, dem Horst-Janssen-Museum und dem Landesmuseum für Kunst und Kulturgeschichte Oldenburg / Paintings, sculptures and graphics form the Stadtmuseum, the Horst-Janssen-Museum and the Landesmuseum für Kunst und Kulturgeschichte Oldenburg

deren Abbildungen als Poster mit Firmen-Logo / their reproductions as posters with corporate logo

Datenbank der Bildagentur www.art-content24.de / database of the image agency www.art-content24.de

dem Video *Das maximal Einmalige und seine Transformation zum Gleichartigen* / the video *The Maximal Unique and its Transformation into the Similar*, 2007

Verträge und Lizenzen, die im Rahmen des Projektes *MuseumShop* erarbeitet wurden / contract and licenses that have been developed within the project *MuseumShop*

Differenzbildern, die in Zusammenarbeit mit dem Fraunhofer Institut für Sichere Informationstechnologe (SIT), Darmstadt entwickelt wurden / Differential images, produced in collaboration with the Fraunhofer Institute for Secure Information Technology SIT, Darmstadt

LEIHGABEN / LOANS

Friedrich Diedrichs (1817-1893)
nach Rembrandt Harmensz van Rijn
Rabbiner
Öl auf Leinwand / Oil on canvas
Kopie um 1870, Original um 1630/40
Copy from 1870, Original around 1630/40
Stadtmuseum Oldenburg

Huiquan Liu
(keine Lebensdaten bekannt / no dates of birth known)
nach Friedrich Diedrichs nach Rembrandt
Rabbiner
Öl auf Leinwand / Oil on canvas
Kopie 2008, nach einer Kopie von 1870
Copy 2008, after a copy from 1870
Privatbesitz / Private Collection Cornelia Sollfrank

Tianyi Wang
(keine Lebensdaten bekannt / no dates of birth known)
nach Friedrich Diedrichs nach Rembrandt
Rabbiner
Öl auf Leinwand / Oil on canvas
Kopie 2008, nach einer Kopie von 1870
Copy 2008, after a copy from 1870
Privatbesitz / Private Collection Cornelia Sollfrank

Hermann Gehrich
(keine Lebensdaten bekannt / no dates of birth known, dokumentiert / documented 1873-1885)
Carl Hermann Klävemann, 1885 (postum)
Öl auf Leinwand / Oil on canvas
Stadtmuseum Oldenburg

Hermann Gehrich
(keine Lebensdaten bekannt / no dates of birth known, dokumentiert / documented 1873-1885)
Dr. Johann Conrad Diedrich Klävemann, 1885
Öl auf Leinwand / Oil on canvas
Stadtmuseum Oldenburg

Josef Pollack (1912–1997)
Theodor Francksen, ca. 1958 (postum)
Öl auf Leinwand / Oil on canvas
Stadtmuseum Oldenburg

Bernhard Winter (1871-1964)
Selbstbildnis in jungen Jahren, 1901
Öl auf Leinwand / Oil on canvas
Stadtmuseum Oldenburg, Bernhard-Winter-Stiftung

Wilhelm Lehmbruck (1881-1919)
Grace, um 1905
Bronzebüste / bronze
Landesmuseum Oldenburg

Franz von Stuck (1863-1928)
Amazone, 1897
Bronze / bronze
Stadtmuseum Oldenburg

Louis Tuaillion (1862-1919)
Amazone, 1890-1895
ab 1903 verkleinerter Guss / since 1903 downscaled cast
Bronze / bronze
Stadtmuseum Oldenburg

Emil Volkers (1831-1905)
Pferdeporträt, um / around 1860
Öl auf Leinwand / Oil on canvas
Stadtmuseum Oldenburg

Emil Volkers (1831-1905)
Pferdeporträt, um / around 1892
Öl auf Leinwand / Oil on canvas
Stadtmuseum Oldenburg

Wilhelm Kempin (1885-1951)
Das Sieltor, um / around 1930/31
Öl auf Holz / Oil on wood
Stadtmuseum Oldenburg

Richard tom Dieck (1862-1943)
Oldenburger Geestlandschaft, um /around 1910
Öl auf Hartfaser / Oil on wood
Stadtmuseum Oldenburg

Richard tom Dieck (1862-1943)
Oldenburger Landschaft (Sager Heide), 1910
Öl auf Pappe / Oil on cardboard
Stadtmuseum Oldenburg

Emil Wolff (1895-1971)
Landschaft mit hohem Himmel, 1953
Öl auf Leinwand / Oil on canvas
Stadtmuseum Oldenburg

Horst Janssen (1929–1995)
Waldrand – In Gedanken an Willem Buytewegh,
aus der Mappe „Landschaften", 1982
Radierung / Etching
Horst-Janssen-Museum, Oldenburg
Dauerleihgabe der / Permanent loan from the Claus-Hüppe-Stiftung

Horst Janssen (1929-1995)
Bäume im Gegenlicht, 1970
Radierung / Etching
Horst-Janssen-Museum, Oldenburg
Dauerleihgabe der / Permanent loan from the Claus-Hüppe-Stiftung

Horst Janssen (1929-1995)
Francisco des Goya, nach einem Selbstporträt, 1988
Radierung / Etching
Horst-Janssen-Museum, Oldenburg
Dauerleihgabe der / Permanent loan from the Claus-Hüppe-Stiftung

ARBEITEN VON / WORKS BY CORNELIA SOLLFRANK
*Das maximal Einmalige und seine Transformation zum
Gleichartigen*, 2007
The Maximal Unique and its Transformation into the Similar, 2007
Video 20 Minuten / minutes

www.art-content24.de, seit / since 2007
Online-Datenbank und WebShop / Online database and WebShop

Vertragsraum / Contract space, 2007/09
Installation

Differenzbilder / Differential Images, 2009
Projektion / Projection
In Zusammenarbeit mit dem Fraunhofer Institut für Sichere
Informationstechnologe SIT / in cooperation with the Fraunhofer
Institute for Secure Information Technology SIT, Darmstadt

Déjà Vu, 2009
Wand-Installation, Materialien und Recherche-Ergebnisse
Installation, research materials

Automatisch generierte Autorschaft /
Automatically generated Authorship, 2004
Hörspiel / audio play, 37 Minuten / minutes, im Auftrag von /
commissioned by ORF Kunstradio, ran 2, in Zusammenarbeit mit /
in collaboration with Timothy Didymus

KÜNSTLERBIOGRAFIE / ARTIST BIOGRAPHY

1960
Geboren / born in Feilershammer
Lebt und arbeitet / lives and works in Hamburg,
Celle und / and Dundee, Schottland / Scotland

1987–1994
Studium der Malerei und Freien Kunst / Studies of painting and
fine arts an der / at Akademie der Bildenden Künste München
und an der / and at Hochschule für bildende Künste Hamburg

1995–1996
Multimedia Product Manager (Philips Media Germany)

Seit / since 1996
freiberufliche Künstlerin und journalistische Tätigkeit /
professional artist and free-lance author

Seit / since 1999
Gastdozenturen / lecturer an der / at Hochschule für bildende
Künste Hamburg, Leuphana Universität Lüneburg, Universität
Oldenburg und der / and at Bauhaus Universität Weimar

Seit / since 2006
Promotion an der / PhD Researcher at Dundee University,
Dundee, Schottland / Scotland

STIPENDIEN UND PREISE / GRANTS AND AWARDS
2008
Stipendium der Stiftung Niedersachsen für Medienkunst / Stipend
of the Foundation of Lower Saxony for Media Art, mit Aufenthalt
am Edith-Ruß-Haus für Medienkunst / with residency at Edith Russ
Site for Media Art, Oldenburg

2001
EMARE Stipendium / Scholarship mit Aufenthalt an der / with
residency at Duncan of Jordanstone University, Dundee

Arbeitstipendium / Grant DIE HÖGE, mit Aufenthalt auf dem /
with residency at Internationalen Künstlerinnenhof DIE HÖGE,
Högenhausen/Bassum

1997, 1998 und / and 1999
Arbeitsstipendien / Grants Künstlerhaus Bethanien, Berlin, der
Städte / of the cities of Berlin und / and Hamburg

1996/1997
Stipendium des Deutschen Akademischen Austauschdienstes
(DAAD) / Scholarship DAAD mit Aufenthalt / with residency
in New York City

AUSSTELLUNGEN / EXHIBITIONS
SEIT / SINCE 2000 (AUSWAHL / SELECTION)

EINZELAUSSTELLUNGEN / SOLO EXHIBITIONS
2009
Unlimited Edition, Mejan Labs, Stockholm
Originale und andere Fälschungen, Edith-Ruß-Haus
für Medienkunst, Oldenburg (Kat. / cat.)

2007
MuseumShop, Märkisches Museum Witten (Kat. / cat.)

2006
This is not by me, Kunstverein Hildesheim, Hildesheim
This is not by me, Magnet Gallery, Manila

2004
Legal Perspective, [plug.in] Forum für Neue Medien, Basel / Bale

2001
Networked Reality, Galleri 21, Malmö

2000
Liquid Hacking Laboratory, Kunstverein Nürnberg / Nuremberg
(Kat. / cat.)

GRUPPENAUSSTELLUNGEN / GROUP EXHIBITIONS
2009
International Biennial of Contemporary Graphic Art,
Novosibirsk State Art Museum, Novosibirsk

2008
re.act.feminism. performancekunst der 1960er und 70er jahre heute,
Akademie der Künste, Berlin
Anna Kournikova Deleted by Memeright Trusted System,
Hartware MedienKunstVerein, Dortmund (Kat. / cat.)
Kunstmaschinen Maschinenkunst, Museum Tinguely,
Basel / Bale (Kat. / cat.)

2007
Kunstmaschinen Maschinenkunst, Schirn Kunsthalle, Frankfurt (Kat./cat.)
Copieren und Verfälschen, Künstlerhaus FRISE, Hamburg

2006
Cyberfem. Feminisms on the Electronic Landscape, Espai d'Art
Contemporani de Castelló, Castelló
International Meeting on Feminisms and Activisms, Francesca
Bonnemaison Centre, Barcelona
*Arbeit**, Lewis Glucksman Gallery, Cork (Kat. / cat.)

2005
Connessioni leggendarie, National Library Braidense,
Mailand / Milano (Kat. / cat.)
cut-copy-paste, Cultural Center »La Vénerie«, Brüssel / Brussels
Storyrooms – Networks, Narratives and Installations,
Museum of Science and Industry, Manchester (Kat. / cat.)
Rhizome, ArtBase 101, New Museum, New York City
Changing Territories, Knabstrup Kulturfabrik,
Kopenhagen / Copenhagen (Kat. / cat.)
*Arbeit**, Galerie im Taxispalais, Innsbruck (Kat. / cat.)

2004
City of Women, Festival, Ljubljana
Subduktive Massnahmen, ZBO-SdM052004, Bundeskunsthalle,
Bonn und / and Barbarastollen (Kat. / cat.)
Public Library, Wizards of OS Conference, Congresszentrum am
Alexanderplatz, Berlin
vir_users + mis_users, Museo Nacional Centro de Arte Reina Sofia,
Madrid

2003
Habitar en (Punto)net, Espai F, Matar, Barcelona
*Sammlung zeitgenössischer Kunst der Volksfürsorge
Versicherungen*, Le Royal Meridien, Hamburg (Kat. / cat.)
Generator, Minories Art Gallery, Colchester, Essex

2002
Generator, Spacex Gallery, Exeter und / and
Liverpool Biennial, Liverpool

2001
Cross Female – Metaphores of the Female in the Art of the 90's,
Kunst- und Kunstgewerbeverein Pforzheim, Pforzheim (Kat. / cat.)
Künstlerbilder, Galerie Mesaoo Wrede, Hamburg
Cynet Art, Projekttheater, Dresden (Kat. / cat.)
Observatori, Media Art Festival, Valencia (Kat. / cat.)
Cyberfem Spirit, Edith-Ruß-Haus für Medienkunst, Oldenburg
(Kat. / cat.)

2000
*Tenacity – Cultural Practices in the Age of Global Information-
and Biotechnologies*, Swiss Institute, New York City und / and
Shedhalle, Zürich / Zurich
UFO Strategies, Edith-Ruß-Haus für Medienkunst, Oldenburg
(Kat. / cat.)
Real Work, 4. Werkleitz Biennale, Werkleitz (Kat. / cat.)
Cross Female – Metaphern des Weiblichen in der Kunst der 90er Jahre,
Künstlerhaus Bethanien, Berlin (Kat. / cat.)
terr@media – Game Patching and Hacking Sublime, Fournos,
Center for the Art, Athen / Athens
LA Freewaves – Festival of Experimental Media Arts, Los Angeles

PERFORMANCES
2008
TroubleShooting, Schießperformance / Shooting Performance,
Akademie der Künste, Hanseatenweg, Berlin

2006
Le chien ne va plus, Phoenix Einkaufszentrum, Hamburg-Harburg

2005
Tweakfest, Hochschule der Künste (HGKZ), Zürich / Zurich

2004
*Automatisch generierte Autorschaft / Automatically generated
Authorship*, Hörspiel / radio play, ORF-Kunstradio, Wien / Vienna

2002
Guided tour through hackerland, Chaos Communication Congress,
Berlin

1997
Female Extension, Kunsthalle Hamburg, Hamburg

1996
New Media – Old Roles, Computermesse CeBIT, Hannover together
with Hanover (Projekt der Gruppe / project of the group »-Innen
plus«)
Remote Viewing, Ars Electronica, Linz

1994
information art, Hochschule für bildende Künste, Hamburg

1993
New Woman, Postkartenaktion

PROJEKTE, KONFERENZEN, WORKSHOPS /
PROJECTS, CONFERENCES, WORKSHOPS
2008
Who is afraid of Artistic Research? Eintägiges Symposium
über die Epistemologie und den Kontext praxisbasierter
Forschung / one-day symposium about the epistemology
and context of practice-based research, Visual Research Centre,
Dundee University, Dundee (zusammen mit / together with
Lindsay Brown)
Sharing Strategies, Arteleku, San Sebastián

Seit / since 2007
ArtContent24.de, Bildagentur für Kunstreproduktionen / image
agency for the repoduction of art, http://www.art-content24.de

Seit / since 2006
THE THING Hamburg, Plattform für Kunst und Kritik / platform
for art and critique, http://thing-hamburg.de

2005–2006
TammTamm – Künstler informieren Politiker (KiP),
http://www.tamm-tamm.info

Seit / since 2004
[echo], Mailingliste für Kunst, Kritik und Kulturpolitik / mailing list
for art, critique and cultural policies in Hamburg

2003
fem snd, Party & Workshop, mit / together with Laurence Rassel
und / and Maya C. Sternel, Melkweg Amsterdam, in Zusammenarbeit mit / in collaboration with next5minutes, Amsterdam

Sounds Tactical, Workshop, mit / together with Laurence Rassel, in
Zusammenarbeit mit / in collaboration with transmediale und / and
Podewil Berlin

2001
very Cyberfeminist International, Konferenz / Conference,
Lichtmess-Kino, Hamburg

1999
next Cyberfeminist International, Konferenz / Conference,
De Unie und / and Goethe Institut, Rotterdam

1997
first Cyberfeminist International, Konferenz / Conference,
Hybrid Workspace, documenta X, Kassel

1997–2001
Old Boys Network, Erste Allianz von Cyber-Feministinnen /
First Cyberfeminist Alliance, http://www.obn.org

1993
Narzissmus in den Medien am Beispiel Fernsehen,
Performance, Produzentengalerie Kunstitut, Stuttgart
(Projekt der Gruppe / project of the group »-Innen«)

1993–1996
Künstlerinnengruppe / women artist group »-Innen«

1992
Penisneidspiele, Beitrag zur / Contribution for documenta IX
(Kunstfernsehen mit / Art television with van-Gogh TV), Kassel
(Projekt der Gruppe / project of the group »frauen-und-technik«
(»Women and Technology«)

1992–1993
Künstlerinnengruppe / women artist group »frauen-und-technik«
(»Women and Technology«)

VIDEOS
2007
Das maximal Einmalige und seine Transformation zum Gleichartigen /
The Maximal Unique and its Transformation into the Similar

2006
Spring in Paris, revisiting feminist art #2
Le chien ne va plus, revisiting feminist art #1
I DON'T KNOW, Gespräch zwischen / conversation between
Cornelia Sollfrank und / and Andy Warhol, 1968/2006

2005
Public Library, Inke Arns und / and Florian Cramer
(Dokumentation / Documentary)

2004
copyright © 2004 cornelia sollfrank
Legal Perspective

2000
Have script, will destroy

VORTRÄGE / LECTURES
Seit / since 1997
zahlreiche Vorträge an Universitäten und Kunsthochschulen, in
Kunst- und Kulturzentren sowie auf Kunst- und Medienfestivals /
numerous lectures at universities and art academies, in art and
cultural centres and at media and art festivals

BIBLIOGRAFIE / BIBLIOGRAPHY
SEIT / SINCE 2000 (AUSWAHL / SELECTION)
vollständige Auflistung / Complete list at: http://artwarez.org

MONOGRAFIEN / MONOGRAPHS
Cornelia Sollfrank (Hg./Eds.), *net.art generator*, including texts
by Annette Schindler, Florian Cramer, Ute Vorkoeper, Sarah Cook,
Verena Kuni, Nürnberg, 2004

Cornelia Sollfrank (Hg./Eds.), *very Cyberfeminist International*,
Berlin, 2001

Cornelia Sollfrank (Hg./Eds.), *first Cyberfeminist International*,
Hamburg, 1998

ÜBER / ABOUT CORNELIA SOLLFRANK
Maider Zilbeti, Interview mit / with Cornelia Sollfrank, in:
ZEHAR, #63, 2008, Arteleku, San Sebastián, S. / pp. 4–11

Alessandro Ludovico, »Copyright Guerilla«, in: *neural*, #27, 2008,
S. / pp. 39–43

Wencke Artschwager »Cornelia_Sollfrank« in: Daniel Becker u.a. (Hg./Eds.), Kurzführer / Shortguide: *Net.art*, Universität Hamburg, 2007 S. / pp. 52–61 und http://de.wikipedia.org/wiki/Cornelia_Sollfrank

Anne Schreiber, »Where is Cornelia Sollfrank«, in: *art.net Magazine*, Questionnaire, January 11, 2007

Tone Hansen, »Peter Tamm loves the Navy«, Interview mit / with Cornelia Sollfrank, in: ders. / id., *What does Public mean?*, Oslo, 2006, S. / pp. 110–115

Mark Tribe, »Female Extension«, in: ders. / id. und / and Reena Jana, *New Media Art*, Köln, 2006, S. / pp. 88–89

Verena Kuni, »Netzwerke«, in: Barbara Lange (Hg./Eds.), *Geschichte der bildenden Kunst in Deutschland. Vom Expressionismus bis heute*, Bd. 8, München, 2006, S. / p. 188

Verena Kuni (in Zusammenarbeit mit / in collaboration with Barbara Schrödl und / and Wiebke von Hinden), »Mediendiskurse«, in: Barbara Lange (Hg./Eds.), *Geschichte der bildenden Kunst in Deutschland. Vom Expressionismus bis heute*, München, 2006, S. / pp. 336–337

Thomas Kaestle, »This is not by me«, in: ders. / id. (Hg./Eds.), *Wer ist die Kunst?*, Bielefeld, 2006, S. / pp. 22–23

Thomas Kaestle, »Wem gehört die Kunst? Geistiges Eigentum und keine Ende«, Gespräch mit / conversation with Cornelia Sollfrank, in: ders. / id. (Hg./Eds.), *Wann ist die Kunst*, Bielefeld, 2005, S. / pp. 126–131

Cornelia Sollfrank und / and Ute Vorkoeper, »I'll be my mirror«, in: Theresa Georgen u.a. (Hg./Eds.), *Bühnen des Selbst*, Kiel, 2005, S. / pp. 331–344

Jacob Lillemose, »net.art generator«, in: *VÆRK 04-05, Changing Territories*, Knabstrup Kulturfabrik, Regstrup, 2005, S. / pp. 40–42

Florian Cramer, »Hacking the Art Operating System«, Interview mit / with Cornelia Sollfrank, in: Simon Yuill u.a. (Hg./Eds.), *Cross-Wired: Communication – Interface – Locality (Transcript)*, Manchester, 2005, S. / pp. 57–67

Rachel Greene, »Female Extension«, in: dies. / id. (Hg./Eds.), *Internet Art*, New York / London, 2004, S. / pp. 83–84

Florian Cramer, »Das Betriebssystem Kunst hacken«, Interview mit / with Cornelia Sollfrank, in: visarte (Hg./Eds.), *Schweizer Kunst*, Bd. 1/02, Zürich, 2002, S. / pp. 19–23

Tilman Baumgärtel, »Hacker sind Künstler – und manche Künstler eben auch Hacker«, Interview mit / with Cornelia Sollfrank, in: ders. / id., *[net.art] – Neue Materialien zur Netzkunst*, Nürnberg, 2001, S. / pp. 158–163 und / and in: net.art, Petergailis, Riga, 2001, S. / pp. 122–129

Old Boys Network, »obn@zkm«, in: Peter Weibel, Timothy Druckrey (Hg./Eds.), *net_condition*, Cambridge/Mass., 2000, S. / pp. 300–301

Inke Arns, »net.art generator«, in: Werkleitz Gesellschaft e.V. (Hg./Eds.) *[real work]*, Werkleitz Biennale 4, Werkleitz, 2000, S. / pp. 142–143

Inke Arns, »net.art generator«, in: Goethe-Institut (Hg./Eds.), *Update 2.0*, München, 2000, S. / pp. 98–101

VON / BY CORNELIA SOLLFRANK

Cornelia Sollfrank, »Sandheden om cyberfeminismen« (»The Truth about Cyberfeminism«), in: Jacob Lillemose und / and Nikolaj Recke (Hg./Eds.), *vi elsker din computer (we love your computer)*, The Royal Danish Academy of Fine Arts, Copenhagen, 2008, S. / pp. 296–310

Cornelia Sollfrank, »MuseumShop«, in: Kultursekretariat NRW Gütersloh (Hg./Eds.), *Knotenpunkte – Sieben KünstlerInnen an sieben Ausstellungsorten in Nordrhein-Westfalen*, Köln, 2007, S. / pp. 198–223

Cornelia Sollfrank, »Forward to the Past – The Concept of the »Cultural Lighthouse in Hamburgs Hafencity««, in: Tone Hansen (Hg./Eds.), *What does Public mean?*, Oslo, 2006, S. / pp. 102–109

Cornelia Sollfrank, »copyright © 2004 cornelia sollfrank«, in: Claus Pias (Hg./Eds.), *Zukünfte des Computers*, Zürich / Berlin, 2004, S. / pp. 171–187

Cornelia Sollfrank, »Improved Tele-Vision«, in: Berliner Festspiele Maerz Musik Festival (Hg./Eds.), *Material Re Material*, Berlin, 2003, S. / pp. 24–36

Cornelia Sollfrank, »Not every hacker is a woman«, in: Claudia Reiche, Andrea Sick (Hg./Eds.), *technics of cyber<>feminism, <mode=message>*, Bremen, 2001, S. / pp. 155–165

Cornelia Sollfrank, »Liquid Hacking Laboratory«, in: Matthias Klos u.a. (Hg./Eds.), *log.buch*, Nürnberg, 2000, S. / pp. 178–202

Cornelia Sollfrank »Have script will destroy«, Interview mit / with Clara G. Sopht, in: Barbara Höffer u.a. (Hg./Eds.), *cross female – Metaphern des Weiblichen in der Kunst der 90er Jahre*, Künstlerhaus Bethanien, Berlin, 2000, S. / pp. 92–93 und / and in: Helene von Oldenburg, *UFO-Strategien*, Edith-Ruß-Haus für Medienkunst, Oldenburg, 2000, S. / pp. 127–133

SABINE HIMMELSBACH

Sabine Himmelsbach hat in München Kunstgeschichte studiert. Von 1993–96 arbeitete sie für Galerien in München und Wien und wurde anschließend Projektleiterin für Ausstellungen und begleitende Symposien beim Steirischen Herbst Festival in Graz. 1999 übernahm sie die Ausstellungsleitung am ZKM|Zentrum für Kunst und Medientechnologie in Karlsruhe. Seit Oktober 2005 leitet sie das Edith-Ruß-Haus für Medienkunst in Oldenburg. Zu ihren Ausstellungsprojekten gehörten u.a. *temporal values. From Minimal to Video* (2003), *Bankett. Metabolismus und Kommunikation* (2003), *Coolhunters* (2004), *Resonanzen* (2005), *Playback_Simulierte Wirklichkeiten* (2006) und *SOUND//BYTES. Elektronische und digitale Klangwelten* (2007), *Ökomedien. Ökologische Strategien in der Kunst heute* (2007), *Rafael Lozano-Hemmer: Recorders* (2008). Aufsätze von ihr sind u. a. enthalten in: *Future Cinema*, *Making Things Public* und *Digitale Transformationen*. Sie hält regelmäßig international Vorträge zu den Themenkomplexen Medienkunst und zeitgenössische Kultur.

Sabine Himmelsbach studied art history in Munich, Germany. From 1993 to 1996 she worked for galleries in Munich and Vienna and later became project manager for exhibitions and conferences for the Steirischer Herbst Festival in Graz, Austria. In 1999 she became exhibition director at the ZKM|Centre for Art and Media in Karlsruhe, Germany. Since October 2005 she has been artistic director of the Edith-Russ-Site for Media Art in Oldenburg, Germany. Her exhibition projects include *temporal values. From Minimal to Video* (2003), *Banquet. Metabolism and Communication* (2003), *Coolhunters* (2004), *Resonances* (2005), *Playback – Simulated Realities* (2006) as well as *SOUND//BYTES. Electronic and Digital Soundscapes* (2007), *Ecomedia. Ecological Strategies in Art today* (2007), *Rafael Lozano-Hemmer: Recorders* (2008). As a writer, she has contributed to publications such as *Future Cinema*, *Making Things Public* and *Digitale Transformationen*. She lectures internationally on topics related to media art and contemporary culture.

JACOB LILLEMOSE

Jacob Lillemose, PhD Researcher an der Doctoral School der Universität von Kopenhagen, arbeitet an dem Projekt »Software Art and the Aesthetics of Information Tools«. Er arbeitet als frei schaffender Kritiker und Kurator, wobei er sich in seiner Praxis darauf spezialisiert hat, computergestützte zeitgenössische Kunst und zeitgenössische Kunst im Allgemeinen in die Tradition der Konzeptkunst zu integrieren. Zusammen mit Inke Arns hat er die Wanderausstellung »Irational.org: Tools, Techniques, and Events 1996–2006« kuratiert. Er hat Texte für zahlreiche Kataloge, Magazine und Anthologien verfasst, darunter *Curating Immateriality* (autonomedia, 2006) und *Read Me: Software Art and Cultures* (University of Aarhus Press, 2005). Er ist Mitglied der Netzkultur Organisation »Artnode« mit der er *We Love Your Computer. An Anthology on Net Art* herausgegeben hat, veröffentlicht von der Royal Academy of Fine Arts in Kopenhagen. Zur Zeit lebt er in Kopenhagen.

Jacob Lillemose, PhD Researcher at the Copenhagen Doctoral School, University of Copenhagen, working on the „Software Art and the Aesthetics of Information Tools" project. He works as a freelance critic and curator specializing in integrating computer-based contemporary art and contemporary art in general to the tradition of conceptual art. Together with Inke Arns he curated the traveling exhibition "Irational.org: Tools, Techniques, and Events 1996-2006." He has contributed texts to numerous catalogues, magazines and anthologies, including *Curating Immateriality* (autonomedia, 2006) and *Read Me: Software Art and Cultures* (University of Aarhus Press, 2005). He is a member of the net culture organization "Artnode," in conjunction with which he edited *We Love Your Computer. An Anthology on Net Art* published by the Royal Academy of Fine Arts in Copenhagen. He is currently based in Copenhagen.

RAHEL PUFFERT

Kulturwissenschaftlerin und Kunstvermittlerin, lebt in Hamburg. In ihrer Dissertation an der Leuphana Universität Lüneburg untersucht sie »Vermittlungswege im Kontext Kunst« aus kunsthistorischer, künstlerischer und soziologischer Perspektive mit Fokus auf die »sozialen Avantgarden«.
1996–98 Leitung der Vermittlungsabteilung der Städtischen Galerie Nordhorn. Lehrtätigkeiten an den Universitäten Lüneburg, Kassel und Wien und der VHS Hamburg. Gehört zum KünstlerInnenkollektiv »target: autonopop« (http://www.targetautonopop.org), dem Archiv »Kultur & Soziale Bewegung« (http://www.archiv.glizz.net) und der »Arbeitsgruppe des Kunstverein in Hamburg«. Mitbegründerin und Redakteurin von *THE THING Hamburg* (www.thing-hamburg.de).
Schwerpunkte ihrer Veröffentlichungen: Distributions- und Adressierungsformen als inhärenter Teil künstlerische Praxis, soziale Funktionen von Kunst, Medialität von (Kunst-)Geschichte.

Art historian and art educator; lives in Hamburg. In her doctoral thesis at Leuphana University Lüneburg she examined "educational paths in the art context" with a focus on "social avant-gardes" from art historical, artistic and sociological perspectives
1996-98 held of the pedagogical department of the Municipal Gallery Nordhorn. Teaching activities at the universities of Lüneburg, Kassel and Vienna as well as the Hamburg School for Adult Education. Member of the artists' collective "target: autonopop" (www.targetautonopop.org), the "Kultur & Soziale Bewegung" archive (www.archiv.glizz.net) and the "Arbeitsgruppe des Kunstverein in Hamburg." Co-founder and editor of *THE THING Hamburg*.
Focus of her publications: Distribution and forms of address as inherent parts of artistic practice, art's social functions, and the mediality of (art) history.

GERALD RAUNIG

Philosoph und Kunsttheoretiker, lebt in Wien. Arbeitet dort am eipcp (European Institute for Progressive Cultural Policies) als Koordinator der transnationalen Forschungsprojekte »republicart« (http://republicart.net) und »transform« (http://transform.eipcp.net); Universitätsdozent am Institut für Philosophie der Universität Klagenfurt/A; (Mit-)Herausgeber der Buchreihen »republicart. Kunst und Öffentlichkeit« und »es kommt darauf an. Texte zur Theorie der politischen Praxis« im Wiener Verlag Turia+Kant; Redaktionsmitglied des multilingualen Webjournals »transversal« (http://transversal.eipcp.net/) und der Zeitschrift für radikaldemokratische Kulturpolitik »Kulturrisse« (http://www.igkultur.at/kulturrisse).

Neueste Buchveröffentlichungen: *Kunst und Revolution. Künstlerischer Aktivismus im langen 20. Jahrhundert*, Wien, 2005; *PUBLICUM. Theorien der Öffentlichkeit*, Wien, 2005 (hg. gemeinsam mit Ulf Wuggenig); *Kritik der Kreativität*, Wien, 2007 (hg. gemeinsam mit Ulf Wuggenig); *Tausend Maschinen. Eine kleine Philosophie der Maschine als sozialer Bewegung*, Wien, 2008; *Instituierende Praxen. Bruchlinien der Institutionskritik*, Wien, 2008 (gemeinsam mit Stefan Nowotny).

Philosopher, art theoretician, lives in Vienna; works at the eipcp (European Institute for Progressive Cultural Policies), Vienna; co-ordinator of the transnational research projects republicart (http://republicart.net) and transform (http://transform.eipcp.net); university lecturer at the Institute for Philosophy, University of Klagenfurt/A; (co-)editor of two series of books at Turia+Kant, Vienna: „republicart. Kunst und Öffentlichkeit" and „es kommt darauf an. Texte zur Theorie der politischen Praxis"; member of the editorial board of the multilingual webjournal transversal http://transversal.eipcp.net/ and the Austrian journal for radical democratic cultural politics, Kulturrisse (http://www.igkultur.at/kulturrisse).

Recent books: *Art and Revolution. Transversal Activism in the Long Twentieth Century*, translated by Aileen Derieg, New York/Los Angeles: Semiotext(e)/MIT Press 2007; *Art and Contemporary Critical Practice. Reinventing Institutional Critique*, London: mayflybooks 2008 (Ed., with Gene Ray); *A Thousand Machines*, translated by Aileen Derieg, New York/Los Angeles: Semiotext(e)/MIT Press 2009 (forthcoming).

SILKE WENK

Silke Wenk, Prof. Dr., Kunstwissenschaftlerin, lehrt im Fach Kunst und Medien und im Kolleg »Kulturwissenschaftliche Geschlechterstudien« (Promotionsstudiengang) an der Carl von Ossietzky-Universität Oldenburg.

Studium der Kunstgeschichte, Soziologie und Philosophie in Freiburg und Berlin; Promotion 1980; Habilitation 1992 an der Universität Hamburg. Vor ihrer Berufung an die Universität Oldenburg unterrichtete sie viele Jahre an der Hochschule der Künste in Berlin und hatte Lehraufträge und Gastprofessuren an verschiedenen in- und ausländischen Universitäten.

Zahlreiche Veröffentlichungen zur öffentlichen Skulptur des 19. und 20. Jahrhundert; über Kunst und Kulturpolitik im Nationalsozialismus, über visuelle Vergangenheitspolitik; zur Geschlechterdifferenz und ihrer Bedeutung in der politischen Ikonografie der Moderne und zu Problemen feministischer Kunstgeschichte und Kulturtheorie.

Silke Wenk, Prof. Dr., art historian, teaches art and media as well as "Cultural Gender Studies" (pre-doctoral courses) at Carl von Ossietzky University Oldenburg.

Studied art history, sociology and philosophy in Freiburg and Berlin; doctorate 1980, habilitation 1992 at Hamburg University. Before her appointment to Oldenburg University, she taught for many years at Berlin Arts College and had lectureships and guest professorships at diverse universities in Germany and abroad.

Numerous publication of public sculpture of the eighteenth and nineteenth centuries, about art and cultural politics during the period of National Socialism, on the struggle to come to terms with the past visually, gender difference and its significance in modernist political iconography and on problems of feminist art history and cultural theory.

VERENA KUNI

Verena Kuni, Kunst- und Medienwissenschaftlerin. Professorin für Visuelle Kultur am Institut für Kunstpädagogik der Goethe-Universität Frankfurt am Main. Daneben seit 1989 Autorin für internationale Kunst- und Kulturzeitschriften; seit 1997 mit eigenem Kunstradioformat auf radio x ffm. 1995–99 Co-Kuratorin für das Kasseler Dokumentarfilm & Videofest; seit 1999 ebd. Leitung der Interfiction-Tagung für Kunst, Medien- und Netzkultur.

Forschung, Lehre, Projekte und Publikationen zur zeitgenössischen Kunst und Medienkultur; aktuell unter anderem mit Fokus auf D.I.Y. und Prosumer Cultures, Transfers zwischen medialen und materialen Kulturen; Medien der Imagination; Technologien der Transformation, philosophisches Spielzeug und auf digitalen Verfall.

Weitere Informationen online unter www.kuniver.se.

Verena Kuni is professor for Visual Culture at Goethe University of Frankfurt am Main (DE). She publishes widely in international print and online media; since 1997 she runs her own art radio show on radio x ffm. From 1995 to 1999 she was curator for Kasseler Dokumentarfilm & Videofest; since 1999 she is ibid. director of interfiction conferenc for art, media and network cultures.

Her research, teaching, lectures, projects & publications are devoted to contemporary arts & media cultures, their histories & futures. Current projects focus on D.I.Y. & prosumer cultures; media of imagination – imagination of media; technologies of transformation; philosophical toys; transfers between media & material cultures; and digital decay. www.kuniver.se

IMPRESSUM | IMPRINT

Diese Publikation erscheint anlässlich der Ausstellung /
This catalogue is published in conjunction with the exhibition

CORNELIA SOLLFRANK
ORIGINALE UND ANDERE FÄLSCHUNGEN /
ORIGINALS AND OTHER FAKES

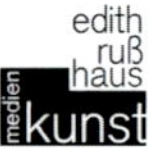

Edith-Ruß-Haus für Medienkunst / Edith Russ Site For Media Art
Oldenburg, 24. Januar bis 19. April 2009 /
Oldenburg, January 24 until April 19, 2009

Herausgeber / Edited by
Sabine Himmelsbach für das / for the
Edith-Ruß-Haus für Medienkunst

Redaktion / Editing
Sabine Himmelsbach, Katrin Werner

Lektorat / Copyediting
Frauke Ellßel (D | G), Michael Wolfson (E)

Übersetzungen / Translations
Aileen Derieg (D–E | G–E), Iris Nölle-Hornkamp
(E–D | E–G), Michael Wolfson (D–E | G–E)

Grafische Gestaltung und Satz / Graphic design and typesetting
Christoph Dirkes, CD design · grafik · konzept, Hannover

Schrift / Typeface
Joanna, Frutiger

Verlagsherstellung / Production
Angelika Hartmann

Reproduktionen / Reproductions
ArtnetworX GmbH, Hannover

Papier / Paper
BVS matt, 150 g/m²

Druck / Printing
Dr. Cantz'sche Druckerei, Ostfildern

Buchbinderei / Binding
Verlagsbuchbinderei Dieringer, Gerlingen

© 2009 Sabine Himmelsbach
für das / for the Edith-Ruß-Haus für Medienkunst;
Hatje Cantz Verlag, Ostfildern, und AutorInnen / and authors

© 2009 für die abgebildeten Werke von Cornelia Sollfrank
bei der Künstlerin / for the reproduced works by
Cornelia Sollfrank: the artist

© 2009 für die abgebildeten Werke von / for the reproduced works
von / by Christoph Irrgang (S. / pp. 12 / 13, 15, 16, 21, 48 / 49, 81, 127):
VG Bild-Kunst, Bonn; von / by Sven Adelaide (S. / p. 16); von / by
Christian Gierke (S. / p. 33); von / by Björn Norberg (S. / pp. 34, 35, 42);
von / by Nina Pieroth (S. / pp. 51, 52); von / by Kay Sievers (S. / pp. 53,
93); von / by Tranquillium Photography (S. / pp. 77, 80, 87, 89, 111, 115);

von / by Ulrike Bergermann (S. / pp. 97, 103, 104); von / by Bodo
Marcks (S. / pp. 98 / 99, 83, 89, 113); von / by Kathrin Wildner
(S. / p. 104,); von / by Patrick Sun (S. / p. 113): bei den Künstlern /
The artists

Erschienen im / Published by
Hatje Cantz Verlag
Zeppelinstrasse 32 · 73760 Ostfildern
Deutschland / Germany
Tel. +49 711 4405-200 · Fax +49 711 4405-220 · www.hatjecantz.de

Hatje Cantz books are available internationally at selected bookstores.
For more information about our distribution partners please visit
our homepage at www.hatjecantz.com.

ISBN 978-3-7757-2390-9
Printed in Germany

AUSSTELLUNG / EXHIBITION
Kuratorinnen / Curated by
Sabine Himmelsbach und / and Katrin Werner

Organisation / Organization
Katrin Werner

Ausstellungsteam / Exhibition team
Betty Grote, Mathis Oesterlen, Valeska Langkeit

Aufbauteam / Exhibition team
Mathis Oesterlen und Rainer Aper, Jan Blum, Mark Harbison,
Benjamin Kuschnik, Dirk Lindes, Marten Seedorf, Martin Vesely

Medien(kunst)pädagogisches Programm / Educational program
Nanna Lüth

Leihgeber / Lenders
Die Künstlerin / The artist
Landesmuseum für Kunst und Kulturgeschichte Oldenburg
Horst-Janssen-Museum Oldenburg
Stadtmuseum Oldenburg
Märkisches Museum Witten

Dank / Thanks
Die Künstlerin / The artist
Christiane Cordes; Udo Elerd; Prof. Dr. Ewald Gäßler; Julia Hiller;
Herbert Hossmann; Britta Koch, Märkisches Museum Witten;
Dr. Bernd Küster; Lioba Meyer; Dr. Jutta Moster-Hoos; Janine Sack;
Martin Schumacher; Kay Sievers; Dr. Martin Steinebach, Fraunhofer-
Institut für Sichere Informationstechnologie (SIT), Darmstadt;
Matthias Weiss; Prof. Dr. Silke Wenk; Sascha Zmudzinski, Fraunhofer-
Institut für Sichere Informationstechnologie (SIT), Darmstadt

Gefördert von / Supported by

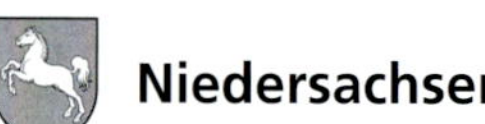

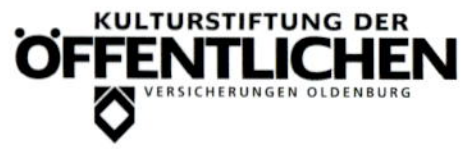